भाषा एवं डिजिटल लोकतंत्र

अरिमर्दन कुमार त्रिपाठी

Today & Tomorrow's Printers and Publishers
4436/7, Ansari Road, Daryaganj, New Delhi - 110 002
Ph : 23242621; 23241021; Fax 23242621;
E-mail: ttpp@vsnl.net, ttppindia@gmail.com
Web : ttpp.in

ISBN 10: 81-7019-646-1
ISBN 13: 9788170196464

Published by
Today and Tomorrow's Printers and Publishers
4436/7, Ansari Road, Daryaganj, New Delhi - 110 002
Ph : 23242621; 23241021; Fax 23242621

भूमिका

आज पूरी दुनिया डिजिटलीकरण के दौर से गुज़र रही है। क्या लोकतंत्र और क्या भाषा, इस प्रकार सब-कुछ डिजिटल होने की राह पर है। कुछ भी डिजिटल होने से बचकर रहने वाला नहीं है, ऐसे में 'भाषा और डिजिटल लोकतंत्र' के शीर्षक से पुस्तक की संकल्पना गढ़ना और उस पर किताब लाना बहुत सम-सामयिक ही नहीं है, बल्कि आज की इस ज़रूरत को पूरा करने वाली बात भी है और पूरा करने की दिशा में एक महत्त्वपूर्ण यत्न भी है।

पूरी पुस्तक को लेखक ने दो प्रमुख शीर्षकों में बाँटा है, ये शीर्षक हैं— १. भाषा, भारत और डिजिटलीकरण तथा २. भाषा, सत्ता और समाज और फिर इन दोनों शीर्षकों को केंद्र में रखकर छब्बीस आलेख लिखे हैं, जो इन दोनों पक्षों को सबल तर्कों और संदर्भों के आधार पर विषय को और उसकी व्यापकता को पुष्ट करते हैं। इन आलेखों में विद्वान लेखक ने विषय से जुड़े हुए कुछ मूलभूत एवं महत्त्वपूर्ण प्रश्न भी उठाए हैं और कुछेकों के समुचित समाधान भी प्रस्तुत किए हैं व कुछ आगे भी विचार के लिए छोड़ दिए हैं, जिससे कि विषय का विचार आगे भी पल्लवित होता रहे। ये सभी आलेख 'भाषा, लोकतंत्र और डिजिटलीकरण' के सैद्धांतिक व व्यावहारिक पक्षों से जुड़े होने के साथ-साथ तीनों के परस्पर प्रभाव से भी सम्पृक्त हैं। कुल मिलाकर यह कृति 'भाषा और डिजिटल लोकतंत्र' की लेखक की अवधारणा को बड़े सशक्त ढंग से सम्मुख रखती है तथा यह काम किया गया है इस पुस्तक के लेखक डॉक्टर अरिमर्दन कुमार त्रिपाठी के द्वारा, इसलिए वे बधाई के पात्र हैं। मुझे विश्वास है कि भाषा पर विचार और काम करने वाले लोग ही इस कृति से लाभान्वित नहीं होंगे, बल्कि सामान्य पाठक भी इस संसार से इस रचना के माध्यम से परिचित हो सकेंगे तथा यह भी जान सकेंगे कि भाषा का वैचारिक संसार किस दिशा में आगे बढ़ रहा है? कुल मिलाकर इस रचना से इस

प्रकार बृहत्तर समाज लाभान्वित होने वाला है, इसलिए आप सब को अनंत शुभकामनाएँ।

- **वृषभ प्रसाद जैन**

राष्ट्रीय संयोजक : भारतीय भाषा मंच, नयी दिल्ली

प्रोफ़ेसर एवं निदेशक (व्याकरण) भाषा विद्यापीठ

महात्मा गाँधी अंतरराष्ट्रीय हिंदी विश्वविद्यालय, वर्धा

लेखकीय

समाज की अपनी गतिकी होती है, जिसमें चरणगत परिवर्तन होता रहता है। पाषाण युग से लेकर वर्तमान 'सीमेंट युग' के मध्य मानव ने सभ्यता के अनेक सोपानों को पार किया है। इस लंबे अंतराल में मनुष्य के जीवन के सक्रियता की गति बढ़ी है, क्योंकि जीवन-यापन की प्रक्रिया में जो कभी प्रकृति का केंद्रीय महत्त्व था, वह अब लगातार कम हो रहा है। बल्कि हम एक वैकल्पिक प्रकृति गढ़ने की कोशिश में लगातार अग्रसर हैं। अब मानव का जीवन स्वाभाविक नहीं रहा है, बल्कि उसमें चतुर्दिक कृत्रिमता बढ़ रही है। एक व्यक्ति के पैदा होने की शल्य-क्रिया से लेकर अंतिम संस्कार अर्थात् मृत्यु के बाद इलेक्ट्रिक मशीन पर लाश जलाने तक की प्रक्रिया में वह प्रकृति को लगातार चुनौती दे रहा है। बल्ब का आविष्कार सूर्य को चुनौती थी, तो पंखे का होना पेड़ और बगीचों को मुँह चिढ़ाता है। एयर कंडीशनर और कमरा गर्म रखने के विभिन्न इलेक्ट्रिक साधन मौसम-चक्र को नीचा दिखाते हैं, तो जल को पाने के लिए एक आम आदमी को आज नदी या तालाब को छोड़कर कितने दूसरे माध्यमों से होकर गुजरना पड़ता है। साँस लेने के लिए आवश्यक आक्सीजन भी आज मशीन से साफ होने लगा है। सुई से लेकर हवाई जहाज तक हम मशीनों और इसके प्रभावों से घिरे हुए हैं। यद्यपि 'परिवर्तन प्रकृति का नियम होता है' और एक जीवंत समाज के लिए परिवर्तन का होना आवश्यक भी होता है। वैसे भी समय की एक अपनी चाल होती है और जो उसमें पीछे छूट जाता है, उसे आज के समाज में पिछड़ा घोषित कर दिया जाता है। हम इसी समय का पीछा करते-करते, आज कहाँ आ पहुँचे हैं, यह जानते हुए भी कि हम कितना भी 'विकास' क्यों न कर लें, जीवन के लिए हवा, पानी एवं अनाज को प्रकृति से परे पैदा नहीं कर सकते हैं। मशीन गेहूँ से

रोटी, ब्रेड या बिस्कुट बना सकती, लेकिन गेहूँ नहीं। इसी विकास का एक चरण डिजिटलीकरण भी है। कभी कबूतर से सीमित संदेश भेजने वाला समाज, आज अपरिमित वीडियो कॉल करता है। दूरी एवं समय अब छोटे होते जा रहे हैं। परिवार नामक संस्था में व्यक्ति से अधिक अब मशीन का प्रभाव बढ़ रहा है। इस तरह सूचना-तकनीक ने समाज को अंदर से प्रभावित किया है, या यूँ कहें कि अपने आगोश में कैद किया है। अकेले मोबाईल के उभार ने जीवन के ढाँचे को बदल दिया है। व्यक्ति की अपनी दुनिया का मोबाईल की दुनिया में विलीन हो जाना, अब सामान्य परिघटना बनती जा रही है। घर, विद्यालय, यात्रा, एकांत, सामूहिकता आदि सब में मोबाईल का हस्तक्षेप बढ़ता जा रहा है। ऐसे में यह हो ही नहीं सकता कि इन सबका प्रभाव समाज और उसकी सहूलियत की प्राथमिक साधन 'भाषा' पर न पड़े। क्योंकि एक व्यक्ति की दुनिया का मोबाईल की दुनिया में चले जाने के बीच एक तीसरी दुनिया भी है, जो मोबाईल और व्यक्ति की दुनिया की मध्यस्थता करती है और यह दुनिया बहुत ही चालाक एवं क्रूर है। प्रथम दृष्टया यह आसानी से दिख जाता है कि एक आम आदमी घर, परिवार, रेल एवं बस आदि हर जगह अपनी मोबाईल से खेलता रहता है, लेकिन इसके पीछे की सच्चाई यह है कि दरअसल यह जो तीसरी दुनिया के लोग हैं, वे वास्तव में मोबाईल हाथ में लिए उस व्यक्ति से खेल रहे होते हैं। इस प्रकार तीसरी दुनिया जो प्राय: सामने नहीं दीखती, वह हम सबसे खेल रही है। बहरहाल, ऐसा भी नहीं है कि हम इस तीसरी दुनिया से नहीं खेलते हैं। खेलते तो हम भी हैं, लेकिन अंतर यह है कि हम जिस खेल को खेलते हैं, उसके नियम हम नहीं, बल्कि तीसरी दुनिया ही बनाती है। वे लोग हमको अपने खेल में उलझाकर सीधे व्यक्ति की भावनाओं और अभिरुचियों से खेलते हैं। इस प्रकार उनके सामने हम बहुत छोटे खिलाड़ी हैं,

क्योंकि जब हम उनके द्वारा बनाए खेल खेलते हैं, तो वे सीधे हमारी पूँजी, समय और सपनों से खेल रहे होते हैं।

अब जब इतने खेल चल रहे हैं, तो जाहिर है कि समाज, जीवन, भाषा, पारिस्थतिकी आदि में भी बहुत कुछ बदल रहा होगा। इसी खेल और खिलाड़ी को समझने के प्रयास के उपक्रम के फलस्वरूप यह कृति 'भाषा एवं डिजिटल लोकतंत्र' आपके हाथ में है। यह वास्तव में समय-समय पर लिखे लेखों का संग्रह है, जिनके अधिकांश अंश लोक एवं लोकतंत्र को समझने एवं समझाने के लिए अनेक पत्र-पत्रिकाओं में छपे भी हैं। सबको एक साथ परोसकर लोकतंत्र तक पहुँचाने के मोह से अपने को विरत नहीं कर पाया, इसलिए इनको पुस्तकाकार स्वरूप दिया गया। इस प्रक्रिया में मेरी उपस्थिति भी व्यक्तिगत नहीं, बल्कि लोकतांत्रिक ही है, अर्थात् बिना समाज और इसके सहयोग से यह संभव नहीं हो पाता। इस क्रम में सबसे अधिक योगदान उन पाठकों का है, जो विभिन्न डिजिटल माध्यमों से ही समय-समय पर हमको प्रेरित करते रहे हैं। इन सबको मंच देने में भाषा-प्रेमी, साहित्यकार एवं जनसत्ता के संपादकीय विभाग के प्रमुख डॉ. सूर्यनाथ सिंह जी का विशेष आभार, जो लिखने के लिए एक नैतिक दबाव हमेशा बनाए रहते हैं। इस क्रम में देश के मूर्धन्य भाषाविद प्रो. उदयनारायण सिंह, प्रो. वृषभ प्रसाद जैन एवं प्रो. शैलेंद्र कुमार सिंह के प्रति मेरी कृतज्ञता बनती है, जिन लोगों न सिर्फ अकादमिक, बल्कि पारिवारिक स्नेह भी दिया है। इसी क्रम में विश्वभारती, शांतिनिकेतन, स्थित 'संकटग्रस्त भाषा केंद्र' के प्रमुख प्रो. कैलाश पट्टनायक को आभार, जिन्होंने यहाँ काम करते हुए लगातार वह अकादमिक परिवेश उपलब्ध कराया, जिसमें लिखने-पढ़ने का क्रम विखंडित नहीं हुआ। आगे केंद्र में मेरे सहकर्मीगण बिदिशा भट्टाचार्या, दुर्गाशंकर दास, सुव्रा मुखर्जी, राजदीप घोष एवं

सुहृद रॉय चौधुरी के आभार के बिना यह काम पूरा नहीं होगा, इन सबको मिलाकर ही यहाँ एक ‘परिवार’ कहा जाता है। यहाँ अनेक शिक्षक, वरीष्ठ एवं मित्र भी हैं, जो शिक्षक, अकादमिक सहचर, प्रेरक एवं आलोचक की भूमिका निभाते रहे हैं, जिनके सहयोग से लेखन का कर्म आसान हो जाता है। इस लिए उन सबके प्रति आभार!

यहाँ पापा, फूफा एवं मेरे जीवन की सह-पथिक मोहिनी के व्यक्त विश्वास एवं सहयोग के बिना यह काम संभव नहीं हो पाता, इसमें मोहिनी ने तो अपनी अकादमिक पृष्ठभूमि के कारण एक विज्ञान विषयक पाठ में सीधे हस्तक्षेप भी किया है। यहाँ एक नाम बेटी ‘बौद्धिका’ का छूट रहा है, जिसने प्रत्यक्ष रूप से तो लिखने से रोकने के लिए हर वह काम किया है, जो अपनी उम्र में वह कर सकती थी, लेकिन प्रकारांतर से ऊर्जस्वित भी करती रही है। यहाँ पुस्तक के प्रकाशक श्री संदीप जैन द्वारा इसके प्रकाशन की जिम्मेदारी लेना एवं समय पर प्रकाशित कर देना, इस कृति की उपलब्धता का निर्णायक चरण है। इसलिए हम इनके भी आभारी हैं।

अपेक्षा की जाती है भाषाविज्ञान की पाठकीयता की अनुशासनिक सीमा का विस्तार करते हुए यह कृति भाषा के आम पाठकों, शोधार्थियों, शिक्षकों एवं विद्यार्थियों की जिज्ञासाओं को संबोधित करेगी। अंत में इस पुस्तक को आप सुधीजनों के समक्ष बड़ी ही विनम्रता के साथ प्रस्तुत करते हुए............

शांतिनिकेतन

अरिमर्दन कुमार त्रिपाठी

19 अप्रैल, 2019

शब्दार्थ-सूची

हिंदी शब्द	अँग्रेजी तात्पर्य
अग्रपृष्ठ	Front-End
अनुक्रिया	Response
अनुदेश	Command
एकल	Stand Alone
एसएमएस	SMS: Short Message Service
कलन-विधि	Algorithm
कार्यालय प्रबंधन	Office Management
कृत्रिम मेधा	Artificial Intelligence : AI
खंडीय स्वनिम	Segmental Phoneme
खंडेतर स्वनिम	Supra Segmental Phoneme
गुरुजी डॉट इन	www.guruji.in
चेहरा संसाधन	Face Processing
ज्ञान-आधारित	Knowledge Based
टंकन	Typing
टीआरपी	TRP: Target Rating Point
टीटीएफ	TTF: True Type Font
टेलीमेडिसिन	Telemedicine
ट्राई	TRI : Telecom Regulatory Authority of India

तंत्रिका संजाल	Neural Network
पराभाषिक अभिलक्षण	Paralinguistic Feature
परिपथ	Circuit
पश्चपृष्ठ	Back-End
पाठ	Text
पाठ-वाक् प्रणाली	Text to Speech System :TTS
पाठ-सारांशक	Text Summarizer
पारभाषिक	Cross-lingual
पीडीएफ	PDF: Portable Document Format
प्रकाशिक संप्रतीक अभिज्ञान	Optical Character Recognizer : OCR
प्रचालन-प्रणाली	Operating System
प्रतिमान पहचान	Pattern Recognition
प्राकृतिक भाषा संसाधन	Natural Language Processing: NLP
प्रोक्ति-योजक	Discourse Connecter
प्रोक्ति-संकेतक	Discourse Locater
प्रोग्रामन	Programming
फलितार्थ	Output
ब्राउज़र	Browser
भंगिमा	Pose
यंत्रानुवाद	Machine Translation
रूप-चित्रण	Figuration

वर्तनी संशोधक	Spell Checker
वाक्-अनुदेश	Voice Command
वाक्-पाठ प्रणाली	Speech to Text System: STT
वाचिक अवस्था	Speech Situation
विशेषज्ञ प्रणाली	Expert System
वेब-पृष्ठ	Web-page
शब्द-संसाधन	Word Processing
शैली-पत्रक	Style Sheet
संकलक	Compiler
संकेतक	Director
संक्रिया	Operation
संगणक भाषाविज्ञान	Computational Linguistics
संग्रहण	Storage
संपादित्र	Editor
संवेदक	Sensor
संस्थापित	Installed
सर्च इंजन	Search Engine
सांख्यिकीय पद्धति	Statistical Method
सांदर्भिक अभिव्यक्ति	Referring Expression
सीसीटीवी कैमरा	CCTV (Closed Circuit Television) Camera
सूचना प्रत्यानयन	Information Retrieval

सूचना संचयन	Information Extraction
स्वागतकर्ता	Receptionist

विषय-सूची

खंड (क)
भाषा, भारत एवं डिजिटलीकरण

खंड (ख)

भाषा, सत्ता एवं समाज

खंड (क)

भाषा की सामयिकता

भाषा एक सामाजिक उपादेयता का प्रसंग होती है। समाज की समकालिक समग्रता को अभिव्यक्त करना भाषा की एक महत्त्वपूर्ण जिम्मेदारी होती है। इस कारण समाज के समकालीन बदलावों का प्रभाव भाषा के आंतरिक एवं बाह्य दोनों स्तरों पर पड़ता है। वर्तमान समाज का सबसे बड़ा बदलाव अर्थात् भूमंडलीकरण के एक महत्त्वपूर्ण घटक कंप्यूटर, मोबाईल एवं इंटरनेट भी हैं, ऐसे में यह कैसे संभव है कि कंप्यूटर एवं वर्तमान डिजिटलीकरण का प्रभाव भाषा पर न पड़े? जाहिर है कि भाषाविज्ञान के क्षेत्र में 'संगणक भाषाविज्ञान' का विकास एवं लोकप्रियता इन्हीं सामाजिक बदलावों के अंगीकरण का प्रमाण है। जहाँ तक 'संगणक भाषाविज्ञान' का सवाल है, तो यह भाषाविज्ञान की ही एक अनुप्रयुक्त शाखा है, जिसमें भाषा एवं कंप्यूटर के आपसी संपर्क की विभिन्न स्थितियों का अध्ययन किया जाता है। भाषाविज्ञान की अपनी सैद्धांतिक पृष्ठभूमि पर जब इसे प्रयोगोन्मुखी बनाने की आवश्यकता हुई, तो इसकी अनेक अनुप्रयुक्त शाखाओं जैसे- समाजभाषाविज्ञान, संज्ञानात्मक भाषाविज्ञान, नृभाषाविज्ञान, चिकित्सा भाषाविज्ञान, शैलीविज्ञान, कोशविज्ञान, भाषा-भूगोल एवं भाषा-पारिस्थितिकी आदि का विकास हुआ, जिनके अनुप्रयोग के अपने-अपने प्रसंग हैं। ऐसे में ही मानवीय भाषाओं का संबंध कंप्यूटर की प्रक्रिया, प्रोग्रामन, कलन-विधि आदि से होने की स्थिति में जिस अनुशासन का विकास हुआ वही 'संगणक भाषाविज्ञान' है। इसमें किसी मानवीय भाषा का संगणक-सापेक्ष विश्लेषण एवं प्रस्तुतीकरण किया जाता है। स्पष्ट है कि 'संगणक भाषाविज्ञान' में भाषा की ध्वनि, रूप, पदबंध, अर्थ एवं वाक्य जैसी संरचनाओं के आधार पर उसकी व्यवस्था का विश्लेषण किया जाता है और आगे इन्हीं संरचनाओं का संगणकीय संक्रिया किया जाता है। आज सूचना एवं प्रौद्योगिकीय विकास के कारण भाषा सिर्फ मनुष्यों के बीच संवाद का माध्यम ही नहीं रही, बल्कि इससे आगे बढ़कर मनुष्य और

कंप्यूटर के मध्य संवाद का माध्यम बनने की ओर अग्रसर है। अतः भाषाविज्ञान में जो नया प्रसंग जुड़ा है, वह है संप्रेषण के आयाम में कंप्यूटर का शामिल हो जाना। इसीलिए मानव भाषा के पारंपरिक विश्लेषण में भाषा को मानव एवं मानव के मध्य संप्रेषण के साधन के रूप में विश्लेषित किया जाता रहा है, जबकि नवोदित अनुशासन 'संगणक भाषाविज्ञान' के लक्ष्य में भाषा को संगणकीय स्वीकार्यता के अनुरूप विश्लेषित किया जाता है। इस प्रकार इसका विस्तार संगणकविज्ञान तक जाता है। इसलिए अपने स्वरूप में 'संगणक भाषाविज्ञान' एक अंतरानुशासनिक विधा के रूप में व्यवहृत होता है, जिसमें भाषाविज्ञान एवं संगणकविज्ञान के साथ सांख्यिकी, कृत्रिम मेधा, तर्कशास्त्र, संज्ञान, दर्शन-शास्त्र आदि क्षेत्रों का व्यापक हस्तक्षेप होता है। आगे चित्र के माध्यम से इसको समझा जा सकता है-

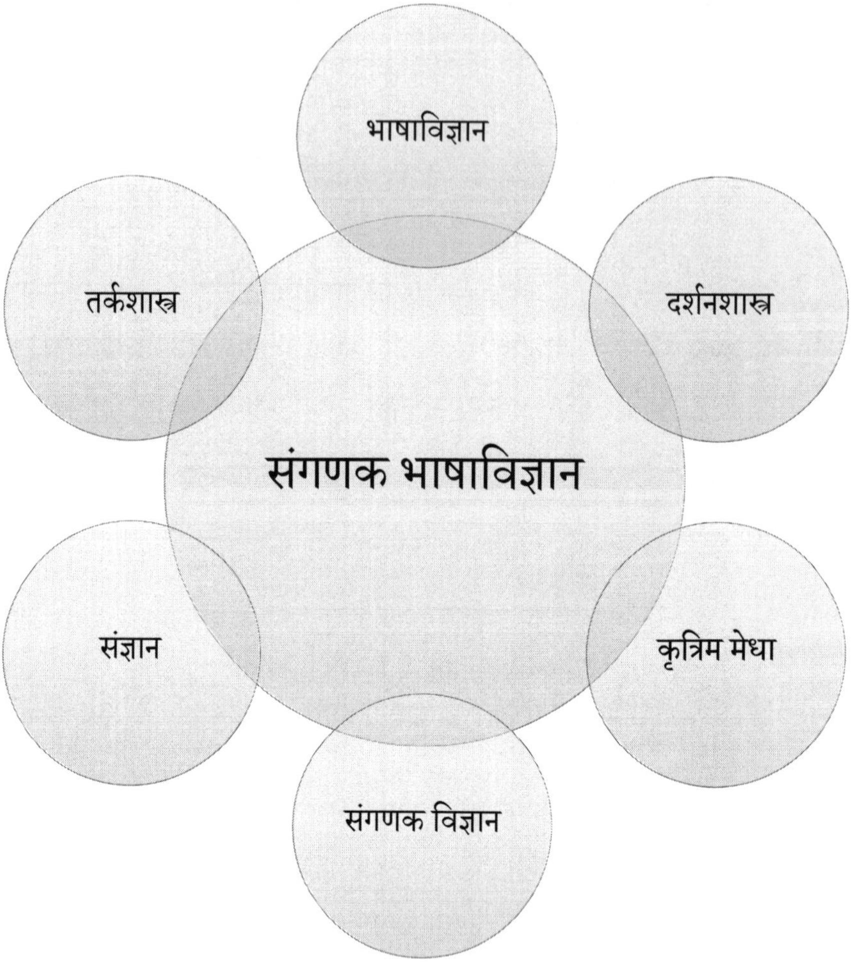

चित्र 1 : संगणक भाषाविज्ञान के मुख्य संरचक

भाषाविज्ञान में एक ओर जहाँ 'भाषा की संरचना और उसके प्रकार्यों' के विषय में जानकारी प्राप्त की जाती थी, वहीं संगणक भाषाविज्ञान में 'भाषा कैसे कार्य करती है' जैसे प्रश्न का उत्तर खोजा जाता है। संगणक भाषाविज्ञान के मुख्य अध्ययन-क्षेत्रों को संक्षेप में यहाँ देखना उचित होगा, यथा-

1. **यंत्रानुवाद:-** संगणक भाषाविज्ञान विषय के अंतर्गत यह बहुत महत्त्वपूर्ण शोध- उपांग है। संगणक भाषाविज्ञान के क्षेत्र में कार्य करने वाली संस्थाओं का प्राथमिक लक्ष्य भी यही रहा है। सर्वप्रथम द्वितीय विश्व-युद्ध के समय जब कई देशों के सैनिक एक साथ रह रहे थे, तो तात्कालिक संप्रेषण की दृष्टि से इसकी आवश्यकता महसूस की गई थी, लेकिन आज विश्व-ग्राम की संकल्पना में पारभाषिक संप्रेषण सबसे बड़ी चुनौती है, ऐसे में यंत्रानुवाद की भूमिका सबसे सहयोगी हो सकती है। समय-समय पर आवश्यकता एवं योजना के अनुरूप यंत्रानुवाद के विकास का एक लंबा इतिहास रहा है। आज इसमें भारत को भी आंशिक सफलता मिलनी शुरू हो गई है। यंत्रानुवाद में स्रोत-भाषा को लक्ष्य-भाषा में परिवर्तित करने में मशीन की केंद्रीय भूमिका होती है। कुछ प्रणालियों में मशीन के साथ मानव की भी एक सीमा तक सहकारी भूमिका की व्यवस्था होती है। सर्वप्रथम अपनी संकल्पना के अनुरूप यंत्रानुवाद विश्व-ज्ञान को परस्पर बड़ी सहजता से सभी भाषाओं में उपलब्ध करायेगा। इसका सीधा लाभ यह होगा कि ज्ञान के वैश्विक प्रसार में भाषा कोई समस्या नहीं रहेगी। भारत अपने बहुभाषिक सामाजिक व्यवस्था को दृष्टिगत कर इस दिशा में कार्य शुरू कर दिया है, इसके अंतर्गत फिलहाल मंत्रा, अनुसारक, अनुवादक, अनुवादक्ष आदि यंत्रानुवाद प्रणालियाँ शोधाधीन या कार्यशील हैं। संगणक भाषाविज्ञान के विकास एवं लोकप्रियता में यंत्रानुवाद प्रणालियों का सराहनीय योगदान रहा है। भारत में सी-डैक द्वारा तैयार 'मंत्र' नामक सॉफ्टवेयर आज संसद के उच्च सदन में होने वाली कार्यवाइयों का अनुवाद कर रहा है और इसके साथ ही गूगल का ऑन-लाइन अनुवाद अपनी प्रारंभिक अवस्था में भी लोकप्रिय हो रहा है। इस क्षेत्र में भविष्य में वाक् से वाक् अनुवाद से लेकर पाठ की स्वत: व्याख्या की संभावनाओं पर शोध एवं विकास संभव है।

2. **पाठ-वाक् प्रणाली**:- अपनी संकल्पना के अनुसार यह प्रणाली किसी पाठ के लिखित रूप को वाचिक रूप में परिवर्तित कर सकती है। इसका सीधा लाभ किसी नेत्र विहीन व्यक्ति को हो सकता है, जो कंप्यूटर में संचित लिखित पाठ को सुन सकता है। साथ ही यह प्रणाली अपने विभिन्न अनुप्रयोगों के माध्यम से किसी पुस्तकालय को पूरी तरह डिजिटल स्वरूप में परिवर्तित कर सकती है, जिससे पारंपरिक पुस्तकालय के स्वरूप में आमूल-चूल परिवर्तन हो सकता है और तब पुस्तकालय में लोग पाठक के रूप में नहीं, बल्कि एक श्रोता के रूप में जायेंगें। उसके बाद ई-पुस्तक का दौर अधिक लोकप्रिय होगा और उसके बाद इसका ऑनलाइन वाचन हो सकेगा, जिसकी प्रारंभिक सफलता मिलनी शुरू भी हो चुकी है।

3. **वाक्-पाठ प्रणाली**:- यह प्रणाली भाषा के वाचिक रूप को लिखित रूप में परिवर्तित करने के लक्ष्य पर केंद्रित है, जिससे किसी सार्वजनिक भाषण या गोष्ठी में वक्ता के वक्तव्य को लिखित रूप में संग्रह किया जा सकेगा। इसका सबसे अधिक लाभ आम जनता को होगा। यह प्रणाली ई-गवर्नेन्स की संकल्पना को साकार करने में अपनी महत्त्वपूर्ण भूमिका निभायेगी, इसके अंतर्गत कोई व्यक्ति घर से ही टेलीफोन के माध्यम से अपनी कोई शिकायत संबंधित कार्यालयों में कभी भी दर्ज करा सकता है, जो संबंधित कार्यालय में लिखित रूप में संग्रहणीय भी हो सकेगी।

4. **सूचना संचयन**:- इसके माध्यम से किसी बड़े वर्चुअल संग्रहण में सूचनाएँ एकत्रित की जाती है। जिसका श्रोत प्राय: इंटरनेट पर उपलब्ध सामग्री होती है। इसमें बेतरतीब फैली सूचनाओं में से संबद्ध सूचनाओं का डाटाबेस बनाया जा सकता है, जिससे बाद में आवश्यकतानुरूप सूचनाओं का उपयोग किया जा सकता है। उदाहरण स्वरूप हम नित्य प्रकाशित डिजिटल समाचार-पत्रों में से

किसी विशेष संदर्भ के समाचारों का अलग से संग्रहण कर सकते हैं। इसका लाभ सेना, खुफिया एजेंसियों, स्वास्थ्य एवं शोध अन्य क्षेत्रों में महत्त्वपूर्ण हो सकता है।

5. **सूचना प्रत्यानयन**:- सूचना-क्रांति की मूल भावना के अनुरूप यह बहुत महत्त्वपूर्ण प्रणाली है, इसके सहयोग से कंप्यूटर में संचित किसी बड़े से बड़े पाठ में निहित छोटी से छोटी सूचना को भी कम समय में सटीक ढंग से प्राप्त किया जा सकता है, साथ ही इसमें किसी पाठ या पुस्तक के आधार पर किसी जिज्ञासा को टंकित कर उसका समाधान प्राप्त किया जा सकता है। यह आज इंटरनेट पर उपलब्ध सूचनाओं को प्राप्त करने में सर्वाधिक सहायक सिद्ध हो रहा है। इसका उपयोग सर्च इंजन, टेलीमेडिसिन, कार्यालय प्रबंधन आदि में महत्त्वपूर्ण है।

6. **प्रकाशिक संप्रतीक अभिज्ञान:-** यह एक ऐसी प्रणाली है, जिसके अंतर्गत किसी पाठ्य-सामग्री को स्कैन (scan) करके कंप्यूटर की स्मृति में संचित किया जा सकता है और इसे आवश्यकतानुरूप संपादित किया जा सकेगा। इसका सबसे अधिक लाभ प्रकाशन उद्योग को मिलेगा, जैसे पुरानी पुस्तकों के नए संस्करणों के प्रकाशन के समय इसमें अनावश्यक अंशों को हटाया एवं नई सूचनाओं को समाहित किया जा सकता है।

7. **वर्तनी संशोधक**:- यह कंप्यूटर के माध्यम से किसी भाषा के मानक रूप को संपादित, संरक्षित एवं निर्धारित कर सकता है, साथ ही वर्तनी संबंधी त्रुटियों को चिह्नित कर सकता है। यह कंप्यूटर आधारित भाषा-शिक्षण में भी महत्त्वपूर्ण योगदान दे सकता है। भारतीय भाषाओं हेतु शब्द-ससाधन के क्षेत्र

में एक आदर्श वर्तनी सशोधक की आवश्यकता लंबे समय से महसूस की जा रही है।

इनके अतिरिक्त शब्द-संसाधन, पाठ-सारांशक आदि प्रणालियाँ हैं, जो किसी पाठ के मूलभाव को संक्षिप्त रूप में उपलब्ध करा सकती हैं और पाठ के कथ्य को विश्लेषित कर सकती हैं, जिससे किसी बड़े से बड़े पाठ में निहित महत्त्वपूर्ण सूचनाओं को कम से कम समय में उद्घाटित किया जा सकता है।

'संगणक भाषाविज्ञान' की सहायता से कुछ अनसुलझे प्रश्नों को सुलझाने का भी प्रयत्न जारी है। मानव-मस्तिष्क एवं उसकी कार्य-प्रणाली, मस्तिष्क में भाषा की संयोजना, भाषा की उत्पत्ति, भाषा के घटक एवं उनका स्व-संयोजन इत्यादि प्रश्नों को 'कंप्युटेशनल मॉडल' पर समझने का प्रयत्न किया जा रहा है। जहाँ एक तरफ मानव-मस्तिष्क की कार्य-प्रणाली को समझकर संगणकों में दिन-प्रतिदिन सुधार का प्रयत्न हो रहा है, वहीं संगणकों की कार्य-प्रणाली के आधार पर मस्तिष्क को समझने एवं मस्तिष्क में भाषा की संयोजना से संबंधित नित्य परिकल्पनाएं सामने आ रही हैं।

'संगणक भाषाविज्ञान' एक अकादमिक प्रभाव-क्षेत्र का विषय है, जो भाषाविज्ञान के आंतरिक विकास एवं तारतम्यता का प्रतिफल है। क्योंकि भाषा एवं कंप्यूटर के आपसी संबंधों का रूझान जब अकादमिक होता है, तभी यह 'संगणक भाषाविज्ञान' के नाम से जाना जाता है, लेकिन जब यही रूझान उत्पादपरकता के लक्ष्य को लेकर उद्योगोन्मुख होता है, तो यह 'भाषा प्रौद्योगिकी' कहलाता है और जब यह संकेत एवं संवेदक एवं मस्तिष्क के भाषाई तंतुओं के अध्ययन के प्रसंग में आता है, तो इसे 'प्राकृतिक भाषा संसाधन' के नाम से संबोधित किया जाता है। इसी क्रम में जब भाषाई संसाधनों का संगणक-सापेक्ष संग्रहण किया जाता है, तो उसे 'कार्पस भाषाविज्ञान' की संज्ञा दी जाती है। यद्यपि 'संगणक भाषाविज्ञान' का

सैद्धांतिक पक्ष भले ही सामान्य जन के बीच अभी लोकप्रिय नहीं हो पाया है, परंतु इसकी उत्पादकता के महत्त्व के प्रति जागरूकता लगातार बढ़ रही है और आगे इसमें निश्चित ही सकारात्मक वृद्धि होगी। अपने प्रारंभिक दौर में ही आधुनिक सूचना-प्रौद्योगिकीय क्रांति ने इस प्रकार 'संगणक भाषाविज्ञान' की व्यापकता का विकास किया है कि आज यह आमजन द्वारा मोबाईल में कोश, मोबाईल के लिखित संदेशों को ध्वनि के रूप में सुनने, बोलकर संदेश लिखने जैसे लोकप्रिय प्रयोगों से लेकर विशिष्ट अध्ययन से जुड़े लोगों को रोबोटिक्स एवं संवेदक तक में अपनी उपादेयता सिद्ध कर चुका है।

आगे व्याकरणिक परंपरा एवं इसके अनुपालन के क्रम में व्याकरण की सामयिकता पर विचार भी समीचीन होगा। यद्यपि व्याकरण की वर्तमान धारा भी 'संगणक भाषाविज्ञान' के अंतर्गत होने विवेचनाओं से परे नहीं है, लेकिन सिर्फ संरचनात्मक विश्लेषण में व्याकरण भी भाषाविज्ञान की एक विचार-सरणी है। गौरतलब है कि भाषा एक व्यवस्था होती है, जो नियमों से संचालित होती है, लेकिन समाज इसका कर्म-क्षेत्र होता है और नियमों का अनुपालन समाज की प्राथमिकता से बाहर होता है। भाषाई अध्ययन की विधा को यदि विज्ञान कहा गया है, तो भाषा की वैज्ञानिकता का मूल आधार कार्य-कारण का संबंध ही होता है और ये कारण समाज के मध्य से ही निकलते हैं। व्यावहारिक रूप में कोई भाषा एक नदी के समान होती है, यदि इसकी जीवंतता के लिए इसमें प्रवाह का होना आवश्यक होता है, तो व्याकरणिक व्यवस्था के रूप में दो स्पष्ट किनारों का होना भी उतना ही आवश्यक है और इसी से भाषा के प्रवाह की दिशा एवं धारा की गति निर्धारित होती है। एक धारा के रूप में भाषा अपने पथ के अनेक किनारों से ऊर्जा ग्रहण करती है और एक आदर्श व्याकरण को इस संपूर्णता को उचित तर्क प्रदान करने लायक होना चाहिए। गौरतलब है कि व्याकरण भी स्वयं में स्वायत्त नहीं हो सकता, बल्कि उसे भाषाविज्ञान के दूसरे अनुषंगों से सहयोग लेना होता है। प्रसिद्ध

विद्वान हैलिडे (1970) ने कहा था कि "शब्द की आकृति का अध्ययन व्याकरण में और उसके अर्थ का अध्ययन कोश में किया जाता है।" यदि व्याकरण सामयिक हो, तो भी शब्दों का एक लंबा अतीत होता है और इनके प्रयोग के समय एवं संदर्भ भी विविध हो सकते हैं। यद्यपि भाषिक संप्रेषण के क्रम में व्याकरण और कोश दोनों एक दूसरे के पूरक भी होते हैं।

भाषाई अध्ययन में रूपविज्ञान एक आधारभूत चरण के रूप में आता है। रूपविज्ञान शब्दों या पदों के आंतरिक संरचना के अध्ययन का विज्ञान है। इसके अंतर्गत किसी भाषा के मूल शब्द और प्रत्ययीकरण की प्रक्रियाएँ विश्लेषित और वर्णित होती हैं। इस क्रम में विभिन्न व्याकरणिक कोटियों के परिवर्तन के कारण रूपविज्ञान के विश्लेष्य क्षेत्र के अंतर्गत शब्द-वर्ग और संदर्भगत व्याख्या की प्रक्रिया भी शामिल हो जाती है। रूपविज्ञान के केंद्रीय भाव 'रूप' का आशय किसी भाषा के न्यूनतम अर्थवान इकाई से है। इस प्रकार रूपविज्ञान किसी भाषा की रूप-व्यवस्था का अध्ययन करता है और यह किसी भाषाई संरचना के बनने में न्यूनतम अर्थवान इकाई के विस्तार के चरणों का अध्ययन है। किसी भाषा में जब तक ध्वनि से अर्थग्राह्यता का बोध न हो, तब तक वह ध्वनि भाषाई संप्रेषण की आंतरिक व्यवस्था में स्वीकार्य नहीं होती है जैसे- ध्वनि क, च, ट या प का कोई नियत अर्थ नहीं है, जबकि इसी के कल, चल, टल, पल होने की स्थिति में हिंदी भाषा की अर्थवान संरचना का निर्माण हो जाता है। यही 'रूप' है और इसमें उपसर्ग एवं प्रत्यय के जोड़ने की व्यवस्था को 'रूपविज्ञान' कहा जाता है। ध्यान रहे कि जब तक कोई भाषाई ध्वनि-समूह कोश में होता है, तब तक वह 'शब्द' होता है, लेकिन जैसे ही वह ध्वनि-समूह व्यवहार में अर्थात् वाक्य में प्रयुक्त हो जाता है, तो उसे पद कहते हैं। इस प्रकार शब्द में जब कोई विभक्ति चिह्न लग जाता है, तो उसे पद कहा जाता है। चूँकि विभक्तियों के प्रयोग की व्यवस्था को रूपविज्ञान कहा जाता है और विभक्ति लगने के बाद ही कोई शब्द 'पद' कहलाता है, इसलिए इसकी व्यवस्था को 'पदविज्ञान' भी कहा गया है।

अपने कार्य-व्यापार के अनुसार रूपविज्ञान को दो मुख्य शाखाओं में बाँटा जा सकता है- पहला रूपसाधक रूपविज्ञान। इसके अंतर्गत रूपसाधक प्रक्रिया के अंतर्गत संरचित पदों का अध्ययन होता है, जैसे- हिंदी में 'लड़क' मूल पद के साथ 'आ' प्रत्यय लगने के बाद 'लड़का' शब्द संरचित होता है और इसी मूल पद में 'ई' प्रत्यय लगने के बाद 'लड़की' शब्द बनता है। इसमें 'आ' और 'ई' प्रत्यय लिंग और वचन की सूचना धारण किए हुए हैं। इसमें सबसे महत्त्वपूर्ण यह है कि इस प्रत्ययीकरण की प्रक्रिया में संबंधित शब्द की व्याकरणिक कोटि परिवर्तित नहीं होती है। लेकिन जब व्याकरणिक कोटि परिवर्तित हो जाती है, तब इसे 'व्युत्पादक रूपविज्ञान' जो रूपविज्ञान का दूसरा अंग है, के अंतर्गत पदों का विश्लेषण किया जाता है। जैसे 'समाज' (संज्ञा) में 'इक' प्रत्यय लगने के बाद यह 'सामाजिक' शब्द होता है, जिसकी व्याकरणिक कोटि विशेषण होती है, संज्ञा नहीं। इस प्रकार जब शब्द-निर्माण की प्रक्रिया में प्रत्ययीकरण के बावजूद नए मूल पद और प्रत्यय या उपसर्ग लगने के बाद संरचित नए पद की व्याकरणिक कोटि समान हो, तो यह रूपसाधक रूपविज्ञान का दायरा होता होता है और यही जब आधारभूत पद में उपसर्ग या प्रत्यय जुड़ने के बाद संरचित नए पद की व्याकरणिक कोटि में परिवर्तन हो, तो यह व्युत्पादक रूपविज्ञान के दायरे में विश्लेषित किया जाता है।

भाषा-संरचना के विश्लेषण के क्रम में रूपविज्ञान के प्रयोग का बहुत पुराना इतिहास है। इसके महत्त्व को वर्णनात्मक भाषाविज्ञान में आधारभूत पद्धति के रूप में स्वीकार किया गया है। भाषाई विश्लेषण के क्रम में रूपविज्ञान की सहायता से शब्दों को ऐतिहासिक, तुलनात्मक एवं मनोवैज्ञानिक दृष्टिकोणों से भी विश्लेषित किया जा सकता है। एक भाषा के रूप में हिंदी का उक्त सभी दृष्टियों से किया गया अध्ययन उसकी समकालिकता को व्यापक स्पष्टता देता है।

बहरहाल हिंदी अपने मूल में एक लोकतांत्रिक भाषा है और स्थानीयता ही इसकी वास्तविक पूँजी रही है। अनेक विदेशी भाषाओं के सैकड़ों शब्द हिंदी में इस तरह से रच-बस गए हैं कि आज इनको भाषा से बाहर करने के बारे में सोचा भी नहीं जा सकता है। उदारता हिंदी का स्वभाव एवं बहुस्वीकार्यता इसकी आदत रही है। यह मानक साहित्य या राजभाषा से अधिक संपर्क-भाषा के रूप में भव्यता ग्रहण करती है। ध्यान रहे कि किसी भाषा का लोकतांत्रिक होना प्रकारांतर से उसे नियमों के बंधन से मुक्त होने की ओर प्रेरित तो करता है, लेकिन यही पक्ष एक भाषा के रूप में उसकी क्षमता पर प्रश्न भी खड़ा करता है। आज भी हिंदी विरोध के अनेक स्वर इसके इसी क्षमता के ऊपर किए जा सकने वाले प्रश्नों के साथ मुखरित होते हैं। किसी वाक्य में संयोजित शब्दों से लक्षित अर्थ संप्रेषित हो, इसके लिए आवश्यक है कि शब्द उचित व्यवस्था एवं अनुक्रम में हों और यह तभी संभव है, जब वह वाक्य उस भाषा के व्याकरण की व्यवस्था के अनुरूप हो। इसमें शब्द-चयन की क्षमता लोकतांत्रिक हो सकती है, लेकिन इनके प्रयोग की शर्तें अपेक्षाकृत दृढ़ होती हैं। यहीं व्याकरण की उपस्थिति होती है, जहाँ उसके क्षमता एवं सटीकता का परीक्षण होता है।

व्याकरण किसी भाषा की व्यवस्था के निर्धारक होने के साथ उसके समय, काल एवं सामाजिक संबंधों की आंतरिकता को बताता है और हिंदी-व्याकरण का वर्तमान इसके संरचनात्मक लचीलेपन के साथ खड़ा तो है, लेकिन पर्याप्त नहीं है। यह इस तथ्य का सत्यापन तो करता है कि हिंदी की शक्ति दरअसल इसकी व्याकरणिक उदारता में है, लेकिन इसके भविष्य के प्रति आश्वस्त नहीं करता। यद्यपि हिंदी प्राय: एक नियोजित भाषा रही है और इसके विस्तार का आधार आम जनमानस रहा है, इसलिए व्याकरणिक विसंगतियों पर प्रश्न उठना उचित भी है, लेकिन इसका मतलब यह नहीं होना चाहिए कि समाज आँख मूँद कर अपनी भाषा को सिर्फ बाजार के भरोसे छोड़ दे। गौरतलब है कि वर्तमान सूचना-प्रौद्योगिकी के युग में व्याकरण, वर्तनी एवं शब्दार्थ का नियंता 'माइक्रोसॉफ्ट' और

'गूगल' जैसी कंपनियाँ बनने लगी हैं और सहज उपलब्धता या विकल्पहीनता की स्थिति में इन पर न सिर्फ आम जन बल्कि बौद्धिक समाज भी आश्रित होने लगा है। हालाँकि अँग्रेजी के विस्तार में 'माइक्रोसॉफ्ट' का बड़ा योगदान है, जो वर्तनी एवं व्याकरण जाँचक की सुविधा देकर अन्य भाषा-भाषी के अँग्रेजी सीखने में सहयोगी बना है। इधर 'गूगल' भी कई तरीकों से अँग्रेजी को लाभ पहुँचा ही रहा है। लेकिन हिंदी की व्यापकता को सहेजने के क्रम में ये सभी हिंदी के मूल स्वभाव के साथ नहीं खड़े होंगें, क्योंकि ये अपनी सुविधा के अनुसार एकरूपता पर ज़ोर देंगे। यहाँ यह भी नहीं भूलना चाहिए कि यह वही गूगल है, जो आज ट्रकों के पीछे लिखे जाने वाले शेरो-शायरी की भी चिंता करने लगा है और खुद एक मजबूत प्रचार माध्यम होने के बावजूद इसका विज्ञापन टेलीविजन एवं दूसरे माध्यमों से करने में लगा है। बहरहाल हिंदी को आज भी उसके सामयिक एवं प्रतिनिधि व्याकरण की आवश्यकता है। हालाँकि इसके व्याकरण-लेखन का एक लंबा इतिहास रहा है, जिसमें अनेक भाषाओं के देशी-विदेशी विद्वानों के व्यक्तिगत प्रयासों से लेकर कुछ संस्थाओं का अकादमिक हस्तक्षेप भी रहा है। आज कहने के लिए हिंदी की कई भाषाओं के माध्यम से सैकड़ों व्याकरण की पुस्तकें उपलब्ध हैं, इनमें जॉन जोशुआ केटेलर के 'हिंदी ग्रामर' (1698) से लेकर रमाकांत अग्निहोत्री के 'हिंदी : ए एसेंसियल ग्रामर' (2006) तक शामिल है। इनमें से अनेक पुस्तकों की उपयोगिता के बल पर ही हिंदी सुगठित हो पाई है, लेकिन कई का अपना समय एवं संदर्भ भी रहा है। इसके साथ अँग्रेजी के व्याकरणिक ढाँचे में हिंदी के व्याकरण को ढालना हिंदी के प्रति न्याय नहीं है, लेकिन ऐसा हिंदी व्याकरण की अनेक पुस्तकों में सहज पाया जा सकता है। हिंदी में लिखित व्याकरणों में आज भी पूरी बहस कामताप्रसाद गुरु की कृति 'हिन्दी व्याकरण' (1920), किशोरी दास वाजपेयी की 'हिन्दी शब्दानुशासन' (1957) और सूरजभान सिंह की 'हिन्दी का वाक्यात्मक व्याकरण' (1985) आदि तक ही सीमित है। हालाँकि इनमें केंद्रीय हिंदी संस्थान, आगरा द्वारा प्रकाशित कुछ

अलग-अलग पक्षों पर लिखे गए शोध-पत्र भी महत्त्वपूर्ण हैं, लेकिन ऐसे अनेक छिटपुट प्रयास अकादमिक दायरों से आगे नहीं बढ़ पाए हैं। इसमें से कामताप्रसाद गुरु ने तो खुद इस पुस्तक की भूमिका में स्वीकार किया है कि "जो सिद्धान्त निश्चित किए गए हैं, साहित्यिक हिंदी से संबंध रखते हैं...... यह व्याकरण, अधिकांश में, अँग्रेजी व्याकरण के ढंग पर लिखा गया है। इस प्रणाली के अनुसरण का मुख्य कारण यह है कि हिंदी में आरम्भ से ही इसी प्रणाली का उपयोग किया गया है।" दरअसल इस पूरे संदर्भ में व्याकरण-लेखन की परंपरा को प्रसिद्ध भाषाविद चामस्की के प्रभाव ने नए सिरे से प्रभावित किया है। उनकी प्रथम पुस्तक 'सिंटैक्टिक स्ट्रक्चर्स' (1957) के बाद भाषाविज्ञान में जो क्रांतिकारी बदलाव आया, उसमें बहुत कुछ बदल गया और बहुसंख्य भाषाविद इनके अनुगामी बन गए। भाषा को 'सीमित नियमों की असीमित संरचना' के रूप में प्रतिपादन के साथ चामस्की ने इसकी सर्जनात्मक क्षमता की ओर सबका ध्यान आकृष्ट कराया था। इस क्रम में यह भी विचारणीय है कि खुद चामस्की भी अपने व्याकरणिक सिद्धांतों में परिमार्जन करते रहे और यह कार्य प्रमुखता से उनकी कृति 'द मिनिमलिस्ट प्रोग्राम' (1995) के आने तक जारी रहा। चामस्की का भारत में प्रभाव यह पड़ा कि अकादमिक क्षेत्र में कार्यरत प्राय: भाषाविद उनके व्याकरण-सम्मत सिद्धांतों की आंतरिक बहसों के आईने में ही हिंदी सहित भारतीय भाषाओं को देखने लगे। यद्यपि यह आवश्यक ही है कि किसी अनुशासन की समकालीन बहसों से जुड़ा रहा जाय, लेकिन व्याकरण-लेखन की भाषावैज्ञानिक धारा से निकले व्याकरण अपनी व्यावहारिक दुरूहता के कारण आम जन की पहुँच से दूर ही रहे। दूसरी तरफ हिंदी में अनेक व्याकरण पर किताबें समय के साथ आईं तो जरूर, लेकिन उनमें से कुछ तो नई बोतल में पुरानी शराब से कुछ अधिक नहीं हैं। आज बाजार में ऐसी भी हिंदी व्याकरण की पुस्तकें उपलब्ध हैं, जो अपनी सामग्री के आधार पर शीर्षक तक को न्यायोचित नहीं ठहरा पाती हैं। ऐसी पुस्तकें व्याकरणिक परंपरा में योगदान देने के बजाय प्रदूषण ही फैलाती हैं। ध्यान रहे कि जिस प्रकार नदी पर

पुल बनाने वाले अभियंता की कमजोरी का नुकसान समाज के साथ उस नदी को भी उठाना पड़ सकता है, उसी प्रकार एक गलत व्याकरण अपने अबोध पाठक को एक गलत व्याकरणिक व्यवस्था को अंगीकार करने के लिए प्रेरित करता है और भाषा की धारा की तार्किकता भी कमजोर होती है। दुर्भाग्य से हिंदी में ऐसे व्याकरण भी समानांतर अपनी उपस्थिति बनाए हुए हैं और ऐसा भाषाविज्ञान के अकादमिक क्षेत्र में न भी हों, तो भी समाज पर एक बोझ की तरह फल-फूल रहे हैं। समय के साथ इन सबका प्रभाव यह भी पड़ा कि हिंदी के व्याकरण का आम प्रशिक्षु इसके प्रति उदार होता चला गया और व्याकरणिक मानकता के अभाव में सब कुछ समय की धारा के भरोसे छूट गया। इसके साथ प्राथमिक स्तर पर ही छात्रों को जितना व्याकरण की समझ हो जानी चाहिए, कई बार उतना वह जीवन भर नहीं सीख पाता है। व्यापक सामाजिक सजगता के अभाव में आज इसे हिंदी की क्षमता पर संदेह के साथ जोड़ा जाने लगा है। इसके साथ आज 'हिंगलिश' या 'हिंग्रेजी' का उभार भी हुआ है, जिसे मुख्य धारा के हिंदी समाचार-पत्र भी विविध रूपों में मान्यता देने पर उतारू हैं। इधर हिंदी की सर्वाधिक शक्तिशाली उपस्थिति सिनेमा के माध्यम से हुई है और यहाँ भी इसके व्याकरण के प्रति कोई जवाबदेही नहीं है। ऐसे में हिंदी का उन्मुक्त विचरण ही इसकी नियति बनती जा रही है, जिससे आज भी राजभाषा, न्यायालय, उच्च-शिक्षा, चिकित्सा एवं शोध आदि सम्मानजनक क्षेत्रों में इसके प्रयोग पर लगातार संदेह बना हुआ है।

हिंदी से जुड़ी वर्तमान अपेक्षाएँ इसके स्थानीय, अखिल भारतीय एवं अंतरराष्ट्रीय स्तरों पर हैं। इनमें स्थानीय धरातल पर इसके संरचनात्मक स्तर की उदारता बहुधा स्वीकार्य है, लेकिन अखिल भारतीय स्तर पर हिंदी की संरचनात्मक उपस्थिति का जवाब सीधे इसके व्याकरण से माँगा जाता है, जबकि अंतरराष्ट्रीय स्तर पर हिंदी-शिक्षण के क्रम में बिना सुदृढ़ व्याकरण के इसको तार्किक ठहराना संभव नहीं है। इस संदर्भ में हिंदी शिक्षकों के लिए विदेशी छात्रों के उलझे हुए प्रश्नों का मान्य समाधान खोजना एक व्यापक चुनौती है। इधर हाल के दिनों में कंप्यूटर से जुड़े

शोधों में हर मानवीय भाषाएँ नई चुनौतियों के साथ प्रस्तुत हुई हैं और हिंदी जैसी कंप्यूटर से विमुख भाषा के साथ तो यह चुनौती कई गुनी बढ़ जाती है। ध्यान रहे कि मानवीय प्रसंगों में तो हिंदी के स्थानीय प्रयोगों जैसे- 'मेरे को जाना है'/ 'मुझे जाना है'/ 'मैंने जाना है' जैसे आधारभूत प्रश्नों का हल किसी तरह हो भी जाता है, लेकिन कंप्यूटर से जुड़े शोधों में ये सभी प्रयोग अलग-अलग इकाई माने जाएँगे, एक ही अर्थ के पूरक नहीं। दूसरे, कंप्यूटर की क्षमता से जुड़ा पक्ष यह भी है कि उसे 'मैं खाना खा चुका हूँ' और 'मैं मर चुका हूँ' दोनों वाक्यों को सही ठहराने में सामान्यत: समस्या नहीं होती है। ऐसे में उसे मानकता और संरचना से जुड़ी विविधताओं को समझने में समस्या आती है, जिससे अंतत: हिंदी के आधुनिकतम शोधों के प्रति उत्साह को हतोत्साहित करने वालों को बढ़ावा ही मिलता है।

हिंदी में जब फॉन्ट के मानकीकरण पर विचार होना चाहिए था, तब तक इसके वर्णमाला के मानकीकरण के सवाल को भी हल नहीं किया जा सका है। इसमें स्वर से लेकर संयुक्ताक्षर तक से जुड़े सवाल हैं। आज भी सर्वनामों के साथ परसर्गों के प्रयोग, पंचमाक्षर, अनुनासिक ध्वनियों का अनुस्वार में परिवर्तन जैसे महत्त्वपूर्ण पक्षों के लिए किसी मीडिया घराना, संस्था या प्रकाशक के विभिन्न शैली-पत्रकों पर निर्भर होना पड़ता है। इलेक्ट्रॉनिक मीडिया तो अपनी तेजी के साथ व्याकरण को भी नेपथ्य में ढकेलने का कार्य कर रही है। इधर हिंदी के लिंग-विधान जैसे अनेक पक्ष संदेहास्पद रहे हैं, जिनसे आम आदमी रोज दो-चार होता है। हिंदी में कुछ प्रयास तो ऐसे भी हुए हैं, जो व्यापक सामाजिक स्वीकार्यता के अभाव में संबंधित लेखक और उनके साहित्य तक ही सीमित ही रह गए। हिंदी को यदि समय-सापेक्ष समर्थवान और सम्मानजनक भाषा बनना है, तो उसे हर उस सवाल का उत्तर खोजना होगा, जो उसकी क्षमता पर संदेह जताता हो। अब इसके व्याकरण को लेकर एक निर्णायक पहल का होना आवश्यक है, ताकि समकालीन हिंदी का एक बहुस्वीकृत एवं समग्र व्याकरण तैयार हो सके, जो भविष्य में न सिर्फ

आम आदमी की आशंकाओं का निवारण करे, बल्कि भविष्य के शोधों एवं विकास को एक मजबूत आधार दे सके। इसमें प्रमुखता से समाजभाषावैज्ञानिक तथ्यों का समावेश होना चाहिए और इसके स्थानीय उच्चारण एवं वर्तनी के विकल्पों पर भी विचार किया गया हो, ताकि यह संप्रेषणपरक हिंदी को भी संबोधित कर सके। साथ ही इसके वर्तमान प्रयोग-क्षेत्रों को भी ध्यान में रखा जाए। हम पाणिनी के व्याकरण की कृति 'अष्टाध्यायी' को भी देख चुके हैं, जिसे प्रसिद्ध भाषाविद ब्लूमफील्ड ने 'मानव मेधा का अद्वितीय प्रतिमान कहा था'। यह संस्कृत को सम्मान दिलाने में भले ही समर्थ रही हो, लेकिन संस्कृत में विपुल साहित्य होने के बावजूद इसको जीवन नहीं दे सकी। इसलिए इस पूरे क्रम में यह नहीं भूलना होगा कि यदि भाषा सामाजिक संपदा है, तो व्याकरण वैयक्तिक नहीं हो सकता।

मानव-मशीन अंतरापृष्ठ

विकास की गति और उसके साथ मानव-जीवन की व्यापक अंतरंगता समाज को एक ऐसे स्थान पर ले आ चुकी है, जहाँ मनुष्य को यह सोचने पर मजबूर होना पड़ रहा है कि क्या मशीन भी मानवीय गुणों को धारण कर सकती है या किसी चरण में मशीन भी मानव का विकल्प हो सकती है? हालाँकि भारत जैसे देश में जहाँ आज भी विकास की कल्पना करने पर समाज के मूलभूत प्रश्न ही प्रमुखता से सामने आते हों, तो इस तरह के प्रश्न गैर-जरूरी लगते हैं, लेकिन यह भी सही है कि विश्व के अधिकांश उन्नत 'कृत्रिम मेधा' पर केंद्रित प्रयोगशालाओं में किसी रोबोट को एक आज्ञाकारी सहकर्मी बनाने की योजना पर काम बहुत पहले शुरू हो चुका है और उसमें एक सीमा तक सफलता भी मिलने लगी है। कृत्रिम मेधा के क्षेत्र में 'विशेषज्ञ प्रणाली' के प्रभाव ने ई-कामर्स, टेली-मेडिसिन, ऑन-लाइन सलाह एवं सोशल नेटवर्किंग आदि के क्षेत्रों प्रमुख भूमिका निभाना शुरू भी कर दिया है। इस क्रम में आज संवेदक आधारित प्रोग्रामन से यह अपेक्षा की जा रही है कि वह देश की सीमाओं को सुरक्षित रखने में सहयोग करे, किसी मरीज की शरीर के आंतरिक अंगों का आपरेशन करे, किसी व्यक्ति के चेहरे के भाव या ओठ के सूखने के संकेतों को विश्लेषित कर पानी ले आकर दे दिया करे, खुले एवं व्यस्त यातायात में चालक विहीन कार सहजता से चल सके। इसके साथ धीरे-धीरे वह सब कुछ करे, जो मनुष्य आज तक कर रहा है या करने की सोच सकता है। गौरतलब है कि एलन ट्यूरिंग (1950) ने अपने शोध-पत्र 'कंप्यूटिंग मशीनरी एंड इंटेलिजेंस' में सवाल उठाया था कि क्या मशीनें भी सोच सकतीं हैं। कृत्रिम मेधा के क्षेत्र में यह सवाल आज भी प्रासंगिक है और इसका पूरा शोध इसी प्रश्न के इर्द-गीर्द घूमता है। रोबोट को लेकर फिलहाल जितने भी प्रसंग सामने आए हैं, उनमें प्रोग्रामन के सामान्य अनुदेश रोबोट में कार्यरत संवेदक से प्राप्त ज्ञान के आधार पर अपने निर्णय

लेते हैं, लेकिन इन निर्णय-प्रक्रियाओं में प्राय: भाषाई संदर्भ नहीं होता है, उसका सबसे बड़ा कारण मानवीय भाषा से जुड़ी वे जटिल चुनौतियाँ हैं, जो मानवीय-मस्तिष्क में ही सर्वोत्तम व्यवहार करती हैं। बहरहाल मनुष्य की विलक्षण पहचान यह है कि उसके पास एक संवेदनशील मस्तिष्क है, जो सूचना ग्रहण करता है, उसको संसाधित करता है या यूं कहें कि सोचता है और समय आने पर निर्णय लेता है और शरीर के दूसरे अंगों के संचालन हेतु संदेश भी भेजता है। यह सिर्फ मानव-मस्तिष्क से ही अपेक्षित है कि वह निर्णय ले और उन निर्णयों को पूरा करने का यथासंभव उपक्रम भी करे। कल्पना को हकीकत बनाने का प्रयास करे। इसके साथ ही यह अनेक भावनात्मक कार्यों को भी संचालित करता है। तभी तो व्यक्ति सोचता है, हँसता है, रोता है, दु:खी होता है और गुस्साता है। अपने मनोभावों को सुविधा एवं प्रसंग अनुसार व्यक्त कर सकता है, तो समय आने पर मनोभावों को छिपा लेने की क्षमता भी मनुष्य में है और ये काम वह भाषा के माध्यम से करता है। ध्यान रहे भाषा एक व्यवस्था है और इसमें वाचिक, लिखित और आंगिक सभी तरह की अभिव्यक्तियाँ होतीं हैं। (चामस्की, 1957) ने मानव-मस्तिष्क की क्षमता बताया था कि यह सीमित नियमों से असीमित वाक्यों की रचना कर सकता है। अर्थात् इसमें सर्जनात्मक क्षमता है, जबकि किसी मशीन के संदर्भ में यह संभव है कि उच्च हार्डवेयर विकास से आदमकद ढाँचा तैयार हो सकता है, विस्तारित कलनविधि तैयार करके उसमें संचित किया जा सकता है, लेकिन मस्तिष्क का वह भाग जिससे मानव समय एवं संदर्भ के अनुरूप अभूतपूर्व निर्णय भी ले सकता है फिलहाल मशीन में नहीं है। यहीं आकर कृत्रिम मेधा के शोधार्थियों का उत्साह डगमगाने लगता है। आज भौतिक जीवन में जितनी सुविधाएँ सामान्य प्रयोग में आने लगी हैं, उन्हीं की बुनियाद पर आगे की अपेक्षा भी बढ़ती है। 'तकनीक' मानवीय जीवन-चर्या की विभिन्न आवश्यकताओं की पूर्ति हेतु एक महत्त्वपूर्ण साधन है और 'भाषा' मानव जीवन की संपूर्णता का एक अनिवार्य साधन। इसी को लेकर अब अपेक्षित है कि विकलांग/दिव्याङ्ग जन भी

सामान्य और भाषाई अपंगता को पूर्ण कर सकें। एक गूँगे व्यक्ति को पाठ-वाक् प्रणाली से औच्चारिक क्षमता की कमी न खले, एक अंधे व्यक्ति को वाक्-पाठ प्रणाली की सहायता से न देख पाने के दर्द को कम किया जा सके। पैर से विकलांग व्यक्ति के पहियेदार कुर्सी को उसके निर्देशों द्वारा 'वाक्-अनुदेश' से चलाया जा सके। इन सब विषयों पर विश्व की दूसरी बड़ी भाषाओं पर तो शोध हो रहे हैं और सफलता भी मिल रही है, लेकिन देश की प्रतिनिधि भाषा 'हिंदी' में धरातल पर पहुँचने लायक शोध सामने नहीं आ पाया है। देश में 'कृत्रिम मेधा' की सफलता इस बात पर ही निर्भर करेगी कि उसके भाषाई ज्ञान की पूर्णता हिंदी सहित दूसरी भारतीय भाषाओं से हो। इसके लिए आवश्यक है कि इस हेतु निर्णायक शोध हों। यहाँ सबसे पहले क्रमश: मानव-मानव एवं मानव-मशीन के संवाद की स्थिति को निम्न चित्र के सहयोग से समझा जा सकता है-

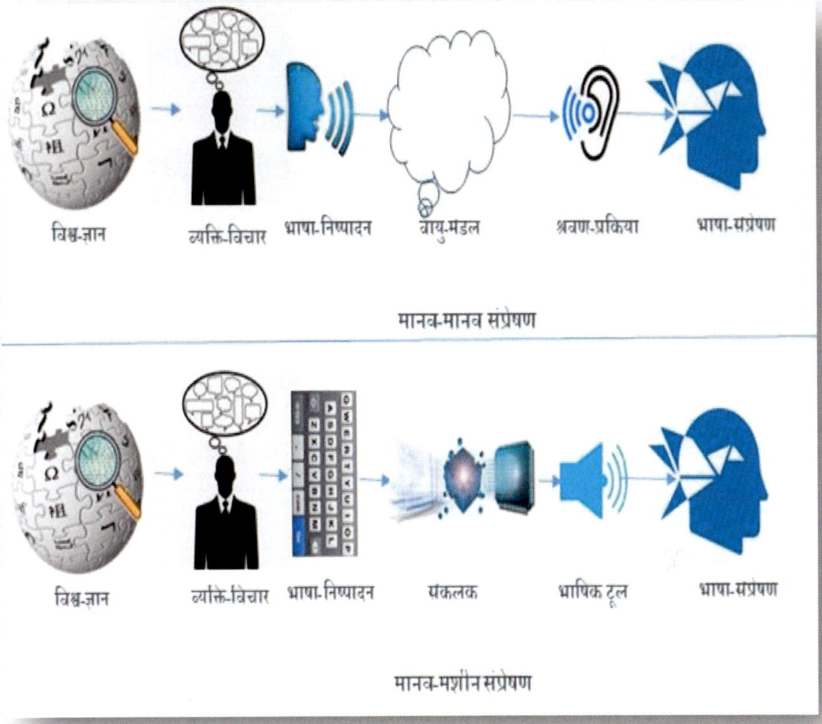

चित्र-2 : संप्रेषण प्रक्रिया

चित्र संख्या-2 में देखा जा सकता है कि मानव एवं मानव की स्वाभाविक संवाद-प्रक्रिया में किसी व्यक्ति के द्वारा उच्चरित ध्वनि हवा के माध्यम से श्रोता के कान तक पहुँचती है। इस सामान्य प्रक्रिया की तुलना जब मानव-मशीन संवाद की स्थिति को समझने के लिए किया जाएगा, तो यह भी समझना चाहिए कि कोई वक्ता जब बोलता है, तो वह ध्वनि-समूह वागंग से बाहर निकलने से पहले वक्ता को अनेक मानसिक प्रक्रियाओं से गुजरना पड़ता है। चित्र में यह भी दिखाया गया है कि विश्व-ज्ञान में से कुछ सीमित ज्ञान ही एक व्यक्ति के पास होता है, उस सीमित ज्ञान से संवाद के समय कुछ निश्चित ज्ञान या सूचना की आवश्यकता होती

है। ध्यान रहे कि समान मानसिक धरातल पर होने की स्थिति में ही श्रोता अपने अभिप्रेत वक्ता के मुख से निकली हुई ध्वनि को ग्रहण कर पाता है। इस प्रसंग को आगे चित्र संख्या-3 में और व्यवस्थित ढंग से दिखाया गया है। बहरहाल अब मानव-मानव के संवाद-प्रक्रिया की तुलना में मानव-मशीन के संपर्क की स्थिति को समझना आवश्यक है। ध्यान रहे कि इस क्रम में जैसाकि चित्र संख्या-2 में दिखाया गया है, मानव-मशीन के अस्वाभाविक या यूं कहें कि कृत्रिम संवाद के लक्ष्य में मानव तो अपनी उसी पृष्ठभूमि के साथ उपस्थित होता है, जैसे वह मानव के साथ होने वाले संवाद के समय होता है, लेकिन यहाँ प्रत्युत्तरी के रूप में मानव न होकर मशीन होती है, जिसके पास सीमित ज्ञान संचित रहता है और उससे अपेक्षा की जाती है कि विश्व-ज्ञान की बुनियाद पर प्रतिक्रिया दे। यहीं मुख्य जटिलता आती है। मानव- मशीन के संवाद की स्थिति में मशीन की शर्तें व्यक्ति के भाषाई निष्पादन प्रक्रिया पर भी हावी रहती है। कंप्यूटर की मातृभाषा अँग्रेजी है, इससे इतर के भाषाई प्रयोक्ताओं की चुनौती वहीं से और बढ़ भी जाती है। उदाहरण के लिए यदि हिंदी को लें, तो यह कौन हिंदी-भाषी कंप्यूटर-प्रयोक्ता भूल जाएगा कि अपने आरंभ से एक लंबे समय तक बल्कि बहुत मायनों में आज भी कंप्यूटर हिंदी भाषियों के लिए द्वितीयक ही रहा है। बहरहाल यहाँ मूल समस्या दूसरी है, जिसमें मानव की स्वाभाविक भाषा-निष्पादन प्रक्रिया का सामना मशीन के सीमित एवं संचित भाषा-ग्रहण की क्षमता के साथ होता है। इस पर शोध अभी भाषा से परे भी होना है। इसमें कंप्यूटर प्रयोक्ता के द्वारा निष्पादित भाषा के रूप लिखित एवं वाचिक ही कंप्यूटर में निवेश होता है। जबकि मानव-मानव संवाद में आंगिक अभिव्यक्तियाँ भी समानांतर रूप से काम कर रही होतीं हैं। खैर इस संवाद-प्रक्रिया में मानव से ग्रहित भाषा का लिखित या वाचिक रूप कंप्यूटर फिलहाल कुछ सीमित प्रयोगों के लिए ही स्वीकार करता है, इसमें भी मुख्यत: लिखित रूप जो कुंजी-पटल द्वारा टंकित होता है। इसके बाद देखने वाली बात यह है कि विंडो संचालन से परे कंप्यूटर संकलक कितना प्राकृतिक भाषा स्वीकार

करता है। प्रोग्रामन के समय स्वयं मानव द्वारा जितने नियम उसमें संचित एवं संस्थापित किए जाते हैं, कंप्यूटर के भाषाई ग्रहण की क्षमता की परिधि उन्हीं नियमों के अंदर होती है। इसके बाद कंप्यूटर अनुक्रिया के स्वरूप जो उत्पादित करता है, वह लिखित या वाचिक दोनों रूपों में होता है। जो अभी तक व्यावहारिक धरातल पर विभिन्न भाषिक टूल के माध्यम से सामने आता है। इस क्रम में यह देखना बहुत दिलचस्प है कि कंप्यूटर की अनुक्रिया अंतिम नहीं है, जब तक उसे पुन: मानव की प्रतिपुष्टि न मिले। इस प्रकार मानव-मानव संवाद में प्रतिपुष्टि तो खुद श्रोता द्वारा ही दिया जाता है, जबकि मानव-मशीन संवाद में प्रतिपुष्टि मशीन से आगे मानव को देनी होती है। इसी बीच की पूरी प्रक्रियाएँ ही भाषा-प्रौद्योगिकी की चुनौती या उपलब्धि हो सकती हैं। यह समझने वाली बात है कि मानव एवं मानव के मध्य का संवाद सदियों से अर्जित भाषा-ज्ञान के आधार पर एक स्वाभाविक ढंग से होता है, जबकि मानवीय भाषा में मानव एवं मशीन के मध्य का संवाद एक महत्त्वाकांक्षी लक्ष्य है। दरअसल यह मानव की वैज्ञानिक एवं तकनीकी प्रगति के बरक्स एक दूरगामी लक्ष्य है, जिसे पाने के लिए मानव प्रयत्नशील है। इसके समक्ष कुछ प्रमुख भाषिक चुनौतियों जो भाषा-प्रौद्योगिकी के समक्ष भी चुनौतियाँ हैं; को यहाँ संक्षेप में समझा जा सकता है-

1. **भाषा की सर्जनात्मकता:-** मानवीय भाषा अपने स्वभाव से सर्जनात्मक होती है, जबकि मशीन की भाषा में एक-एक की-स्ट्रोक पूर्व निर्धारित होता है, इससे इतर कोई अक्षर या की-स्ट्रोक उसके लिए स्वीकार्य नहीं होती है। जैसाकि चामस्की ने कहा था कि "भाषा सीमित नियमों की असीमित संरचना होती है।" यहाँ वे भाषा को वाक्यीय संपत्ति मानते हैं और ये वाक्य 'संज्ञा पदबंध' और 'क्रिया पदबंध' के योग होते हैं। ये बीज वाक्य अपना बहुआयामी विस्तार कर सकते हैं, यथा-
    - मोहन घर जाता है।
    - मोहन अपने घर जाता है।

- सोहन का बड़ा भाई मोहन अपने घर जाता है।
- सोहन का बड़ा भाई मोहन जो दिल्ली में रहता है, वह अपने घर जाता रहता है।

ध्यान रहे कि इन तीन विस्तारों के बाद भी इस वाक्य का विभिन्न आंतरिक इकाइयों के आधार पर विस्तार संभव है, जबकि मशीन की भाषा में इतनी संरचनात्मक उदारता नहीं होती है।

2. **संदिग्धार्थकता:-** मानवीय भाषा के प्रयोग का दायरा समाज होता है, जिसमें प्रयोग की बहुलता के क्रम में अनेक संदिग्धार्थ संरचनाएं व्यवहृत होतीं हैं, जिनसे न सिर्फ मशीन बल्कि कई बार तो मानव-मानव के संवाद में समुचित संप्रेषण नहीं हो पाता है। उदाहरणार्थ- मोहन ने दौड़ते हुए हिरन को देखा। ध्यातव्य है कि इस वाक्य में दौड़ना क्रिया किसकी स्थिति को सूचित कर रही है, यह स्पष्ट नहीं है। अर्थात् मोहन दौड़ रहा था, हिरन दौड़ रहा था या दोनों दौड़ रहे थे, यह स्पष्ट नहीं है। मानवीय भाषा में संदिग्धार्थता की स्थिति न सिर्फ वाक्य स्तर पर बल्कि शब्द एवं उपवाक्य आदि स्तरों पर भी होती है।

3. **संदर्भार्थ:-** सामाजिक प्रयोगों में अनेक ऐसे प्रयोग प्रचलित हो जाते हैं, जो स्थानीय या तात्कालिक प्रयोगों पर आधारित होते हैं, ऐसे में ये प्रयोग संदर्भपरक होते हैं, न कि सर्वव्यापक। उदाहरणार्थ- मोहन ने बताया कि सोहन गधा है। स्पष्ट है कि गधा यहाँ मूर्खता का द्योतक है, जो संदर्भगत प्रयोग है।

4. **व्यक्तिवाचक संज्ञा:-** सामाजिक विविधता एवं इसके नृजातीय गुणों के व्यापक अतीत के कारण व्यक्ति और उसके निमित्त बने संस्थानों के नामकरण की प्रक्रिया में अनेक तरीके अपनाए जाते हैं। यद्यपि यह एक सामान्य प्रक्रिया

होती है, लेकिन इसके विश्लेषण के क्रम विशेषकर डिजिटल संदर्भों में, यह एक जटिलता होती है, जो चुनौती के रूप में शोधकर्ताओं के समक्ष आती है। देश के वृहत्तर सामाजिक ढाँचे में किसी व्यक्ति की पहचान उसकी जाति, वर्ग एवं संप्रदाय से होती रही है और इन सबकी पहचान प्राय: उनके नामों के साथ जुड़ी रहती है। यह अलग से बताने की आवश्यकता नहीं है कि किसी पाठ में इन सबकी उपस्थिति से पाठ का जटिल विस्तार होता है। उदाहरणार्थ कुछ व्यक्ति के नामों को देखकर इस जटिलता का अंदाजा लगाया जा सकता है- 'यादव सिंह', 'क्रांति संभव' आदि। इस संदर्भ में गौरतलब है कि रोमेनतर लिपि में किसी नाम का पहला वर्ण बड़े रूप में नहीं होता है, जैसे- मोहन (Mohan) आदि, ऐसे में यह चुनौती हिंदी सहित प्रमुख भारतीय भाषाओं में और व्यापक हो जाती है।

5. **अमानकीकृत कार्पस:-** भाषाएँ अपने समाज की प्रतिनिधि होती हैं और समाज में विभिन्न स्तरों पर विभेद पाया जाता है, जैसे- भौगोलिक, आर्थिक, सांस्कृतिक एवं नृजातीय आदि। इसके साथ ही विभिन्न जाति, उम्र एवं क्षेत्रीय आधारों पर भाषाई प्रयोग में विभिन्नता आती है। यह विभिन्नता कई स्तरों पर तो उच्चारण के कारण है एक दूसरे से भिन्न होती है और कई बार शैलीगत आधारों पर यह विभेद भाषा का मूल स्वभाव बन जाता है। ध्यान रहे कि ऐसे भाषाई विभेद मानवीय प्रयोगों में तो इस तरह से रचे-बसे हैं कि यह समझ में नहीं आते, लेकिन जब ये मशीनी संदर्भों में प्रयुक्त होते हैं, तो चुनौती के रूप में सामने आते हैं। दरअसल ऐसी छोटी-छोटी विभिन्नताओं से ही भाषा समृद्ध होती आई रही है, जिसका अपना लोकतांत्रिक प्रभाव भी है, लेकिन मशीन को न तो किसी लोकतंत्र से और न ही किसी सामाजिक सरोकारों से संबंध होता है। ऐसे में भाषा के ये स्वाभाविक विभेद मशीनी संदर्भों में शोधकर्ताओं के समक्ष विभिन्न स्तरों पर जटिलता के रूप में परिलक्षित होते हैं।

कार्पस से आशय उस पाठ से होता है, जो मशीन द्वारा स्वीकार्य हो। इसे ही कंप्यूटरीय संसाधन में भाषाई स्रोत के रूप में स्वीकार किया जाता है। किसी भाषाई उपकरण के विकास में यह जरूरी है कि वह समाज के उपयोग के लायक बने, अब चूँकि समाज में भाषाई प्रयोग के स्तर पर विभेद सहज है, लेकिन मशीनी संदर्भ में इन विभिन्नताओं का हरसंभव निषेध किया जाता है, लेकिन चूँकि वह उपकरण समाज के प्रयोग के लिए बनता है, इसलिए विभेदों को सहेजकर रखना ही उचित होता है। इसलिए कार्पस का संग्रह इस आधार पर किया जाता है कि वह अपने समाज के भाषाई प्रयोगों का प्रतिनिधित्व कर सके। इस प्रकार भाषा की स्वाभाविक बहुलता और मशीनी एकरूपता के बीच हमेशा द्वंद्व बना रहता है। ध्यान रहे कि किसी उपकरण की उपयोगिता तब तक सिद्ध नहीं होती जब तक वह अपने समाज के सभी संभव लोगों द्वारा प्रयोग के लिए उपयुक्त न हो, इसलिए बहुलता को संबोधित करना भाषा-प्रौद्योगिकी के शोधार्थियों की चुनौती हमेशा से रही है।

6. **भाषा का अनियमित उपयोग:-** भाषा दरअसल अनियमित प्रयोगों की नियमित संरचना होती है। प्रयोग के स्तर पर व्यक्ति कई बार ऐसी भाषिक संरचनाओं का प्रयोग करता है, जो उस भाषा में उससे पहले नहीं हुआ रहता है। भाषा एक सामाजिक संपत्ति होती है और समाज की संरचनात्मक क्षमता और असीमित होती है, इसलिए भाषा की संपत्ति में नए प्रयोगों की गुंजाइश हमेशा बनी रहती है। कई बार हम व्यक्ति को गधा आसानी से कह देते हैं जो संरचना के स्तर पर गलत नहीं होता है। भाषा में ऐसे प्रयोग होते रहते हैं, लेकिन उसके विश्लेषण की परिधि में यदि इन अनियमित प्रयोगों की व्यवस्था न हो, तो समस्या होती है। इसमें चुनौती यह है कि ऐसे प्रयोगों को कहाँ से शामिल किया जा सकता है, जो अभी तक हुआ ही नहीं है, लेकिन समाज में ऐसे अभूतपूर्व प्रयोगों की संभावना रोज बनी रहती है।

7. **विभेदपरक भाषिक प्रयुक्तियाँ:-** भाषाई विभेदों का एक बड़ा आधार प्रयुक्ति भी होता है। दरअसल व्यक्ति समाज में रहते हुए अनेक भूमिकाओं का निर्वहन करता है, जैसे एक व्यक्ति कभी पिता, तो कभी पुत्र होता है, कभी वह अपने परिवार का सदस्य होता है, तो कभी अपने विद्यालय का शिक्षक होता है, कभी वह बाजार में एक दुकानदार होता है, तो कभी किसी किताब का लेखक, कभी वह कहानीकार होता है, तो कभी कवि। इन सभी स्तरों पर भाषाई प्रयोग में विभिन्नता आती है, जैसे- एक पति-पत्नी जब घर में बातचीत करते हों, तो इनके भाषाई प्रयोग का स्वरूप भिन्न, जबकि यही पति-पत्नी विश्वविद्यालय में प्रोफेसर हों, तो दोनों विश्वविद्यालय में रहते हुए भिन्न प्रकार से बात करते हुए पाए जाते हैं और इन्हीं विविधताओं से भाषाई प्रयुक्तियां आकार लेतीं हैं। जो मशीनी संदर्भों में विश्लेषण के क्रम में एक चुनौती के रूप में सामने आती हैं।

8. **वाचिक विकल्पन:-** भाषाई प्रयोगों में तान के आरोह एवं अवरोह का बड़ा महत्त्व होता है। वाक्य के प्रयोग में किस शब्द पर दबाव देकर उच्चारण किया गया है और किस पर सामान्य तौर पर, यह पता करना इतना आसान नहीं होता है। कई बार एक ही वाक्य के प्रयोग में सिर्फ अनुतान के स्तर पर बदलाव कर हम वाक्य को प्रश्नवाचक, तो कभी सामान्य वाक्य बना देते हैं। इससे आगे बढ़कर हम यह देखें कि देश के पूर्वोत्तर में अनेक ऐसी भाषाएँ हैं, जिनका तानी होना उनका मूलभूत लक्षण है। इसमें एक ही शब्द के प्रयोग के औच्चारिक विभेदों के आधार पर ही भाषा का मूल स्वरूप सामने आता है और इसी के आधार पर अर्थ निर्धारित होता है। इसके साथ हम सामान्य प्रयोगों में भी उच्चारण के स्तर पर सहज रूप से अंतर करते हैं, जो अंततः मशीनी विश्लेषण के क्रम में एक चुनौती ही है।

इस क्रम में निम्न चित्र के माध्यम से मानव के भाषा-निष्पादन के क्रम के विभिन्न चरणों को समझा जा सकता है, जो स्मेड्त एवं जेराल्ड (1987) के आधार पर बनाया गया है-

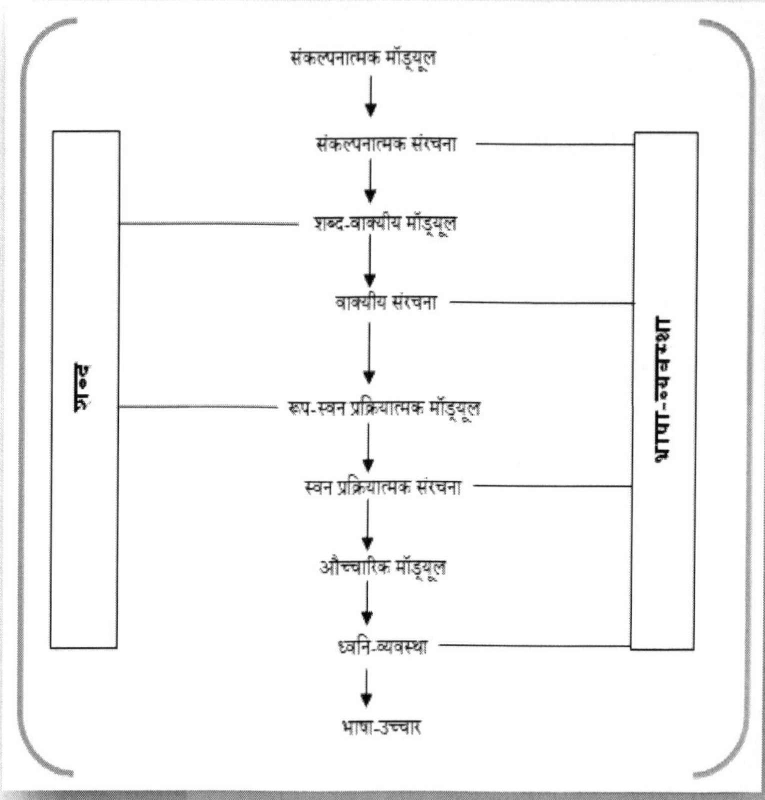

चित्र 3 : भाषा-निष्पादन मॉडल

ऊपर यह देखा जा सकता है कि मनुष्य के भाषा-निष्पादन के क्रम में एक भाषा-व्यवस्था के साथ सांज्ञानिक व्यवस्था भी काम करती है, इसके साथ शब्द-प्रयोग की योग्यता और वाक्य-संरचना की व्यवस्था से लेकर उच्चारण आदि की व्यवस्थाओं का एक चरणगत समन्वय होता है। इसी क्रम में आगे मानव-मानव

एवं मानव-मशीन के संवाद के विविध अंतरों को समझा जाना चाहिए, यथा-

मानव-मानव	मानव-मशीन
यह स्वाभाविक प्रक्रिया है।	यह कृत्रिम प्रक्रिया है।
यह यथार्थ है।	यह अभी कल्पना एवं लक्ष्य है।
यह संवेदनापरक प्रक्रिया है।	यह निष्ठुर एवं मशीनी प्रक्रिया है।
इस संवाद-व्यवस्था में मानव भागीदार एवं नियंता होता है।	इस संवाद-व्यवस्था में मशीन भागीदार एवं नियंता मानव होता है।
इसमें भाषाई सर्जनात्मकता मानव-मस्तिष्क पर निर्भर करती है।	इसमें भाषाई सर्जनात्मकता मानव द्वारा संचित भाषिक नियमों पर निर्भर करती है।
इसमें ध्वनि-संवहन का माध्यम हवा होती है।	इसमें ध्वनि संवहन का माध्यम हवा के साथ परिपथ भी होता है।
इस संवाद-प्रक्रिया में प्रयुक्त भाषा मानव-स्वीकार्य होनी आवश्यक है।	इस संवाद-प्रक्रिया में प्रयुक्त भाषा मशीन-स्वीकार्य होनी आवश्यक है, जबकि परिणाम मानव-अनुकूल होना अपरिहार्य है।
इसमें प्रयुक्त भाषा में शब्द-शक्तियों का प्रयोग संभव है।	इसमें प्रयुक्त भाषा में सिर्फ अभिधा का प्रयोग ही प्राथमिक लक्ष्य है।
इसमें संदर्भार्थ की हमेशा संभावना रहती है।	इसमें फिलहाल स्थायी एवं रूढ़ अर्थ ही लक्ष्य है।
इसका प्राथमिक लक्ष्य समाज को लाभ पहुँचाना है।	इसका प्राथमिक लक्ष्य रोबोटिक्स को लाभ पहुँचाना है और मानव इसका अंतिम लाभार्थी है।

भाषा और समाज का विकास परस्पर अन्योन्याश्रयी ही रहा है। 'भाषा' मनुष्य का एक साधन है, तो मशीन भी मानव के साधनों का अद्यतित प्रारूप है। यहाँ चुनौती

यह है कि भाषा मानव के साधन के साथ इसके एक साधन अर्थात् मशीन का भी साधन बने। यद्यपि यहाँ जिस 'कृत्रिम मेधा' के शोधों की चर्चा हो रही है, उसमें बहुत पहले रोबोट से वे तमाम काम लिए जा रहे हैं, जो वह किसी मनुष्य से अधिक तारतम्यता, सजगता और निष्ठा से कर रहा है। इसमें दिनोंदिन अधिक विकास की ही संभावना है। यहाँ एक नवीन पक्ष जो जोड़ना अभिप्रेत है वह है कि रोबोट सिर्फ संवेदक और पूर्व संचित प्रोग्रामन आधारित अनुदेशों के साथ वास्तविक समय मनुष्य द्वारा इच्छित एवं सर्जित अनुदेशों के आधार पर भी काम करे। इसके लिए आवश्यक है कि 'कृत्रिम मेधा' के क्षेत्र में भी इस बात से प्रेरणा लिया जाय कि एक मनुष्य के भाषा सीखने की प्रक्रिया क्या होती है। यदि मशीन 'मैंने दौड़ते हुए घोड़े को देखा।' वाक्य को नहीं समझ पाती है, तो यह भी देखना चाहिए कि खुद मनुष्य भी प्रसंग से बाहर होकर आसानी से इस वाक्य का अर्थ नहीं समझ पाता है। ध्यान रहे कि भाषा को जब 'व्यवस्था' कहा जाता है, तो कार्य-कारण का सिद्धांत ही इस व्यवस्था का तार्किक आधार होता है, अर्थात् भाषा में कुछ भी अनायास नहीं होता है। हर भाषिक बदलाव एवं उपस्थिति का कारण होता है, वही कारण भाषा-प्रौद्योगोकीय शोधों में ज्ञान-आधारित प्रोग्रामन की प्रक्रिया के मुख्य आधार होते हैं। 'प्राकृतिक भाषा संसाधन' के क्षेत्र में शोधों में भाषा-विश्लेषण प्रक्रिया में अभी तक मुख्यत: एक आधार भाषिक इकाई के रूप में 'वाक्य' ही रहा है, जबकि आवश्यकता न सिर्फ वाक्य, बल्कि भाषा के संदर्भ तक पहुँचने की है। ऐसे में संरचना के स्तर पर प्रोक्ति से ही उम्मीद बँधती है। ध्यान रहे कि यह प्रोक्ति-विश्लेषण पूरी तरह से कंप्यूटर स्वीकार्य होना चाहिए। इसमें पारंपरिक प्रोक्ति-विश्लेषण की सीमा से बहुत आगे जाना पड़ेगा।

मानव-मशीन संवाद में भाषा के लिखित रूप के साथ वाचिक रूप का विश्लेषण अधिक महत्त्वपूर्ण है, इस क्रम में लिखित रूप को भी नए सिरे से समझने की आवश्यकता है और अब यह प्रोक्ति के स्तर से नीचे की संरचना नहीं होनी चाहिए। प्रोक्ति वस्तुत: भाषा की वह इकाई है, जो वाक्य से बड़ी होती है। तार्किक

संसक्ति और अर्थ–संगति इसकी मुख्य विशेषताएँ होती हैं। यद्यपि संरचना में तो वाक्य भाषा की सबसे बड़ी इकाई होती है, लेकिन दो वाक्य भी परस्पर योजकों जैसे- 'और', 'तथा', 'एवं', 'किंतु', 'परंतु' आदि तथा 'सांदर्भिक अभिव्यक्तियों' जैसे- अन्वादेश एवं पश्चादेश आदि के माध्यम से जुड़ते हैं। जो संरचनागत विस्तार होता है। प्रोक्ति की दूसरी बड़ी विशेषता अर्थ–संगति की होती है। यह ऐसी विशेषता है, जिससे भाषा पर संरचना की गहरी पकड़ ढीली पड़ती है, क्योंकि भाषिक व्यवहार में यह संभव है कि दो वाक्य परस्पर किसी संरचनागत इकाई से न जुड़े हों, लेकिन उनके माध्यम से एक ही अर्थ का विस्तार हो रहा हो। दरअसल प्रोक्ति की यही वह विशेषता है, जिसके कारण इसके विश्लेषण में कठिनाईयाँ आतीं हैं, लेकिन यही वह विशेषता भी है, जिसके कारण 'प्रोक्ति-विश्लेषण' से मानव-मशीन संवाद हेतु भाषा-विश्लेषण में अपेक्षाएँ भी सर्वाधिक हैं। आज भाषा को कंप्यूटर के संवाद का साधन मानकर विश्लेषित करने की चुनौती भाषाविदों एवं कंप्यूटरविदों के सम्मुख है, तब प्रोक्ति एक नए कलेवर में दिखती है। यही कारण है कि 'प्रोक्ति–विश्लेषण' के रूप में भाषाविज्ञान का एक प्रमुख क्षेत्र बन चुका है। समानांतर रूप से यह भाषा का वह सांप्रेषणिक पक्ष भी है, जहाँ भाषा सिर्फ 'अभिव्यक्ति का माध्यम' ही नहीं, वरन् पूरा 'मंतव्य' होती है। इसी समय भाषाविद् प्रो. देवीशंकर द्विवेदी (2009) का वह सवाल भी ज्यादा प्रासंगिक हो उठता है, जिसमें वे कहते हैं, कि ''भाषा सिर्फ भावों को अभिव्यक्त ही नहीं करती, वरन् भाषा ही भावों को छिपाती भी है।'' इसी समय रोलाँ बार्थ (1975) का यह कहना कि ''कोई भाषा वाचिकता के बिना नहीं होती और कोई वाचिकता भाषा के बाहर नहीं होती।'' प्रोक्ति–विश्लेषण की वृहद् चुनौतियों की ओर संकेत करते हैं। दरअसल ऐसे ही कुछ पक्ष हैं, जिन्हें नए सिरे से भाषा में खोजा जा रहा है, जो अंततः 'प्रोक्ति–विश्लेषण' के रूप में ही हमारे सम्मुख अपना स्वरूप ग्रहण करता है। वैसे भारतीय परंपरा में विद्वान विश्वनाथ (2007) ने वाक्यों के समूह को 'महावाक्य' कहा है, लेकिन यह किसी संपूर्ण ग्रंथ का वाचक है। किंतु आगे

चलकर अग्रोक्त पंक्तियों के माध्यम से इस पूरे महावाक्य को अंतत: वाक्य ही बताते हैं- ''स्वार्थबोधे समाप्तानामंगत्वव्यपेक्षया। वाक्यानामेकमवाक्यत्वं पुन:संहृत्य जाए ते॥'' अर्थात् प्रत्येक वाक्य अपने–अपने अर्थ बता चुकने पर अन्य संबद्ध वाक्य का अंग बन जाता है और पुन: ये सब मिलकर महावाक्य ही बनाते हैं।

भाषा–विश्लेषण की एक लंबी परंपरा में अंतिम इकाई वाक्य को माना गया है और यह संरचनात्मक आधार पर तार्किक भी है, लेकिन समय के साथ इसमें बदलाव आया है। दरअसल वर्तमान समय में अंतरानुशासनिकता का दबाव है, तब भाषा–विश्लेषण से अपेक्षाएँ और बढ़ी हैं। किशोरी दास वाजपेयी (1998) स्पष्ट करते हैं कि ''जब कोई भाषा विकसित होकर पूर्ण हो जाती है, जब वह अपने काम–काज में किसी दूसरी भाषा की मुहताज नहीं रहती और उसमें साहित्य–रचना भी होने लगती है, तब उसका व्याकरण बनता है, तब उसके अंग–प्रत्यंग का विश्लेषण–निरूपण किया जाता है। यही व्याकरण है।'' स्पष्ट है कि कंप्यूटर के संदर्भ इस अंग–प्रत्यंग की सीमा महज वाक्य तक सीमित नहीं है। वैसे भी अब सिर्फ संरचना के विश्लेषण भर से काम चलने वाला नहीं है, बल्कि भाषाविज्ञान के दायरे में इससे अधिक की आवश्यकता है। सूचना आज का केंद्रीय विषय बन चुका है, इसलिए यह वाक्य में आया है कि वाक्योपरि इकाई 'प्रोक्ति' में आया है, इससे फर्क नहीं पड़ता, बल्कि फर्क इससे पड़ता है कि किसी भी स्थिति में आया हो, उसकी समग्र व्याख्या हो। आज व्याकरण से इतनी अपेक्षाएँ बढ़ी हैं कि उससे सिर्फ बोले हुए पदों की व्याख्या से काम नहीं चलेगा, बल्कि उस संदर्भ में न बोले हुए पदों का भी विश्लेषण प्रस्तुत करना अपेक्षित है। ब्लूमफील्ड (2005) ने ही स्पष्ट कर दिया था कि ''लिखित रूप भाषा नहीं है, यह तो मात्र भाषा को दृश्य–चिह्न के रूप में रखने के लिए दस्तावेज की तरह होता है।'' लेकिन जहाँ तक प्रोक्ति–विश्लेषण का सवाल है, तो किसी अभिव्यक्त भाषिक अंश के विश्लेषण में अधिक सुविधाजनक होता है। इसका कारण यह है कि जब कोई भाषिक निष्पादन लिखित रूप में होता

है, तब इसकी प्रामाणिकता वाचिक रूप से अधिक होती है। पाठ में उपस्थित एक–एक संरचक स्वयं में अनिवार्य रूप से एक सूचक का कार्य करते हैं। इनमें शब्द तो हैं, शब्दों को प्रस्तुत करने वाली व्यवस्था के तहत प्रयुक्त विराम–चिह्न, कोष्ठक, बुलेट, तारांकन भी हैं, साथ ही पाठ में उपस्थित शाब्दिक संकेत जैसे- 'निम्नलिखित', 'उपर्युक्त', 'ऊपर कही गई/कहा गया' आदि पद भी न सिर्फ प्रोक्ति के संरचक होते हैं, बल्कि पाठ के महत्त्वपूर्ण सूचक भी होते हैं। जहाँ तक अभिव्यक्ति के वाचिक पक्ष का प्रसंग है, तो इसमें सबसे बड़ी चुनौती यह है कि वक्ता एवं श्रोता के संवाद को सुनने वाला ही बेहतर विश्लेषण कर सकता है। क्योंकि खंडेतर स्वनिमों, पराभाषिक अभिलक्षणों जैसे- शरीर की विभिन्न भाव–भंगिमाओं को उनके नियत प्रसंगों में देखा जा सके एवं तद्रूप उसकी व्याख्या की जा सके। यदि कोई व्यक्ति जीतने के संकेत के रूप में स्थापित दो अंगुलियों को ऊपर उठाकर यह चिल्लाए कि 'मैं हार गया।' तो यह प्रसंग अग्राह्य होगा, क्योंकि ये दोनों अभिव्यक्तियाँ परस्पर विरोधी हैं, इसलिए इनमें से कोई एक ही संकेत अर्थवान होगा, या तो उसकी वाचिक अभिव्यक्ति, जो उसे किसी खेल या युद्ध आदि में हारने की हो, या उसकी सांकेतिक अभिव्यक्ति जिसमें वह चिरपरिचत अभिव्यक्ति जो दो अंगुलियों के माध्यम से जीतने की कर रहा है। इस प्रकार यह संप्रेषण का ऐसा प्रसंग है, जिसका किसी लिखित व्याकरण से निर्देश नहीं मिल रहा है, लेकिन अंततः सब कुछ किसी व्याकरण से ही संचालित है। अन्यथा यदि किसी व्यक्ति को यह नहीं पता होगा कि दो अंगुलियों को एक साथ ऊपर उठाने का तात्पर्य जीत से है, तो वह समुचित संप्रेषण से वंचित होगा। रोलाँ बार्थ (1975) ने कथ्य के आस्वादन की दो स्थितियों को रेखांकित किया है– रूप–चित्रण एवं पुर्नप्रस्तुतीकरण इसमें बार्थ ने स्पष्ट किया है कि 'रूप–चित्रण' दरअसल वह प्रक्रिया है, जिससे कोई शरीर पाठ में उपस्थित होती है, जबकि 'पुर्नप्रस्तुतीकरण' के माध्यम से उस परिवेश का बोध होता है, जिसमें शरीर की उपस्थिति का आभास होता है। इसीलिए किसी नाटक को समझने के लिए उसके

संवादों के साथ–साथ रंगमंच भी आवश्यक महत्त्व रखते हैं। बहरहाल भाषा मूलत: एक सामाजिक परिणति होती है, इसलिए तत्समाज का अपना सामाजिक–परिवारिक वैविध्य, मनोदशा, भौगोलिक परिवेश, ऐतिहासिक संदर्भ, वैचारिक आग्रह के लक्षण भाषा में निहित होते हैं। इन सबको यथातथ्य भाषा में ही खोजने की प्रक्रिया ही प्रोक्ति–विश्लेषण है और यहीं से मानव-मशीन संवाद हेतु भाषा को उसकी समग्रता में विश्लेषित करने की शुरुआत मानी जाएगी। वान डिज्क (1997) ने इसके तीन आयाम बताए हैं– ''भाषा–प्रयोग, संप्रेषण की मानसिक दशा एवं सामाजिक अवस्था। इसके अध्ययन हेतु भी तीन आयाम हैं– भाषाविज्ञान से भाषा–प्रयोग, मनोविज्ञान से संज्ञान तथा सामाजिक स्थितियों का सटीक व्याख्या समाजविज्ञान की सहायता से होती है।'' यही कारण है कि प्रोक्ति अपनी उपस्थिति में संरचनात्मक स्तर पर भाषाविज्ञान की सीमा में होती है, लेकिन अपनी व्याप्ति में यह अंतरानुशासनिक हो जाती है।

भाषा को लिखित एवं वाचिक रूप में विभक्त कर उसकी संवाद शैली की दशा में प्रयुक्त रूप को विश्लेषित किया जाना अपरिहार्य है। लिखित रूप का निवेश 'पाठ' के रूप में होता है। डेविड (2010) के अनुसार "पाठ संसाधन में किसी सामान्य पाठ के विभिन्न अंशों को डिजिटल प्रारूप में एक अनुक्रम के माध्यम से किसी पूर्वपारिभाषित भाषावैज्ञानिक रूप से अर्थवान इकाई के अनुक्रम में परिवर्तित करना होता है। इसमें न्यूनतम स्तर पर एकाधिक अक्षर मिलकर एक पद के रूप में या एकाधिक पद मिलकर वाक्यों के रूप में किसी भाषा के लेखन व्यवस्था का प्रतिनिधित्व करते हैं।" ध्यान रहे कि 'प्राकृतिक भाषा संसाधन' में भाषाई विश्लेषण हेतु संसाधन कार्पस होता है, जिसके आधार मशीन के लिए भाषाई संरचना का ढाँचा तैयार होता है।

लेकिन यहाँ ध्यातव्य है कि भाषा की अभिव्यक्ति का अध्ययन हो ही रहा था, कि अरिमर्दन (2012) "अब मौन की अभिव्यक्ति के अध्ययन की चुनौती भी सामने

है, दो पंक्तियों में 'क्या लिखा है', इसको पकड़ने का अवान्तर प्रसंग पूरा भी नहीं हुआ था कि इन पंक्तियों के मध्य 'क्या नहीं लिखा है' इसको भी पढ़ने की जिम्मेदारी आ गई है। कोई पाठ अपने आप में पूर्ण नहीं होता है, जबकि मशीन से अपेक्षा की जाती है कि संवाद के क्रम में वह हमारे मंतव्य को भी समझे। इसलिए इस दिशा में शोध के लिए वाचिक रूप पर भी विशेष ध्यान दिए जाने की आवश्यकता है। इसमें खंडीय, खंडेतर स्वनिमों के अधिकतम संभाव्य प्रसंगों के विश्लेषण के साथ इसका नियम-गुच्छ बनाकर मशीन में संचित करने की आवश्यकता है। इसके साथ स्वनिमों के आदि, मध्य एवं अंत में उपस्थिति के आधार पर विश्लेषण के साथ संयुक्ताक्षरों की स्थिति में आने पर स्वनिम की औच्चारिकता पर पड़ने वाले प्रभाव भी विश्लेषण के दायरे में होने चाहिए। इसके साथ व्यक्ति की उच्चारण शैली, क्षेत्रीयता, उम्र, लिंग एवं परिवेश के आधार पर आए स्वनिमिक परिवर्तन भी महत्त्वपूर्ण होते हैं।

इसके साथ मानव-मशीन संवाद के लिए 'प्राकृतिक भाषा संसाधन' के साथ चेहरा संसाधन पर भी शोध अत्यावश्यक है। इसके अंतर्गत संवाद के समय किसी व्यक्ति के चेहरे के हाव-भाव, मांसपेशियों की स्थिति, ओठों, नाक, आँखें, भौंहें, ललाट आदि की स्थिति, भंगिमा का आँकलन, अभिव्यक्ति की स्वाभाविक पहचान आदि की जाती है। इस क्रम में 'तंत्रिका संजाल' के समृद्ध एवं बहुआयामी विश्लेषणपरक ज्ञान के आधार पर बने नियम और सुविधाजनक हो सकते हैं। इस प्रकरण में भाषा-विश्लेषण के कई मॉडल होते हैं, लेकिन भारतीय भाषाओं पर इस तरह के शोधों में ज्ञान-आधारित पद्धति सर्वाधिक उपयोगी होगी। क्योंकि यहाँ के भाषिक प्रयोगों में विविधता बहुत है और इनको 'प्रतिमान पहचान' के आधार पर समझ पाना थोड़ा कठिन होगा। यद्यपि व्यावहारिकता के स्तर पर इस क्षेत्र में सांख्यिकीय पद्धति का भी उपयोग हो रहा है और इससे आगे बढ़कर उक्त दोनों पद्धतियों के आधार पर मिश्रित पद्धति का भी सहारा लिया जाता है, ताकि परिणाम संभव हो।

मशीन एक शुष्क प्रणाली होती है, जिसे समाज एक साधन के रूप में प्रयोग में लाता है, लेकिन यह भी सही है 'कृत्रिम मेधा' एक अनुशासन के रूप में मशीनों को संवेदनशील बनाने को आतुर है और फेसबुक ने हाल ही में एक शोध इकाई का गठन किया है, जो इस बात पर शोध करेगी कि मनुष्य जो सोचे, वह सीधे टंकित होता जाए, उसके लिए न तो उसे हाथ चलाना पड़े और न ही मुँह। अर्थात् वाक् से पाठ से कई गुना आगे जाकर मानव मस्तिष्क के तंत्रिकाओं के स्पंदन के अनुसार कंप्यूटर में शब्द और अंतत: पाठ टंकित हो सके, यानि मानव-मस्तिष्क से मशीन से सबंध स्थापित हो सके। दरअसल संवाद एवं संप्रेषण की स्वाभाविकताएँ उसके मानवीय साहचर्य में ही है। मशीन खुद मानव-निर्मित उत्पाद है, जिसे अधिकतम समाजोपयोगी बनाने की मानवीय जिद ने ऐसे प्रसंगों को सामने लाया है कि मनुष्य की भाषाई क्रियाओं की सार्थक प्रतिक्रिया की उम्मीद हम मशीन से भी करने लगे हैं। आगे का लक्ष्य यह है कि हम बोले तो मशीन न सिर्फ समझे, बल्कि तत्कथ्य का इच्छानुरूप अनुसरण भी करे। यदि यह काम अँग्रेजी या विश्व की दूसरी शक्तिशाली भाषाओं में हो रहा है, तो ऐसा शोध हमारी अपनी भाषाओं में भी होना चाहिए, ताकि इसका लाभ प्रयोगशाला के शोधार्थियों के साथ व्यापक जरूरतमंद लोगों को मिल सके।

'डिजिटल इंडिया' एवं भारतीय संदर्भ

आज बाजार ने हमारी चेतना में इस बोध को लगभग स्थापित कर दिया है कि किसी उत्पाद की विकास-प्रक्रिया से अधिक महत्त्वपूर्ण उसकी उपयोगिता होती है। इस तर्क पर देखा जाए, तो इंटरनेट भारतीय समाज में भी अनेक सकारात्मक परिवर्तनों के साथ प्रस्तुत हुआ है, जिनमें से कई का प्रभाव तो सीधे आम जनता पर भी पड़ा है, मात्र एक उदाहरण से भी समझें, तो इसके महत्त्व को स्वीकार करने में किसी को संदेह नहीं होगा, मसलन् रेलवे के टिकट बुकिंग की जो पुरानी व्यवस्था थी, उसमें बुकिंग से जुड़े रेल-कर्मियों की जो सत्ता बनती थी, उससे तत्समय सभी लोग त्रस्त रहते थे, अग्रिम टिकट के लिए कई-कई दिनों तक बुकिंग कार्यालय का चक्कर लगाने के साथ अनेक नैतिक-अनैतिक एवं थकाऊँ चरणों से गुजरना पड़ता था। वहीं आज इंटरनेट के कारण यात्रा के दोनों तरफ का टिकट सहज रूप से मिल जाता है। इसके साथ मात्र रेलवे में ही इंटरनेट की अनेक सुविधाएँ जैसे घर से टिकट खरीदना, उपलब्ध टिकटों की स्थिति पता करना, यात्रा के समय ट्रेन के विलंब होने की वास्तविक स्थिति का आँकलन कर पाना संभव हुआ है, जाहिर है इससे रेल-यात्रियों को सुविधाजनक एवं पारदर्शितायुक्त व्यवस्था मिली है, जिसमें समय, श्रम और तुलनात्मक रूप से लागत में भी कमी आई है।

इसी क्रम में आज आनलाइन खरीददारी करना मध्यमवर्गीय समाज का तेजी से उभरता शौक है, अब इस प्रवृत्ति में सिर्फ विस्तार की ही संभावना है, इसीलिए आज ई-कामर्स व्यवसाय का एक नया रूप है। साथ ही प्रशासन, बैंकिंग, शिक्षा, पर्यटन, मनोरंजन एवं जनसंपर्क आदि में इंटरनेट की भूमिका आज अभूतपूर्व रूप से बढ़ी है। यह उम्मीद की जाती है कि चूँकि मशीन घूस नहीं ले सकती और उसके

भाई-भतीजा नहीं होते, इसलिए डिजिटल समाज में मशीन की भागीदारी से प्रशासन में पारदर्शिता बढ़ेगी तथा भ्रष्टाचार में कमी आएगी। इसी विचार से प्रभावित मौजूदा सरकार डिजिटलीकरण के प्रति गंभीर दिख रही है, जिसके लिए वह 2017 तक देश के ढाई लाख गाँवों में ब्राडबैंड पहुँचाने के लक्ष्य को लेकर काम शुरू की थी। वैसे भी दिसंबर 2016 तक देश में 40.9 करोड़ लोग इंटरनेट से जुड़े चुके हैं, जिसमें 17.5 करोड़ अँग्रेजी एवं 23.4 करोड़ भारतीय भाषाओं के माध्यम से जुड़े हैं। जो संख्या की दृष्टि से अमेरिका और चीन के बाद तीसरा स्थान है, अब स्वयं इंटरनेट की नियामक संस्था की तरह व्यवहृत गूगल ने घोषित किया था कि 2017 तक भारत में इंटरनेट प्रयोग करने वालों की संख्या अमेरिका से अधिक होगी।

केपीएमजी (2017) के एक अध्ययन के अनुसार देश में भारतीय भाषाओं में इंटरनेट को अंगीकृत करने में तमिल का प्रतिशत सबसे आगे है। यहाँ उपलब्ध भारतीय भाषाओं की स्थिति को तुलनात्मक रूप में प्रतिशत के आधार पर देखा जा सकता है-

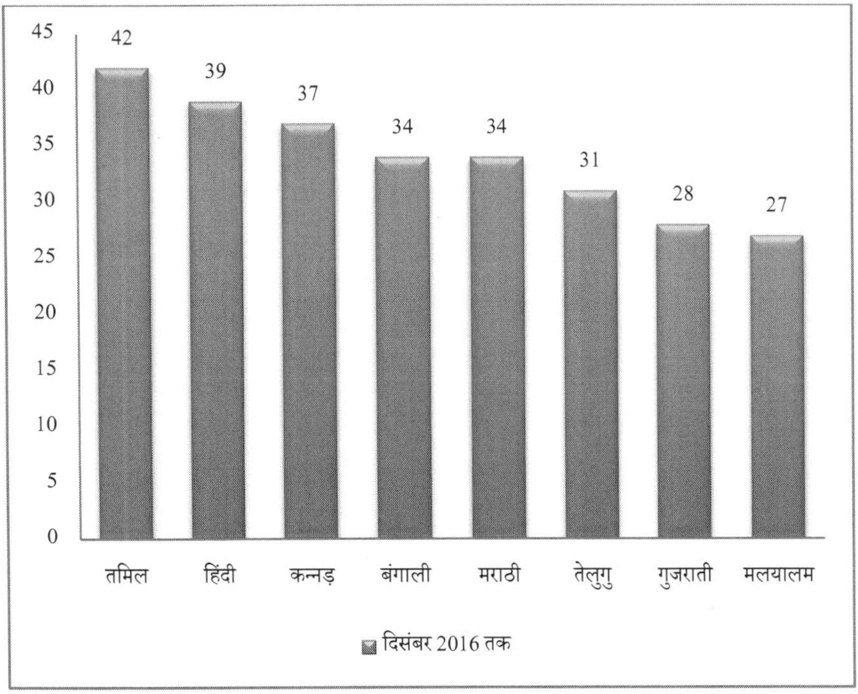

चित्र 4 : भाषा के आधार पर इंटरनेट प्रयोक्ता

इंटरनेट की पहुँच बनाने में अब मोबाईल भी प्रभावी भूमिका निभा रही है, क्योंकि यह सिर्फ अपनों से बात करने और संदेश भेजने का माध्यम मात्र नहीं रही, बल्कि सामान्य जीवन की अपरिहार्य आवश्यकयता बन चुकी है। देश में केपीएमजी (2017) के अनुसार अप्रैल 2017 तक पूरे इंटरनेट प्रयोक्ताओं में से 78 प्रतिशत लोग सिर्फ मोबाईल के माध्यम से इंटरनेट से जुड़ते थे।

ध्यातव्य है कि सूचना-क्रांति की मातृभाषा अँग्रेजी रही है और अपने पूरे कलेवर में यह भारतीय पारस्थितिकी के बरक्स खड़ी दिखती है, इससे न सिर्फ भारतीय सामाजिक-सांस्कृतिक विविधता के सीमित होने का खतरा बढ़ रहा है, बल्कि लोकतांत्रिक प्रतिरोध की धार भी कुंद हो रही है, क्योंकि भारत एक बहुभाषी देश है और आम भारतीय संवेदना की अभिव्यक्ति अँग्रेजी में संभव नहीं है। ऐसे में जब डिजिटल-क्रांति के दायरे में आमजन आएंगें, तो एक बार फिर संवाद की भाषा

एवं प्रक्रिया पर नए तरीके के सवाल खड़े होंगें। वैसे भी यह कैसे संभव है कि जहाँ पाँच भाषा-परिवार के अंतर्गत 122 भाषाएँ एवं लगभग 1652 मातृभाषाएँ हैं, 22 भाषाएँ संविधान की आठवीं अनुसूची में शामिल हैं और इसमें विस्तार की माँग भी लगातार बनी हुई है, 87 भाषाएँ देश में मुद्रण एवं प्रसार माध्यम के रूप में प्रयुक्त होती हैं, 71 भाषाओं में आकाशवाणी का प्रसारण होता है, संघीय स्तर पर दो राजभाषाओं के साथ विभिन्न स्थानीयता के अनुरूप 32 भाषाएँ राजभाषा के रूप में कार्यरत हैं, 47 भाषाएँ विद्यालयों के शिक्षण के माध्यम के रूप में प्रयुक्त होती हैं, यहाँ तक कि देश की मुद्रा द्विभाषिक है और 15 भाषाओं द्वारा इसका मुद्रा-मान संप्रेषित कराया जाता है, वहीं डिजिटलीकरण की प्रक्रिया अपने निहित उद्देश्यों को सिर्फ अँग्रेजी में पा सकेगी? यह सूचना-तकनीक के उत्पादों की स्वाभाविकता ही है कि इंटरनेट के माध्यम से बन रहे इस नए प्रशासनिक-तंत्र में नौकरशाही की अँग्रेजीपरस्ती को नए सिरे से वैधता मिलती है। इसके अलावा भी इंटरनेट ने जिस वैश्विक भूगोल को अपने प्रभाव-क्षेत्र में समेटा है, उसे पूरे भू-भाग में 6000 से अधिक भाषाएँ बोली जाती हैं, हालाँकि इस पूरी आबादी का 90 प्रतिशत लोग सिर्फ 300 भाषाओं में व्यवहार करते हैं, लेकिन सूचना-प्रौद्योगिकी का पूरा प्रसार विश्व के लगभग 100 भाषाओं के भीतर ही सीमित है, जबकि एकमेव वर्चस्व अँग्रेजी का ही है। इस प्रकार सूचना-प्रौद्योगिकी को सूचना की भाषाई विविधता स्वीकार्य नहीं है, जो न सिर्फ संप्रेषणीयता का ह्रास है, बल्कि अँग्रेजी से वंचित विश्व की एक बड़ी आबादी के लिए आज भी यह द्वितीयक है, अब 'डिजिटल इंडिया' की संकल्पना में जिस पारदर्शिता एवं भ्रष्टाचार के कमी की बात की जाती है, कहीं वह अँग्रेजी के ज्ञान के अभाव में स्वयं एक शोषण का माध्यम न बन जाए।

दूसरी बड़ी चिंता तकनीक की तटस्थ न होने को लेकर है। यही कारण है कि इंटरनेट का स्वाभाविक माध्यम अँग्रेजी है और इंटरनेट और अँग्रेजी दोनों अपने साथ एक पहचान एवं परिवेश लेकर आते हैं। ऐसे में सूचना-क्रांति से भी तटस्थता

की अपेक्षा नहीं की जानी चाहिए, वैसे भी जब इसके निर्धारक समूह विश्व के सर्वाधिक धनी होने की प्रतिस्पर्धा में सतत शामिल हों, तो निष्पक्षता असंभव है। सूचना-तकनीक के इंटरनेट के माध्यम से उपस्थिति ने जिस परिदृश्य का निर्माण किया है, वह केंद्रित संसाधन के विकेंद्रित प्रयोग पर आधारित है। इसमें सूचना-संसाधन का केंद्र अमेरिका है, जहाँ गूगल, फेसबुक, ट्वीटर और ह्वाट्स-अप आदि इंटरनेट के वर्चस्व वाली अधिकांश कंपनियों के सर्वर हैं, इसके प्रभावस्वरूप जिस समाज का निर्माण हो रहा है, वहाँ 'माइक्रोसॉफ्ट' अपने ऑपरेटिंग सिस्टम और 'गूगल' इंटरनेट पर वर्चस्व के कारण डिजिटल समाज के सामंत हैं। यदि 'क्लाउड कंप्यूटिंग' कल की सच्चाई है, तो नि:संदेह इसका पूरा बादल अमेरिका का होगा और जमीन के पास अप्रत्यक्ष रूप से उसके हितों को पोषित करने के अतिरिक्त कोई काम नहीं बचेगा। यदि सामरिक लिहाज से भी देखें तो उत्तर-आधुनिक चिंतक 'ल्योतार्द' कंप्यूटर की जिस संग्रह-क्षमता को ज्ञान का केंद्र कहते हैं, वह आज निजी कंपनियों के स्वामित्व में अमेरिका में संरक्षित है और यही अमेरिका अपने हिसाब से विश्व भर के व्यक्तियों की जासूसी भी करता है और उसके इस खेल में गूगल से भी सूचनाएँ लेने की शिकायतें आ चुकीं हैं। यह स्पष्ट भी हो चुका है कि भारत भी अमेरिका के इस दायरे और मंशा से बाहर नहीं है। यह पूरा प्रसंग निजता के हनन का वैसा मामला नहीं है, जो व्यक्ति और व्यक्ति के मध्य होता है, बल्कि इसमें राष्ट्र और इसकी सामरिक एवं रणनीतिक पहचान भी शामिल है।

सूचना-क्रांति जिस तरह अँग्रेजी के कंधे पर चलकर वैश्विक एकरूपता की साधन बनी है, उससे हम सभी प्रभावित होने से स्वयं को रोक नहीं पाए हैं। यह अनायास नहीं कि आज अँग्रेजी के मानकीकरण का काम सूचना-क्रांति कर रही है और चूँकि यह क्रांति अमेरिका द्वारा पोषित है, इसलिए अँग्रेजी का वह रूप जो कभी ब्रिटेन के लिए निष्ठा एवं प्रतिष्ठा का विषय था, उसे आज बिना किसी युद्ध और उन्माद के सहज ढंग से अमेरिका अपने अनुसार विश्व के अधिकांश देशों पर थोप

रहा है, ध्यान रहे कि तकनीक और भाषा के आंतरिक संपर्क में भाषा को तकनीक के अनुरूप ही खुद को ढालना पड़ता है। स्मरण रहे कि जब साधारण टाइप-राइटर का विकास हुआ था, तो वह देवनागरी के उस रूप को बदलने का कारक बना, जो टंकण से पहले हस्त-लिखित रूप में थी, इनमें से अनेक ऐसे परिवर्तन हैं, जो औच्चारिक रूप के प्रतिनिधित्व के देवनागरी के दावे एवं स्वरूप से अलग हैं। यही नहीं जो लिपियां कुंजी-पटल के अनुरूप खुद नहीं ढाल पाईं, वे प्रिंट-उद्योग से बाहर ही हो गईं। इस प्रकार जब कोई उत्पाद समाज में आता है, तो अपनी कुछ शर्तें अपने साथ लेकर आता है, सूचना-क्रांति के संदर्भ में भाषाई शर्त भी शामिल है। इसका लाभ उसके उत्पादक देश और समाज को मिलता है। यही कारण है कि कंप्यूटर का 'माउस' हर प्रसंग में माउस ही रहता है, 'चूहिया' नहीं हो पाता है। यही नहीं आगे वह किसी विजेता की तरह अपने परिवेश का विस्तार करता है, अन्यथा ऐसा कौन-सा कारण है कि स्वच्छ होने की चाह रखने वाला 'भारत' अपने 'डिजिटल' होने की योजना मात्र में भी 'इंडिया' हो जाता है? यदि भारत के प्रसंग को देखें, तो यह महज योजनाओं का नामकरण नहीं है, बल्कि समाज के दो रूपों के व्याप्ति की स्वीकारोक्ति है, भारत स्वच्छ हो सकता है, डिजिटल नहीं। डिजिटल होने के लिए उसको 'इंडिया' बनना ही पड़ेगा।

इधर 10-15 वर्षों से भारतीय भाषाओं विशेषकर हिंदी ने इंटरनेट पर अपनी प्राथमिक उपस्थिति दर्ज भी कराई है, लेकिन इसका माध्यम भी प्राय: ब्लॉगिंग एवं माइक्रो-ब्लॉगिंग से जुड़ी वेबसाईटें ही हैं, जिन पर एकाधिकार भी इन्हीं अमरीकी कंपनियों का है, हालाँकि इन्हीं कंपनियों ने हिंदी के लिए कुछ टाइपिंग टूल, फॉन्ट एवं आनलाइन कोश आदि के विकास और प्रसार में योगदान भी दिया है, लेकिन यह सब बाजार के वे टूल होते हैं, जिनसे उसकी पहुँच और सामर्थ्य का विस्तार हो सके। इनमें से अधिकांश भाषाई साफ्टवेयर कई स्तरों पर भारतीय भाषाई संसाधन के ही नि:शुल्क एवं स्वतंत्र दोहनकर्ता के रूप में सामने आए हैं। इस प्रकार यह सब व्यापक भारतीय उपभोक्ताओं को अपने साथ जोड़ने की पहल मात्र है। गूगल द्वारा

'हिंदीवेब' को लेकर किया गया हालिया प्रयास भी इसी बोध पर की गई पहल है। आज भारत की आबादी का बहुसंख्य हिस्सा युवा है, जो इस क्रांति के प्रयोग के भी केंद्र में है। इन्हीं की आँखों से गूगल, माइक्रोसॉफ्ट और फेसबुक जैसी अमरीकी कंपनियाँ अपने भविष्य के सपने बुन सकतीं हैं, तो यह काम भारत और भारतीय भाषाएँ क्यों नहीं कर सकतीं? यह क्या चिंताजनक नहीं है कि डिजिटल भारत की भाषा क्या होगी, इस प्रश्न पर विचार भी नहीं किया जा रहा है और इसे सिर्फ बाजार के भरोसे छोड़ दिया गया है? गौरतलब है कि गूगल के ही केपीएमजी (2017) के अनुसार 70 प्रतिशत ऐसे इंटरनेट प्रयोक्ता जो भारतीय भाषाओं के माध्यम से इंटरनेट का प्रयोग करते हैं, वे आज भी कुंजी-पटल के स्तर पर ही चुनौतियों का सामना करते हैं, जबकि 60 प्रतिशत लोगों के लिए उनकी अपनी भाषा में इंटरनेट पर पर्याप्त सामग्री न होने की चुनौती से जूझते हैं।

यह सही है कि आज इंटरनेट और डिजिटलीकरण का विरोध करना समय से पीछे जाने जैसा होगा, लेकिन इसको किसी एक भाषा में थोपने को कहीं से उचित नहीं ठहराया जा सकता। क्या एक बहुभाषिक समाज को डिजिटलीकरण की सुविधाओं को उनकी अपनी भाषा में उपलब्ध कराने के लिए प्रयास नहीं होने चाहिए? जो इंटरनेट आज समाज के आंतरिक प्रसंगों का एक अनिवार्य साधन बन रहा है, उसे डिजिटलीकरण की प्रक्रिया में सिर्फ बाजार के भरोसे नहीं छोड़ा जा सकता। जो भारतीय बहुसंख्यक उपभोक्ता आज वैश्विक बाजार के केंद्र में हैं, उन्हीं के आधार पर भारत को अपना स्थाई ढाँचा खड़ा करना चाहिए। इसके लिए वर्तमान दौर सबसे उचित है। इससे अमेरिकी वर्चस्व को चुनौती मिल सकती है और प्रशासनिक सुधार एवं आंतरिक सुरक्षा के उद्देश्यों के वास्तविक अर्थ को भी प्राप्त किया जा सकता है और भारतीय भाषाई-सांस्कृतिक विविधता के प्रति आसन्न खतरे को भी कम किया जा सकता है। इसको समझने के लिए फिर केपीएमजी (2017) के अध्ययन को संदर्भित किया जाना चाहिए, जिसमें डिजिटल माध्यमों से समाचारों की खपत को प्रतिशत में देखा जा सकता है-

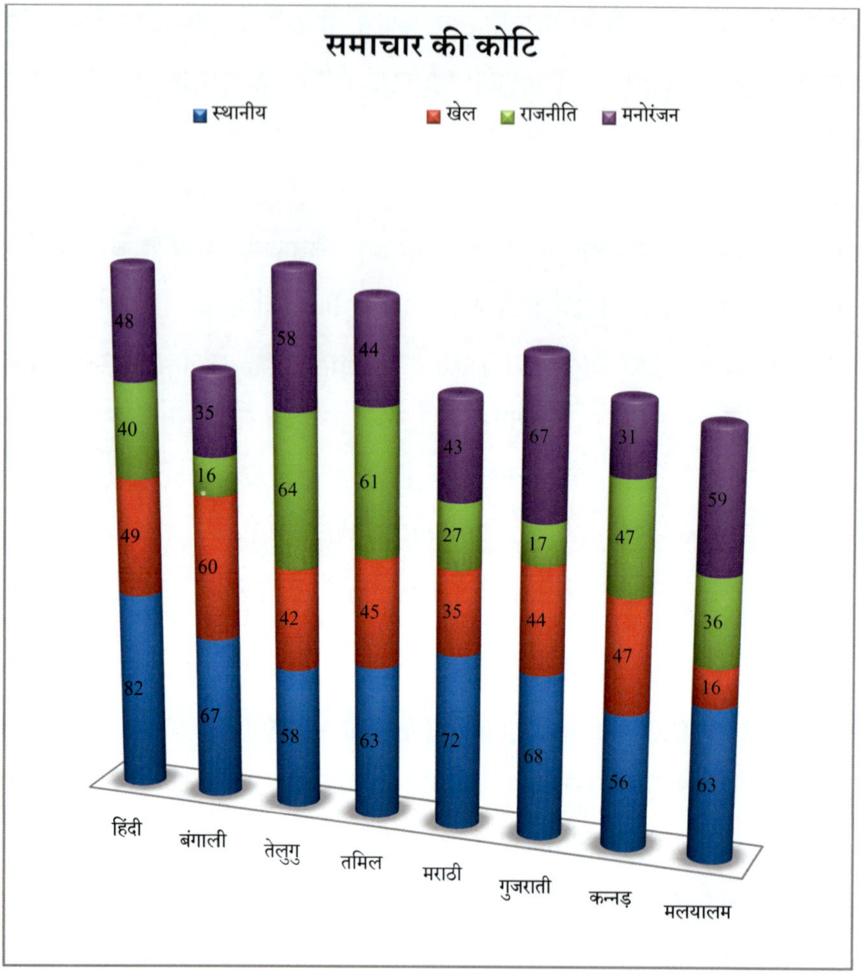

चित्र-5 : समाचार कोटियों की भाषा

चित्र-5 के आँकड़ों में देखा जा सकता है कि हिंदी-भाषी इंटरनेट प्रयोक्ताओं द्वारा 82 प्रतिशत स्थानीय समाचारों, 49 प्रतिशत खेल, 40 प्रतिशत राजनीति और 48 प्रतिशत मनोरंजन के समाचारों को हिंदी में पढ़ा जाता है। यह भी देखा जाना महत्त्वपूर्ण है कि हिंदी में स्थानीय खबरों की खपत का प्रतिशत अन्य भाषाएँ जैसे- बंगाली, तमिल, मराठी, गुजराती, कन्नड़ एवं मलयामलम की तुलना में सर्वाधिक

है, क्योंकि हिंदी का भूगोल बड़ा है। तात्पर्य यह है कि अपने आस-पास के परिवेश से जुड़े समाचारों की स्वाभाविक संप्रेषण भाषा स्थानीय होता है, जबकि दूसरी भाषाओं में वृहत्तर परिवेश की सूचनाओं का आना भूमंडलीकरण में बाध्यकारी सा है। स्पष्ट है कि अंतरराष्ट्रीय से स्थानीय स्तर तक के समाचारों की भाषा क्रमश: अँग्रेजी, हिंदी एवं स्थानीय होती है। इससे आगे यदि सूचनाएँ स्थानीयता की तरफ बढ़ती हैं, तो अनुवाद का सहारा लिया जाता है।

देश आज जहाँ खड़ा है, वहाँ निःसंदेह 'डिजिटल इंडिया' कार्यक्रम सही से लागू किया गया, तो अनेक अवसरों के दरवाजे खोल सकता है। विगत 15-20 वर्षों के अनुभव से यह संभावना बढ़ भी जाती है कि अनेक विपरीत परिस्थितियों के बावजूद देश के एक बड़े तबके ने सूचना-क्रांति का स्वागत किया है, विशेषकर टेलीफोन एवं मोबाईल संपर्क के क्षेत्र में। आज मोबाईल आम जन के उपयोग की वस्तु हो गई है। ऐसे देश में जहाँ अब भी भूख से मौतें होतीं हैं, वहाँ सरकारी आँकड़ों के अनुसार देश की आबादी के तीन-चौथाई से अधिक लोगों के पास मोबाईल है। ऐसे में ऊपरी तौर पर किसी के पास मोबाईल का होना, उसके अमीर होने का सूचक नहीं है। हालाँकि इसमें अब जो वर्ग-विभेद हो रहा है, वह सस्ते या महँगे हैंडसेट के होने से तय होने लगा है। बहरहाल इस पृष्ठभूमि पर यह उम्मीद की जानी चाहिए कि 'डिजिटल इंडिया' कार्यक्रम सफल हो और सूचना-नेटवर्क की स्थापना, रोजगार सृजन, भ्रष्टाचार पर अंकुश, समय की बचत एवं निरपेक्ष प्रशासन जैसे उद्देश्यों को यह तार्किक परिणति तक पहुँचाए। लेकिन यहाँ सवाल सरकार के रवैये को लेकर है, जो इस कार्यक्रम को आक्रामक ढंग से पेश कर रही है और देश की हर समस्या के समाधान के रूप में प्रस्तुत करने का प्रयास कर रही है। यहाँ तक दावा किया जा रहा है कि इससे अमीरी एवं गरीबी के बीच की खाई मिटेगी। जो ठीक नहीं है क्यों कि इस पूरी कवायद को सुविधासंपन्न लोगों की सुविधाओं में विस्तार के रूप में ही देखा जाना चाहिए और यदि इस कार्यक्रम के क्रियान्वयन में स्थानीय आवश्यकताओं को नकारा गया, तो सरकारी दावों के विपरीत

सुविधाहीन लोगों के शोषण का एक नया माध्यम बनेगा। यदि जापान के किसी होटल में इलेक्ट्रॉनिक बटन दबाने से मशीन इच्छित खाना टेबल तक पहुँचा देने की प्रक्रिया को देखकर भारत में इसे यथावत नहीं लागू किया जा सकता, क्योंकि देश में एक ही होटल में सैकड़ों तरह के व्यंजन परोसने पड़ते हैं, जबकि जापान में कुछ सीमित खाद्य ही हैं। तात्पर्य यह है कि 'डिजिटल इंडिया' के लागू करने से पहले की मुकम्मल तैयारी करनी चाहिए। इसमें भारतीय विविधता के संरक्षण का प्रश्न भी प्रमुख है।

विगत पंद्रह-बीस वर्षों में देश की राजनीतिक एवं आर्थिक पृष्ठभूमि ने एक ऐसे मध्यम-वर्ग को तैयार किया है, जिसको आज सब कुछ 'स्मार्ट' चाहिए। भारत में यही वर्ग मैनुअल कासल्स का 'नेटवर्क सोसायटी' है। इसी वर्ग को आकर्षित करने के दबाव में सरकारों ने बिजली, सड़क, शिक्षा एवं स्वास्थ्य जैसी समाज की आधारभूत आवश्यकताओं को छोड़कर मुफ्त में लैपटॉप, टेबलेट और वाई-फाई की सुविधा बाँटना शुरू कर दिया है। जबकि हकीकत यह है कि उत्तर-प्रदेश की अखिलेश यादव वाली सरकार द्वारा वितरित मुफ्त का लैपटॉप प्राय: लोगों द्वारा पाने के तुरंत बाद या तो औने-पौने दामों में बेंच दिए गए या बिना बिजली और बिना उपयोग के खराब हो गए। बाद में सरकार को उस योजना से हाथ खीचना पड़ा था। गौरतलब यह है कि प्रदेश के विभिन्न क्षेत्रों से लखनऊ में संपन्न लैपटॉप वितरण के एक कार्यक्रम में पहुँचे कुछ छात्रों के पास लौटने का किराया नहीं था, इसलिए लैपटॉप बेचना मजबूरी थी, ताकि लौटने के लिए ट्रेन या बस के किराया की व्यवस्था हो सके। यद्यपि उत्तर-प्रदेश और दिल्ली का सामाजिक यथार्थ भिन्न है फिर भी यहाँ मुफ्त वाई-फाई दिए जाने की बहु-प्रचारित घोषणा भी रोटी के स्थान पर 'ब्रेड-बटर' वाली ही योजना है। बहरहाल लोकतंत्र की अपनी कुछ मजबूरियाँ होती हैं और बहुसंख्यक होने के कारण यह तबका वह सब कुछ पाने का हकदार भी है, लेकिन समस्या यह है कि इसके शोर में उस वर्ग की आवाज लगातार दबती जा रही है, जिसको सूचना-प्रौद्योगिकी के मिलने वालों लाभों से

इतर दो समय की रोटी जुटाना कठिन होता है। उस पर मोदी सरकार यह दावा करे कि इससे अमीर-गरीब के मध्य की खाई मिटेगी, तो हास्यास्पद लगता है। बल्कि हकीकत यह है कि भारतीय संदर्भों में यह खाई और बढ़ेगी। 'डिजिटल डिवाइड' की इस खाई में समानांतर रूप से अमीरी और गरीबी भी शामिल है। यह सही है कि वैश्विक प्रतिस्पर्धी युग में समय से सामंजस्य बैठाने की चुनौती भारत में भी है, लेकिन भारतीय समाज में 'स्मार्ट' का जश्न मनाने के अतिरिक्त एक लंबा तबका है, जिसे यही 'स्मार्ट' वाला भाव आतंकित करता है और किसी भी रूप में हिंसक भाव के साथ ही सामने आता है। इसके बाद जो परिदृश्य बन रहा है, उसमें ऐसे वर्ग को लगातार सीमित होना पड़ रहा है। एक समय के बाद वे लोग इस 'स्मार्ट इंडिया' की नागरिकता की शर्तें खो देंगें और मजबूर भारत के किसी सड़क के किनारे भी सुरक्षित नहीं रह पाएँगे।

डिजिटलीकरण की प्रक्रिया की सामरिक चुनौती इसका अमेरिका केंद्रित होना है, जबकि व्यावहारिक चुनौती इसका अँग्रेजी में होना है। इसी के बल पर अमेरिकी लेखक थामस एल॰ फ्रीडमैन ने बीसवीं सदी के आरंभ में ही दुनिया को 'फ्लैट' अर्थात् सपाट घोषित कर दिया था। इस समतलीकरण की प्रक्रिया में न जाने कितने समाज, संस्कृति एवं भाषाएँ वैश्विक एकरूपता के लिए खाद का काम कर चुकीं हैं, इस पर विचार करने से भी अब लोग कतराने लगे हैं। सामान्यत: कहा गया है कि तकनीक मानव के ज्ञानेन्द्रिय क्षमता का विस्तार करती है, लेकिन यह भी सच है कि तकनीक का अपना नियत परिवेश होता है और इससे तटस्थता की अधिक उम्मीद नहीं की जा सकती है और इसकी देश, समाज और भाषाई संलिप्तता का सबसे व्यावहारिक उदाहरण सूचना-प्रौद्योगिकी के क्षेत्र में देखा जा सकता है। इसी के प्रत्युत्पाद के फलस्वरूप भारत में दो वर्गों में विभक्त समाज के बीच की खाई बढ़ी है, इसमें कुछ लोगों ने मूल धारा में बने रहने की कोशिश भी अपनी सत्ताई प्रतिरोध की धार कुंद होने की अपरोक्ष शर्त पर ही की है। आज रैम, ट्वीट, फेसबुक, यूट्यूब, ह्वाट्स-अप, एप्प, जीबी, ई-मेल, लाइक, कमेंट, फारवर्ड,

ओपेन, लॉग-इन, वीडियो, बैक-अप, चार्ज, रिचार्ज, डिस्चार्ज, सेल्फी, टैग, हैस-टैग, ट्रोल, वायरल और ट्रेंड जैसे सैकड़ों शब्द देश के किसी भी भाषा में यथावत पहुँचे हैं, जबकि भारतीय भाषाओं से सैकड़ों शब्द लगातार प्रयोग से बाहर हो रहे हैं। अखईंन, परुआ, मूसर, पाँचा, बरही, हेंगा एवं मचान जैसे हजारों शब्द या तो अपना अस्तित्व खो चुके हैं या शीघ्र खो देंगे। वैसे यह भी सत्य है कि समाज में विकास के साथ कुछ शब्द अपना अस्तित्व खोते हैं और कुछ नए जुड़ते हैं और यह प्रक्रिया भाषा के विकास के लिए आवश्यक भी होती है, लेकिन हिंदी में वर्तमान बदलाव थोपने जैसा लगता है। जो समाजों के अंतर को भी स्पष्टत: रेखांकित करता है। अभी वर्तमान में जो स्थिति है उसमें 'डिजिटल इंडिया' में शामिल होने की अपरोक्ष शर्त है कि लोक-भाषा एवं संस्कृति का परित्याग किया जाए। यह कहीं से न्याय-संगत नहीं दिखता कि जिस व्यापक भारतीय उपभोक्ताओं के भरोसे से अमेरिकी संचार कंपनियाँ लगातार फल-फूल रही हैं, उन्हीं उपभोक्ताओं को किसी प्रकार की शर्त को अंगीकार करना पड़े। इस संबंध में प्रधानमंत्री मोदी की यह अपील सराहनीय है कि भारत में उद्यमियों को गूगल के विकल्प के बारे में सोचना चाहिए। लेकिन यह भी देखना होगा कि गूगल एक शक्तिशाली सामंत की तरह है, उसके समक्ष इस तरह कोई नया उत्पाद जब भी तैयार होने का प्रयास करता है, वह कुचले जाने को मजबूर होता है। कभी आईआईटी दिल्ली के कुछ शोधार्थियों ने बंगलोर में 'गुरुजी डॉट इन' नामक सर्च इंजन का विकास किया था और बड़े उत्साह के साथ खड़ा होने का प्रयास किया था, जो कई मायनों में गूगल से बेहतर भी था, लेकिन आज कोई उसका नामलेवा नहीं है। इस बाजारू प्रतिस्पर्धा में किसी स्थापित गूगल के बरक्स नया उत्पाद खड़ा करना एक बड़ी चुनौती है और वर्तमान परिदृश्य में कोई निजी कंपनी उसमें निवेश का साहस शायद ही करे। ऐसे में यदि मोदी जी सही मायनों में गूगल का भारतीय विकल्प चाहते हैं और जो होना भी चाहिए तो ऐसे प्रयास को सरकारी संरक्षण की

आवश्यकता होगी। चीन ने यह सब कुछ करके दिखाया भी है। भारत में भी यह संभव है बशर्ते सच्ची निष्ठा होनी चाहिए।

बहरहाल डिजिटलीकरण की प्रक्रिया में देश की स्थानीयता को बढ़ावा देना मात्र एक विकल्प है, इसमें प्रयास यह होना चाहिए कि यह सब कुछ भारतीय भाषाओं में उपलब्ध हो, जिससे देश के बहुसंख्यक लोग अपनी भाषाओं के साथ इस प्रक्रिया से जुड़ सकते हैं। यह भी देखना होगा कि इसे लोगों पर थोपा नहीं जाए, बल्कि स्वाभाविक रूप से इससे लोग जुड़ें तो ही बेहतर है। इसके विपरीत वर्तमान स्थिति यह है कि 'डिजिटल इंडिया' को हर मर्ज की दवा बताने का प्रयास किया जा रहा है और आक्रामक ढंग से इसे पेश किया जा रहा है। स्मरण रहे कि कृत्रिम मेधा में हो रहे शोधों की संभावित सफलता के बावजूद तकनीक मानव का विकल्प नहीं हो सकती है। आज सीसीटीवी कैमरा चोर की पहचान करवा सकता है, इससे जुड़े सवेदक चोर को घर में घुसने से रोक सकते हैं, लेकिन किसी व्यक्ति को चोर बनने से कोई तकनीक नहीं रोक सकती, यह काम सिर्फ कोई व्यक्ति ही कर सकता है। इस लिए तकनीक को मात्र एक माध्यम के रूप में देखना चाहिए, उस पर अति निर्भरता के भी अपने खतरे हो सकते हैं।

डिजिटल मीडिया के सच एवं सरोकार

भारतीय लोकतंत्र की व्यापक परिधि में आज भी वह परिपक्वता नहीं है, जो किसी स्वस्थ समाज और लोक कल्याणकारी राज्य के लिए आवश्यक है और जिससे भारत जैसे बहुरंगी समाज में अंतिम जन तक पहुँचा जा सके। समाज में गरीबी, कम शिक्षा दर, सांप्रदायिक सोच, जातीय उन्माद, जेंडरगत कुंठा, व्यक्तिगत स्वार्थपरता और पूँजी के शातिराना खेल ने जिस परिवेश को बढ़ाया है, उसमें लोकतांत्रिक मूल्यों का लगातार क्षरण हो रहा है। जबकि देश में मीडिया के प्रति विश्ववसनीयता की एक लंबी परंपरा रही है, जिसमें एक बहुत बड़ा आधार स्वतंत्रता के आंदोलन में विदेशी सत्ता के प्रति इसकी प्रतिरोधी सहभागिता एवं आपातकाल के समय स्थानीय सत्ता के विरुद्ध प्राय: मुखर विरोध रहा है। गौरतलब है कि इन भूमिकाओं में आम जनता ने मीडिया को अपने दुख-दर्द के नजदीक पाया था और इसी आत्मीयता की बुनियाद पर आज भी लोग किसी संकट के समय जिन अभिकरणों की तरफ उम्मीद से देखते हैं, उनमें कार्यपालिका एवं न्यायपालिका की तुलना में मीडिया को सबसे सहज, निष्पक्ष एवं सहयोगी मानकर चलते हैं।

यद्यपि मीडिया में संक्रमण एक वैश्विक चिंता है। विश्व के सबसे बड़े एवं परिपक्व अमेरिकी लोकतंत्र के राष्ट्राध्यक्षों के चुनाव में वहाँ के मीडिया घरानों का अपने-अपने उम्मीदवारों के प्रति खुलेआम समर्थन वहाँ के प्रतिष्ठित चिंतक चामस्की के 'प्रचार-तंत्र' से आगे की चिंता है, जिसे देखना दरअसल मीडिया की तटस्थ भूमिका के आकांक्षियों को परेशान करने वाला ही होना चाहिए। बल्कि इससे पहले पश्चिमी मीडिया की निष्पक्षता तो इराक में अमरीकी नेतृत्व में हुए हमलों के कवरेज में बेनकाब हो चुकी है। यदि पश्चिमी मीडिया एवं भारतीय परिप्रेक्ष्य की तुलना की जाय, तो यह अंतर जरूर करना पड़ेगा कि वहाँ शिक्षा का स्तर ऊंचा है

और मीडिया द्वारा परोसे गए तथ्यों को जनता में आद्यंत सच स्वीकार करने की प्रवृत्ति कम है, जबकि भारत में एक बहुत बड़ा हिस्सा है, जो मीडिया में छपे हुए को शत प्रतिशत सच और दिखाए हुए को शत प्रतिशत विश्वसनीय मानता है।

मुख्य धारा की मीडिया के विचलन एवं संक्रमण के बीच डिजिटल मीडिया को एक नई उम्मीद से देखा गया था। सूचनाओं के बिना पहरेदारी के प्रसार एवं रचनात्मकता को पहचान देना इसकी अद्वितीय शक्ति रही है। वैकल्पिक मीडिया के रूप में इसने अपनी उपयोगिता सिद्ध भी की है और आज भी रही-सही उम्मीद इसी से है भी, लेकिन इन सबके बावजूद वर्तमान में डिजिटल मीडिया की उपस्थिति पर विचार करने की आवश्यकता है। बिना किसी निगरानी तंत्र के इसकी व्यापकता की परिधि में अनेक ऐसे शातिर तत्त्व सक्रिय हैं, जो देश के इतिहास एवं भूगोल से खेल रहे हैं और समाज की साझी-विरासत एवं प्रतीकों को मुँह चिढ़ा रहे हैं। पाठ, ऑडियो, वीडियो एवं तशवीरों को तोड़-मरोड़ कर अपने शातिर एजेंडे तहत पेश करने की प्रवृत्ति को लोकतंत्र के इस 'पांचवें स्तंभ' ने खूब सहारा दिया है। इस संदर्भ में सबसे चिंताजनक यह है कि ऐसे तत्त्वों को हतोत्साहित करने के बजाय पढ़े-लिखे लोग भी लगातार प्रोत्साहित कर रहे हैं, कभी अज्ञानतावश तो कभी अपने राजनीतिक उद्देश्यों के अनुसार। ऐसे में घृणा, दुष्प्रचार एवं कुंठित मानसिकता को स्वर के लिए आवश्यक ऊर्जा किसी फोटो या वीडियो को संपादित करने वाले सॉफ्टवेयर से मिनटों में मिल जा रही है। ध्यान रहे कि डिजिटल मीडिया के नियंताओं को ऐसी चीजों से कोई फर्क नहीं पड़ता, बल्कि उनके लिए सबसे फायदेमंद है कि उनके ऐसे प्लेटफॉर्म पर कुछ भी हो, सक्रियता बनी रहनी चाहिए। ऐसे में यह जिम्मेदारी देश की जनता की ही है, कि वह इन विष-व्यापी सामग्रियों को स्वीकार करे या रोके।

देश में एक तबका आज सोशल मीडिया के प्रयोग-बाहुल्यता का शिकार है, जो कई प्रसंगों में नशा की तरह है। इसका दुष्प्रभाव यह है कि संबंधित व्यक्ति

अकेलेपन के कारण अवसाद एवं निराशा का शिकार हो रहा है। इसी क्रम में सामाजिक स्तर पर हम हिंसा एवं जघन्य अपराधों के प्रति भी उदार या निर्विकार होते जा रहे हैं और इसका सबसे भयानक पक्ष यह है कि आज जब पूरी भीड़ किसी समूह के रूप में एक व्यक्ति को प्राणान्तक प्रताड़ित कर रही है, तो भी वहाँ उपस्थित लोग सिर्फ मूक दर्शक बने रह रहे हैं। एक जिम्मेदार समाज से अपेक्षा होती है कि वह ज़िम्मेदारी से मध्यस्थता करे और पीड़ित को बचाने का हरसंभव प्रयास करे। ऐसा न करके आज लोग दुर्घटना की सिर्फ वीडियो बनाते पाए जाते हैं। हालाँकि कई बार इन्हीं वीडियो या तशवीरों से ऐसे अपराधी बाद में पकड़े भी जाते हैं। हालाँकि मीडिया की 'नैतिकता' होती है कि दुर्घटना की सिर्फ रिपोर्टिंग की जाए, उसमें हस्तक्षेप न किया जाय, ऐसे में यदि सोशल मीडिया के संदर्भ में भी यही होता रहा तो व्यक्ति 'पत्रकार' तो बन जाएगा, 'मनुष्य' नहीं।

डिजिटल मीडिया ने समाचारों के कलेवर को नए सिरे से प्रभावित करना शुरू किया है। इसमें दुखद यह है कि अपने आरंभ के कुछ ही वर्षों में बहुसंख्य समाचार-वेबसाईटों में वह विकार आ चुका है, जो टेलीविजन में टीआरपी के कारण पहले से मौजूद था। जिस प्रकार टेलीविजन में किसी कार्यक्रम की सफलता का मानक यह है कि वह कितने घरों में देखा गया, उसी प्रकार समाचार-वेबसाईटों के लिए उस पर उपलब्ध सामग्री को कितने कंप्यूटर या मोबाईल पर कितने समय तक देखा गया, यही महत्त्वपूर्ण होता है। इस प्रकरण में समाचार-वेबसाईटों का समाज के प्रति बर्ताव महज उत्पाद और उपभोक्ता का हो चुका है, जिसने भाषाई संरचना को प्रभावित करना भी शुरू कर दिया है। यही कारण है कि किसी समाचार का शीर्षक अपने अंतर्गत निहित सामग्री का प्रतिनिधि नहीं, बल्कि एक उलझाऊ वाक्य या पदबंध होता जा रहा है, जो पाठकों को क्लिक करने के लिए आकर्षित करे। इसमें समाचार-लेखन के पारंपरिक नियम भी बदल रहे हैं। इस क्रम में सूचनाओं के तीव्र प्रसार एवं अधिकाधिक पाठकों तक पहुँचने के लक्ष्य के लिए अधकचरी सूचनाओं की भरमार सामने आ रही है। इसमें किसी सूचना को अपने

अनुसार परोस कर किसी का मान-मर्दन से लेकर किसी मुद्दे को भड़काने तक का काम इन वेबसाईटों के मॉडरेटर सिर्फ इस लिए कर दे रहे हैं, कि उनकी हिट संख्या बढ़ जाए। देश-समाज में निहित समाचारों से परत हटे यह तो ठीक है, लेकिन इस क्रम में किसी बड़ी घटना या व्यक्तित्व के प्रति झूठ या तथ्यों को छिपाकर एक लोकप्रिय किश्म के सच को परोसने का काम ही प्राय: वेबसाईटों का प्राथमिक कर्म बनता जा रहा है। इसमें देश-विदेश के प्रभावशाली लोगों के ट्विटर, फेसबुक आदि खातों से गलत सूचनाएँ तक को बिना किसी पड़ताल के धड़ल्ले से संदर्भित किया जा रहा है। गौरतलब है कि ऐसे समाचार एक बार सार्वजनिक होने के बाद, इन्हें वापस लेना, नियंत्रण से बाहर हो जाता है। क्योंकि इसका प्रसार इतनी तेजी से होता है कि एक सर्वर से लेकर दूसरे प्लेटफॉर्म तक साझा किया जाता है और मूल स्रोत से समाचार वापस लेने की कड़ी बीच में समाप्त हो जाती है। इस बीच संबंधित समाचार अपने मिथ्या-प्रचार के उद्देश्य को पूरा कर लेता है और वर्तमान तकनीकी ढाँचे में उसके प्रति जिम्मेदार व्यक्ति आसानी से पकड़ में भी आसानी से नहीं आ पाता है।

वर्तमान मीडिया मुख्यालय केंद्रित होती जा रही है, जिसमें किसी समाचार के स्रोत-स्थल का परीक्षण एवं विश्लेषण लगातार कम होता जा रहा है। सूचनाओं का स्रोत ट्विटर, फेसबुक, यू-ट्यूब, इन्स्टाग्राम एवं ह्वाट्स-अप जैसे प्रमुख सोशल नेटवर्क होने लगे हैं, जबकि इनमें पहले से ही मनमानी सूचनाओं का अंबार है और इस तरह से मुख्य धारा की मीडिया के बहुत बड़े हिस्से में इन्हीं सोशल नेटवर्क की वेबसाईटों की पहुँच बढ़ती जा रही है। यहाँ एक ईमानदार समाचार-प्रतिष्ठानों को विश्लेषण करना चाहिए कि देश की जनसंख्या में ऐसे कितने लोग हैं, जो सोशल नेटवर्क में मौजूद हैं? यदि इससे वंचित आबादी की संख्या अधिक है, तो उनके दुख-दर्द के प्रति मीडिया की कोई ज़िम्मेदारी नहीं बनती है? क्या कोई दूरस्थ समाज सिर्फ इस लिए इस मीडिया का अंग नहीं बन पाएगा कि उसके पास सोशल नेटवर्क के लिए आवश्यक साधन नहीं हैं?

सत्य का कोई समय एवं काल नहीं होना चाहिए। 'आभासी सत्य' से परे एक 'आत्यंतिक सत्य' होता है, जिसको खोजना किसी जिम्मेदार मीडिया की प्राथमिकता होनी चाहिए। इससे परे आज की मीडिया एक भीड़-तंत्र को विकसित करने में व्यस्त है, जो किसी स्वस्थ समाज एवं लोकतंत्र के लिए अत्यंत घातक है। मीडिया को अपने अनुरूप गढ़ना सत्ताओं की पुरानी महत्वाकांक्षा है, लेकिन मीडिया द्वारा पूरी तरह से समर्पण प्राय: आधुनिक प्रचलन है। इसमें डिजिटल मीडिया का शामिल होना किसी युद्ध में अंतिम हथियार को खोने जैसा है। इस पूरे प्रकरण में जन-माध्यमों में फैली विकृतियों के प्रति एक सजग समाज आगे नहीं आएगा, तो खतरा पूरे समाज पर बढ़ेगा। इसलिए अब उम्मीद डिजिटल-समाज से होनी चाहिए कि सत्य के प्रति आग्रही बनें और झूठ को हर मोड़ पर हतोत्साहित करें, अन्यथा लोक-केंद्रित एक पवित्र माध्यम की विश्वसनीयता समाप्त हो जाएगी और अंतत: इससे सत्ताएँ ही लाभान्वित होंगी।

संवाद में संकुचन

यद्यपि यह कोई मुद्दा नहीं होता, यदि संचार संबंधी परिस्थितियाँ इतनी तेजी से बदली नहीं होतीं। 20 साल पहले किसको उम्मीद थी कि इस बदलाव की गति इतनी तेज होगी। आज न सिर्फ सूचना-प्रौद्योगिकीय परिवेश तेजी से बदला है, बल्कि हमारा समाज भी उनसे अभ्यस्त होने के शुरुआती संकोच को तेजी से दूर कर रहा है। इस नए परिदृश्य में समाज और उसकी सामान्य जीवन-प्रक्रिया में हुए बदलावों को रेखांकित करके इसमें निहित खतरों के प्रति एक सजग प्रतिरोधी दृष्टि विकसित करने की भी आवश्यकता है। देश में जिस बहुसंख्यक युवा पीढ़ी पर आज सब कुछ दाव पर लग रहा है, प्राय: यही वह समूह भी है, जो डिजिटल समाज का नागरिक है। ऐसे में यह समूह न सिर्फ निर्माणाधीन भारतीय समाज का निर्धारक है, बल्कि संख्या और प्रतिभा की दृष्टि से वैश्विक बदलावों का वाहक भी बन रहा है।

सूचना-प्रौद्योगिकी आज ऐच्छिक नहीं, बल्कि अनिवार्य प्रसंग बनने की ओर अग्रसर है। यद्यपि इसके स्वामित्व पर बाजार का कब्जा है, लेकिन फिर भी ऐसी स्थिति बन चुकी है, जहाँ विभिन्न सूचना-प्रौद्योगिकीय उत्पादों से राजनीतिक दल जन-समर्थन, सरकार प्रशासनिक कार्य-कुशलता और आमजन लोकतांत्रिक हस्तक्षेप की अपेक्षा करने लगे हैं। फलस्वरूप एक ऐसे परिवेश का निर्माण हो चुका है, जहाँ वैश्विक भूगोल के द्विपक्षीय आर्थिक, सामरिक एवं राजनयिक संबंधों की पूर्वपीठिका की तैयारी में सूचना-क्रांति से जुड़े उपक्रमों और उत्पादों की भूमिका महत्त्वपूर्ण हो चुकी है। इसकी गति को इस तरह समझा जा सकता है कि शुरुआती दस हजार लोगों तक पहुँचने के लिए रेडियो को 43, टेलीविज़न को 28, कंप्यूटर को 11 वर्ष लगे थे, जबकि इंटरनेट को इतने लोगों तक पहुँचने में महज एक वर्ष चार महीने लगे। आज इंटरनेट की सहभागिता भारतीय अर्थ-

व्यवस्था में इसके 'सकल घरेलू उत्पाद' की दृष्टि से स्वास्थ्य एवं सेना से अधिक है। उम्मीद की जा रही है कि 2020 तक यह भागीदारी 4 प्रतिशत तक हो जाएगी और देश में 15 से 20 लाख नए लोग रोजगार के माध्यम से इससे जुड़ जाएँगें।

जब समाज में कोई बदलाव इतनी तेजी से होगा, तो मानवीय संप्रेषण एवं संपर्क की माध्यम अर्थात् 'भाषा' उससे अछूती नहीं रह सकती। हालाँकि किसी भी जीवंत भाषा के लिए उसमें आंतरिक बदलावों को ग्रहण करने की क्षमता का होना भाषाई विकास के लिए आवश्यक होता है, लेकिन वर्तमान बदलाव में सूचना-प्रौद्योगिकीय हस्तक्षेप एक अलग परिदृश्य का निर्माण कर रहा है। डेविड क्रिस्टल (2010) ने कहा था कि 'भाषा में धीरे-धीरे बदलाव स्वाभाविक है, लेकिन इंटरनेट ने इन बदलाओं की प्रक्रिया में तेजी ला दी है।' जाहिर है, इन बदलावों से लगातार व्यापक हो रहे डिजिटल संप्रेषण में मुक्त संवाद की गति सीमित ही रहती है। जिससे प्रयोक्ता-वर्ग संवाद में अपूर्णता की कसक से परेशान होने को विवश हो रहा है। गौरतलब है कि भाषा को एक 'व्यवस्था' कहा गया है, इसमें यदि वक्ता के वक्तव्य को श्रोता उसी रूप में ग्रहण कर लेता है, तो सार्थक संप्रेषण की प्रक्रिया पूर्ण होती है। आगे के अध्यायों में यह बताया जा चुका है कि सामान्य-सी दिखने वाली यह प्रक्रिया वास्तव में बहुत जटिल होती है। इसमें वक्ता एवं श्रोता के संप्रेषण के मध्य अनेक कारक सक्रिय रहते हैं। जिसमें भाषिक, सांस्कृतिक, सामाजिक एवं अब तकनीकी धरातलों पर समान होना अपेक्षित होता है। हालाँकि इन सबके समान होने के बाद भी संप्रेषण के क्रम में अनेक जटिलताएँ आतीं हैं, जिनको संप्रेषणविज्ञानियों ने अपने नजरिए से देखा है। प्रसिद्ध संप्रेषणविज्ञानी एलिसन व्रे (2002, 2008) अँग्रेजी पाठ के आधार पर किए गए शोध से यह निष्कर्ष निकालतीं हैं कि पाठ के 70 प्रतिशत भाषाई संकेतों के संदर्भ उस पाठ से बाहर होते हैं, जिनके संप्रेषण के क्रम में पाठक को शब्दों और वाक्यों की भाषिक संरचना से परे जाना होता है। ध्यान रहे कि भाषा अपने मूल में वाचिक संपत्ति होती है, लेखन उसका द्वितीयक एवं काम-चलाऊँ तरीका होता है, अर्थात् किसी

कथ्य के सर्वोत्तम संप्रेषण के लिए भाषा का वाचिक रूप ही प्रमुख होता है। अब यहाँ एलिसन व्रे जो दावा कर रही हैं, वह भाषा के काम-चलाऊँ रूप यानि लिखित रूप पर ही आधारित है। इस दृष्टि से संप्रेषण की इस चुनौती का कई गुना विस्तार उसके डिजिटल संवादों में होता है, क्योंकि इसमें फॉन्ट एवं कुंजी-पटल के प्रयोग की जटिलताओं से लेकर इसके माध्यम की उपलब्धता एवं तारतम्यता की समस्याओं से सामना होता है। इन सबके मध्य भाषा का एक नया स्वरूप भी उभरा है, जो संप्रेषण की आंतरिक प्रक्रिया को दुरूह बना रहा है। इसकी शुरुआत मोबाईल के प्रचलन के साथ एसएमएस के प्रयोगों से शुरू हुई थी, आज इसका विस्तार सोशल नेटवर्किंग साईट पर चैटिंग से लेकर व्हाट्स-अप के संदेशों तक आया है। इस पूरे प्रकरण में शब्दों का संक्षिप्त रूप बड़ी तेजी से विकसित हुआ है, कई बार संक्षिप्तीकरण की प्रक्रिया ध्वनि के आधार पर होती है, तो कई बार टंकण की सुविधा के अनुरूप। इस क्रम में यह देखना महत्त्वपूर्ण होगा कि भाषा एक व्यवस्था के रूप में संवाद के दोनों छोर पर सक्रिय दो लोगों के मध्य ही कार्यरत होती है, उसमें भी कई बार समान मानसिक अवस्था के अभाव में संप्रेषण अधूरा ही रह जाता है। इस प्रकार 'डिजिटल संवाद' आधारित एक नए भाषिक रूप का विकास होता है, जो कई बार चैटिंग समाप्त होने के साथ ही समाप्त भी हो जाता है। इसमें चैट कर रहे दोनों व्यक्ति कुछ नए प्रतीकों का इश्तेमाल कर लेते हैं, जो उनके मध्य ही सीमित रह जाता है और कई बार असंप्रेषित ही रह जाता है। ध्यान रहे कि डिजिटल भाषिक रूप का यह प्रयोग भाषा की उस मूल अवधारणा से प्राय: इतर है, जिसमें भाषा को यादृच्छिक कहा जाता है, क्योंकि यादृच्छिकता शब्दों में परंपरागत अर्थ भरती है, जबकि डिजिटल संवाद की भाषा के शब्दों में अर्थ भरने एवं स्वीकार करने की एक तात्कालिक व्यवस्था कार्यरत होती है। इससे अलग डिजिटल अंतर्वस्तु पर अँग्रेजी के वर्चस्व के कारण रोमन लिपि से इतर लिपियों की भाषा के शब्दों का रोमनीकरण होता है। जिससे डिजिटल-संवाद में एक अलग तरह का अवरोध उत्पन्न होता है। हालाँकि इसके पीछे अनेक समाजशास्त्रीय एवं

अर्थशास्त्रीय कारक भी होते हैं। इसके साथ ही आज की पीढ़ी के डिजिटल संवाद में अनेक सहज भावों के लिए 'सिमली' (एक प्रकार का चित्र) की व्यवस्था होती है, जो चैटिंग को प्लेटफ़ार्म देने वाली संस्था ही उपलब्ध कराती है। यद्यपि इसमें लोक-व्यवहार के वाचिक एवं आंगिक प्रतीकों का इस्तेमाल किया जाता है, लेकिन अपने पूरे प्रयोग में वह डिजिटल संवाद की प्रक्रिया को और भी दुरूह बनाती है। जो संवाद में संकुचन का द्वितीय चरण होता है। हालाँकि इस संवाद में यदि वीडियो-चैट होता है, तो वह भाषाई अवरोध को एक हद तक दूर रखता है, क्योंकि इसमें वक्ता-श्रोता के आंगिक प्रतीक भी कार्य कर रहे होते हैं।

इधर ट्वीटर ने संवाद का एक भिन्न परिदृश्य तैयार किया है, जो आज जनसंचार के एक सुविधाजनक माध्यम के रूप में भी उभरा है। लेकिन यह अपनी प्रक्रिया में ही सीमित होता है, क्योंकि आज भी यह 140 वर्णों (मूलत: की-स्ट्रोक) के सार्वजनिक संदेश लिखने की व्यवस्था उपलब्ध कराता है, यूनिकोड और लिपिगत विशेषता के कारण रोमनेतर लिपि वाली भाषाओं के लिए यह शब्द-क्षमता और भी कम हो जाती है। गौरतलब है कि मुक्त अभिव्यक्ति के माध्यम के रूप में लोकप्रिय इंटरनेट का संवाद भी गिने हुए नियंत्रित शब्दों के माध्यम से ही सामने आ पाता है। यद्यपि प्रयोग के स्तर पर ट्वीटर का व्यापक उपयोग यह हुआ है कि आज लोकप्रिय नेता-अभिनेता बिना संवाददाता सम्मेलन बुलाए अपने बयान दर्ज करा देते हैं, जिसे उद्धृत करके विभिन्न समाचार एजेंसियां पूरी खबर बनाकर जनसामान्य के सामने परोस दे रही हैं। इस सुविधाजनक माध्यम का जनता की दृष्टि से असुविधाजनक पक्ष यह है कि जबाबदेह पदों पर बैठे आज के राजनीतिज्ञ अपनी सुविधा के हिसाब से अपनी बात रख देते हैं और व्यापक परिप्रेक्ष्य में उसका प्रत्युत्तर देने से बच जाते हैं।

नील थाम्पसन (2003) ने कहा था कि 'भाषा महज शब्दों का प्रयोग नहीं होती है, बल्कि यह उस जटिल सरणी को संबोधित करती है, जो संपर्क और सामाजिक

संवाद के आधार पर परस्पर संबंधों को बाँधती है।' अब डिजिटल संवाद के परिदृश्य में यह उचित ही है कि सुदूर संबंधियों से अपेक्षाकृत कम खर्चे में संपर्क बना रहता है, लेकिन यह भी उसका समानांतर सच है कि इस संवाद से संबंधों में इंटरनेट-माध्यम की दुरूहता के कारण अनेक गलतफहमियाँ भी पैदा हुई हैं। इसके साथ ही इंटरनेट आधारित संवाद ने जिस तेजी से एक वर्ग को स्वर दिया है, एक लंबा तबका ऐसा भी है, जिनमें अवसाद और निराशा भी पैदा किया है और इससे आगे बढ़कर वंचित तबके से पहुँच की सीमा के बाहर होने के कारण उनका स्वर छीन भी रहा है। यह भी इसी डिजिटल संवाद का सच है कि किसी व्यक्ति का विश्व भर में सैकड़ों मित्र हैं, लेकिन आस-पड़ोस में उसका किसी से न्यूनतम संबंध भी न हो। इसलिए यह आवश्यक है कि डिजिटल संवाद की विविध प्रक्रियाओं को अपनाया जाय, लेकिन उनकी सीमाओं को पहचानते हुए ही। ध्यान रहे कि वर्चुअल समाज एवं संवाद की अपनी उपयोगिता हो सकती है, लेकिन यह वास्तविक समाज एवं संवाद का विकल्प नहीं हो सकता।

सोशल नेटवर्किंग साईटें एवं लोकतंत्र

इंटरनेट ने अपने उभार के साथ-साथ लगातार एक मुकम्मल बाजार के उभार की भी पृष्ठभूमि तैयार किया है, बल्कि कई मायनों में एक व्यापक जनसमूह का इंटरनेट से जुड़ाव भी इस बाजार के उत्पादों के आकर्षण से ही संभव हुआ है। वृहत्तर परिदृश्य में यह जुड़ाव जनसंपर्क तक ही सीमित था, जिसमें मुख्यत: याहू एवं रेडिफ के साथ गूगल अपने उत्पाद 'जीमेल' के साथ इस पूरे परिदृश्य को संचालित करते रहे। इस बाजार का विचारणीय पक्ष यह रहा है कि इन संचार कंपनियों का भले ही व्यापक कारोबार संचालित होता रहा हो, लेकिन आम जनसमूह का बहुधा इसके आंतरिक गुणा-गणित पर ध्यान नहीं गया और वह इनसे मिलने वाले मुफ्त के लाभों को पाकर ही संतुष्ट हो जाता रहा है। उदाहरणस्वरूप किसी को मेल से संपर्क, इसमें फोटो, प्रपत्र संलग्न करने के साथ ऑडियो-वीडियो चैट आदि सब मुफ्त में उपलब्ध हो जाता है। इस पूरी प्रतिस्पर्धा में गूगल अपने विभिन्न उत्पादों के साथ फिलहाल सर्वाधिक प्रभावशाली समूह है। ध्यान रहे कि यहाँ तक बाजार, इंटरनेट और उपभोक्ताओं के आपसी जुड़ाव का आधार वैयक्तिक देशीय एवं अंतरदेशीय संपर्क था। लेकिन इसके बाद का दौर इंटरनेट 'आपसी संपर्क' के साथ-साथ 'व्यापक जनसंचार' की आकांक्षाओं को पूरा करने के उद्देश्य पर केंद्रित होता चला गया। हालाँकि इसके मूल में भी गूगल का ही उत्पाद 'अरकुट' था, लेकिन बाजार के चरित्र के अनुसार फेसबुक के आगे गूगल को हारना पड़ा और उसे अरकुट के समाप्ति की घोषणा करनी पड़ी। इसके बाद फेसबुक का उद्भव एवं इसका विस्तार इस भ्रम के साथ होने लगा कि यह लोकतंत्र का संरक्षक है। भारत सहित विश्व के कुछ देशों के छोटे-बड़े आंदोलनों में फेसबुक एवं ट्वीटर जैसी कुछ सोशल नेटवर्किंग साइटों का

अपने प्रसार के लिए कुछ उपयोग का क्या हुआ कि इनके लोकतंत्र के संरक्षकीय भूमिका का भ्रम यथार्थ में बदलने लगा।

यद्यपि यह सही भी है कि कुछ जनांदोलनों, सार्वजनिक अभियानों, राजनीतिक गतिविधियों की सक्रियता में कुछ सोशल नेटवर्किंग साइटों की भूमिका थी और आज भी वैकल्पिक गतिविधियों की एक शरणस्थली के रूप में इनको याद किया जा रहा है, लेकिन इसके लिए इन साइटों के मालिकों को खुश होने की आवश्यकता नहीं है, क्योंकि इस तरह का प्रयोग सोशल नेटवर्किंग साइटों के लिए प्रत्युत्पाद की तरह है, यह उनका मूल उद्देश्य कभी नहीं रहा है। यह तो इंटरनेट के उपभोक्ताओं की कुशलता है कि इन साइटों का उपयोग अपने विभिन्न अभियानों हेतु जनसमर्थन जुटाने के लिए कर पा रहे हैं। यह ठीक वैसे ही है, जैसे भारत में गुलामी के समय में अँग्रेजों द्वारा शुरू किए गए रेल, डाक-व्यवस्था एवं फोन आदि का उपयोग स्वतंत्रता-सेनानियों ने अँग्रेजों की मंशा के विपरीत अपने अभियानों के लिए कर लिया था।

यद्यपि यहाँ इंटरनेट आधारित क्रांतियों के स्वरूप के दूसरे पक्ष पर भी विचार किया जाना चाहिए, जहाँ सत्ता के प्रति किसी जनाक्रोश की समाप्ति महज कुछ सुविधाजनक टिप्पणियों के पोस्ट करने, पसंद करने और पेज बनाने तक सीमित होकर रह जाती है और किसी मुद्दे के प्रति संचित व्यापक जनाक्रोश कंप्यूटर या मोबाईल के कुंजी-पटल के दायरे में ही समाप्त हो जाता है। ध्यान रहे कि इस तरह के प्रतिरोधों का तेवर सत्ताओं के लिए तुलनात्मक रूप से सुविधाजनक ही होता है, क्योंकि इसमें सड़क पर आमने-सामने की स्थिति नहीं होती है। वैसे भी किसी लोकतंत्र में किसी भी व्यावसायिक मीडिया का स्वामी लोकतंत्र का संरक्षक नहीं हो सकता, चूँकि लोकतंत्र में लोक का हितैषी दिखते रहना भी एक बाजार है, इसलिए इन स्वामियों की चिंता लोकतांत्रिक पक्षधरता की प्रतिस्पर्धा में खुद सुरक्षित रखने का प्रयास मात्र होता है। इसकी परिणति में कोई मीडिया-प्रमुख

अर्थात् पूँजीपति कुछ कम या अधिक लोकतंत्र समर्थक दिख जाता है, जबकि इनकी मूल चिंता व्यापक लोगों तक पहुँचने, उस पर आधारित विज्ञापनी व्यवस्था में अपने हित साधना मात्र होता है।

ऐसे में फेसबुक के मालिक जुकरबर्ग के 'फ्री बेसिक्स' नामक अभियान की शुरुआत एवं अनेक जनसरोकारी उद्देश्यों को सामने रखकर आक्रामक ढंग से अब तक इसे जो धार देने की कोशिश दिखी है, उसे भारत में लोकतंत्र का हितैषी और गरीबी उन्मूलन कार्यक्रम कहना महज हास्यास्पद है। यह कितना विरोधाभाषी है कि जो बाजार पूरे समाज को महज उपभोक्ता से अधिक मानने को तैयार न हो, उसे आज मानवाधिकार की चिंता करनी पड़ रही है। असल में फेसबुक की यह पूरी पहल संभावित स्मार्टफोन आधारित इंटरनेट के बाजार पर एकमेव वर्चस्व की लड़ाई की नियोजित तैयारी है। इस पर स्वास्थ्य, शिक्षा और रोजगार का मुल्लमा चढ़ाना, दरअसल एक लोकतांत्रिक और जन-हितैषी दिखने का कुचक्र मात्र है। इसके पीछे वर्तमान में इसकी कथित 'लोकतंत्र के पक्षधर' वाली छवि को भुनाने का चालाकी भरी मंशा है। फेसबुक को यदि भारतीय गरीबों की इतनी ही चिंता है, तो उसके लिए दूसरे तरीके भी हो सकते हैं। गौरतलब है कि इंटरनेट सब होते हुए भी एक माध्यम मात्र है। इस पर उपलब्ध कोई एप्प या वेबसाईट समाज के भूख, रोग और अशिक्षा को दूर करने के मूल कारक नहीं हो सकते हैं। ये महज माध्यम हैं और इस रूप में इसे स्वीकार करने से भी किसी को दिक्कत नहीं होनी चाहिए। लेकिन इसके विपरीत जुकरबर्ग का दावा ऐसा दिखने का प्रयास प्रतीत हो रहा है, मानो उन्हें ही भारत की गरीबी की सबसे अधिक चिंता है। जो फेसबुक गरीबों के उपयोग में आ सकने वाला भारतीय करों के भुगतान से लगातार बच रहा हो, वह गरीबों का शुभचिंतक कैसे हो सकता है?

दरअसल विश्व की बहुसंख्यक आबादी की दृष्टि से भारत इंटरनेट का बड़ा संभावित बाजार है। विश्व के विकसित देशों में सन् 2011 में मैकिनसे द्वारा किए

गए एक अध्ययन में बताया गया है कि विकसित देशों के 'सकल घरेलू उत्पाद' में अंतिम 15 वर्षों में इंटरनेट आधारित बाजार का योगदान 10 प्रतिशत रहा था, जबकि अंतिम 5 वर्षों में यह आँकड़ा 21 प्रतिशत का हो चुका था। इस तरह की पूरी संभावना युवा भारत में इसलिए भी है कि देश की 86 प्रतिशत से अधिक आबादी के पास मोबाईल है, जो बड़ी तेजी से स्मार्टफोन में परिवर्तित हो रही है, जहाँ इंटरनेट सहज उपलब्ध हो जाएगा और यहीं पर फेसबुक को अपने प्रतिस्पर्धी और अब तक 'इंटरनेट के द्वारपाल' गूगल को पीछे छोड़ने की मंशा है। भारत अपनी आबादी के आधार पर इस बाजार का सबसे आकर्षक परिक्षेत्र है। भारत के अलावा भी फेसबुक ने इस अभियान के लिए जिन देशों पर ध्यान केंद्रित किया है वे अधिकांश विकासशील देश हैं और वहाँ भी मोबाईल केंद्रित इंटरनेट के बाजार की पूरी संभावना है। एक तरफ गूगल अपनी कंपनी में एक भारतीय को शीर्ष पद पर बैठाकर भारत से अपनापन का दावा कर रहा है, तो इधर फेसबुक को पूरे भारत के गरीबों और इनके मानवाधिकार की चिंता होने लगी है। इसके लिए वह सैकड़ों करोड़ रूपया महज 'फ्री बेसिक्स' नामक अभियान के प्रचार पर खर्च कर रहा है। जबकि इंटरनेट और समाज के बीच के संपर्क की इन दोनों बड़ी कंपनियों के सर्वर आज तक भारत में नहीं स्थापित हो पाए हैं। जाहिर है ये कुचक्र अपनी पहुँच के विस्तार के लिए भावनात्मक आधार पर किए गए प्रयास मात्र हैं।

फेसबुक के इस अभियान के लिए भारतीय परिस्थितियाँ भी अनुकूल दिख रही हैं, क्योंकि देश की सरकार ने 'डिजिटल इंडिया' नामक जिस अभियान की शुरुआत की है, उसकी सफलता की अनिवार्यता के खाँचे में फेसबुक खुद को दिखाने का पूरा प्रयास करेगा और इसके द्वारा पिछले दिनों भारतीय प्रधानमंत्री का अपने मुख्यालय में गर्मजोशी से स्वागत करके, इस पूरे अभियान पर भारतीय जनता के बीच नैतिक बढ़त हासिल करने का भरपूर प्रयास किया गया। फेसबुक की मंशा के सफल होने का डर इसलिए भी है कि भारतीय सरकारें कुछ रोजगार पा जाने के लालच में देश के भीतर इनसे सर्वर स्थापित करवाने और उचित कर आदि

वसूलने का काम अभी तक नहीं कर पाई हैं। यहाँ सरकार की मुख्य चिंता में देश की व्यापक जनता होनी चाहिए, जिसे वास्तव में अभी शिक्षा, स्वास्थ्य एवं रोजगार पाने की आवश्यकता है, न कि महज 'डिजिटल छलावा'। यहाँ इस पक्ष पर भी विचार करना चाहिए कि देश के व्यापक समाज की जो स्थिति है, उसके लिए फेसबुक जैसे किसी डिजिटल उत्पाद की कितनी आवश्यकता है? क्या अभी देश में शैक्षिक एवं मानसिक परिपक्वता के अभाव में इसका दुरुपयोग नहीं हो रहा है? क्या 'सिटीजन' और 'नेटिजन' के बीच तेजी से बढ़ रही इस खाई से वंचित तबके में कुंठा का भाव नहीं पैदा हो रहा है? इन परिस्थितियों में रोटी माँग रही जनता को रोटी देने के लिए गंभीरता से विचार होना चाहिए न कि रोटी बनाने के तरीके सिखाने वाले किसी 'एप्प' की। इसके साथ समाज के डिजिटलीकरण की एक अवस्था होती है जो समय के साथ धीरे-धीरे देश की आंतरिक अवस्थाओं की शर्त पर होना चाहिए। ध्यान रहे कि यह काम किसी व्यावसायिक कंपनी के भरोसे तो कतई नहीं हो सकता, बल्कि इसके लिए सरकारों को अपने स्तर पर प्रयास करना चाहिए। इसके विपरीत सरकार ने फेसबुक को यह खुली छूट कैसे दे दी है कि वह खुले विज्ञापनों से देश की जनता को बरगलाने का काम कर रहा है और देश की इस हेतु नियामक संस्था 'ट्राई' पर बढ़त बनाने की जुगत में है? जबकि वास्तव में देश अपने जनसांख्यिकीय संसाधन की जिस स्थिति में आज है, वहाँ सरकार को ऐसी कंपनियों के विस्तार के लिए लोक-केंद्रित अपनी शर्त तैयार करनी चाहिए।

असल में इंटरनेट की स्थिति उस गंगा के समान हो सकती थी, जिसका व्यापक हित में कुछ भी उपयोग हो सकता था, लेकिन फेसबुक और गूगल जैसे कुछ खिलाड़ी इसे अपनी संपत्ति समझ बैठे हैं और फेसबुक का यह प्रयास गंगा पर उस बाँध के तरह होगा, जिसके बाद वह गंगा रूपी मुक्त इंटरनेट को अपनी व्यापक पहुँच के आधार पर खुद के अनुसार नियंत्रित करने का प्रयास करेगा। यह पूरा खेल

विकेंद्रित संसाधन के केंद्रीकृत उपयोग का प्रयास है, जिसमें दोहन अंतत: आम जन का ही होगा।

सोशल मीडिया एवं अफवाह का तंत्र

सामाजिक प्रगति में इंटरनेट की सहभागिता ने एक नया आयाम दिया है। इसके कारण वैश्विक संप्रेषण एवं संचार के साथ विविध कार्यों में पारदर्शिता एवं गति बढ़ी है। इस पर आधारित सोशल मीडिया वैकल्पिक मीडिया की संकल्पना को पूरा करने की ओर बढ़ चुकी है। हालाँकि इसने आर्थिक और शैक्षिक आधार पर नीचे छूटे लोगों के दर्द को और बढ़ाया भी है। बहरहाल देश में मोबाईल की संख्या और इंटरनेट डाटा की खपत के आंकड़ों से इस तर्क को बल मिलता है कि बहुसंख्य परिवार सोशल मीडिया से कहीं न कहीं जुड़ा है। इस डिजिटलीकरण के दौर में जिन सक्षम हाथों में मोबाईल है, वे सभी पत्रकार हैं। सीसीटीवी से लेकर मोबाईल से लिए वीडियो विभिन्न दुर्घटनाओं को सामने लाने में अभूतपूर्व भूमिका में हैं और मुद्दों को सुलझाने में साक्ष्य के तौर पर भी काम आने लगे हैं। इन सभी प्रकरणों के बाद जो सोशल मीडिया का स्वरूप बनता है, उससे लोकतांत्रिक मूल्यों के विस्तार के सपनों को नए पंख लगे हैं। यह माध्यम इतना सशक्त है कि रातों-रात किसी को लोकप्रिय बना देता है। इंजीनियरिंग कॉलेज के किसी प्रोफेसर को उसके नृत्य के लिए ख्याति मिल जाती है, तो शासन-प्रशासन के यहाँ मौजूद किसी प्रतिनिधि को जबाबदेही का भी बोध कराना संभव हो पाता है।

सोशल मीडिया के इन सभी सकारात्मक पहलूओं के बावजूद यहीं झूठ, ईर्ष्या और आत्म-प्रचार का एक ऐसा माहौल भी बना है, जिससे इसकी उपयोगिता पर नए सवाल उठ रहे हैं। यदि मुख्य धारा की मीडिया में सत्ता एवं पूँजी के गठजोड़ से इसकी तटस्थता प्रभावित होती रही है, तो सोशल मीडिया पर एक तरफ तो कुछ भोले-भाले लोग हैं, जो अपनी गतिविधियों को लेकर सक्रिय हैं, तो दूसरी तरफ एक शातिर तबका है जिसका अपना सुनियोजित एजेंडा है। यदि कोई व्यक्ति, प्रतिष्ठान या समूह अपनी बात सार्वजनिक करने के लिए प्रेस-वार्ता के बजाय

ट्वीट करके काम चला रहा है, तो प्रचार की इस सहजता का लाभ अफवाह फैलाने वालों के भी तो काम आ रहा है। देश में अनेक सांप्रदायिक दंगों का आधार ऐसी कुछ अफवाहें रही हैं, इसमें 2018 के शिलांग में सद्भाव बिगाड़ने का कुत्सित प्रयास भी रहा है। इस पूरे प्रकरण में दुर्भाग्य यह है कि तथ्य से परे जाकर संपादित तशवीरें, ऑडियो या वीडियो जैसे संचार के प्रभावी माध्यमों को प्रसारित करने में पढे-लिखे लोगों का संरक्षण मिलता है, जिसका बड़ा कारण यह है कि ये झूठी सामग्रियाँ उनके एजेंडे या उद्देश्यों के अनुकूल होती है, जबकि समाज के जिम्मेदार नागरिक की भूमिका में इनको झूठ के प्रसार को हर संभव रोकना चाहिए। दूसरी तरफ एक ऐसा तबका भी तेजी से विकसित हुआ है, जिसको न तो अपनी सार्वजनिक उपस्थिति की दशा में अपेक्षित मर्यादा की चिंता है और न ही उनमें ज़िम्मेदारी और समझदारी है। अपने कार्यकाल में विदेश में फँसे सैकड़ों नागरिकों के डिजिटल अनुरोध पर उनकी समस्याओं से उबार चुकी देश की विदेश मंत्री सुषमा स्वराज भी इस चिंता में शामिल रही हैं कि सार्वजनिक उपस्थिति में भाषा में शिष्टता होनी चाहिए, क्योंकि वे खुद भी यहाँ की अशिष्टता का सामना कर चुकी हैं।

डिजिटल मीडिया जनसंचार का अद्यतन माध्यम है, जिसने व्यक्तिगत अभिव्यक्ति को अभूतपूर्व स्थान दिया है। इससे पहले के माध्यमों जैसे रेडियो, समाचार-पत्र, टेलीविजन आदि में न तो स्व-अभिव्यक्ति के लिए इतना स्थान था और न ही इन माध्यमों की व्यापक सुलभता थी। आज डिजिटल मीडिया की उपस्थिति मोबाईल के रास्ते लोगों की हथेली पर है, जो दिन-रात लोगों के पहुँच में रहती है। इसलिए यहाँ जो कुछ हो रहा है, वह हमारे समाज के एक बड़े वर्ग का प्रतिबिंब है और यह भी सच है कि इसमें कुछ स्वार्थी एवं चालाक लोगों ने अपना उद्देश्य भी शामिल कर लिया है। यदि फेसबुक और ट्विटर जैसे मंचों पर अहंकार, हिंसा-प्रति हिंसा, अश्लीलता, जातीय दंभ, दुष्प्रचार, सांप्रदायिकता, आत्म-प्रचार, जेंडरगत असंवेदनशीलता, उच्चता का बोध आदि दिखता है, तो सवाल उठना चाहिए कि

क्या ये सब मानवीय दुर्गुण समाज में नहीं है? जाहिर है जबाब हाँ में मिलेगा। क्या समाज में सार्वजनिक स्थलों पर चुहलबाजी, मजाक और यहाँ तक कि गाली-गलौज तक नहीं होता है? क्या देश के थानों में दलित-महिला उत्पीड़न, सांप्रदायिकता के मामले नहीं दर्ज हो रहे हैं? यदि सब कुछ समाज में है, तो इसका दोष सिर्फ सोशल मीडिया को देकर नहीं बचा जा सकता है, क्योंकि इसने अपनी तरफ से इसमें कुछ जोड़ा नहीं है, बल्कि समाज में पड़े आवरण को हटा कर व्यक्तिगत मंशाओं को बेपर्द भर किया है। समाज की सहज या विकृत अभिव्यक्तियों को एक मंच दिया है, जो वैयक्तिकता का वैश्विकता में विस्तार करता है। डिजिटल मीडिया को दूषित करने में सबसे बड़ी भूमिका उनकी है, जो अपनी दूषित मानसिकता को शातिराना तरीके से इस पर परोसते हैं और इससे बड़े दोषी वे हैं, जो ऐसे तत्त्वों को हतोत्साहित करने के बजाय अपने एजेंडे के अनुसार उसको प्रसारित करते हैं। इसका सबसे बड़ा नुकसान आम आदमी को हुआ है, जो अपनी रचनात्मकता, शिकायत एव विचार सार्वजनिक करना शुरू ही किया था कि इस पर ग्रहण लगना शुरू हो चुका है। जो मंच व्यापक तौर पर पूँजी और सत्ता के प्रभावों से परे सकारात्मक राजनीति में जनमत निर्माण का एक मंच हो सकता था और आज भी है, उस पर नकारात्मक तत्त्वों ने अपना खेल खेलना शुरू कर दिया है। इस लिए आवश्यकता इस बात की है कि समाज के सजग लोग इनसे बचें और ऐसा करने वालों को हतोत्साहित करें, ताकि प्रथम चरण में ही विकृत और कुंठित अभिव्यक्तियों को रोका जा सके, जिससे समाज दूषित न हो। साथ ही डिजिटल अपराधों को रोकने के प्रभावी तंत्र विकसित हो।

समाज में झूठ और सच कोई नया नहीं है, बल्कि यह मानवीय सभ्यता के साथ जुड़ा हुआ है और यह आगे भी जुड़ा रहेगा। इससे बहुत फर्क पड़ता भी नहीं, लेकिन इनके प्रति समाज के सजग लोगों का रुख कैसा है, इससे बहुत फर्क पड़ता है। दुर्भाग्य है कि सोशल मीडिया में स्वाभाविक सच-झूठ से आगे तथ्यों को परोसा

जा रहा है, वह भी 'सच' को झूठ के और 'झूठ' को सच की थाली में सजा कर। किसी लोकतंत्र की सफलता इसमें है कि समाज में अंतिम छोर पर बैठे, व्यक्ति के विचार भी लोगों के सामने आए और इसके लिए सार्वजनिक बहस हो। फिलहाल इसके लिए सोशल मीडिया से बेहतर कोई मंच नहीं है, लेकिन 'वायरल', 'ट्रोल' एवं 'फेक' जैसे इतने रोग लग चुके हैं कि 'प्रचार-तंत्र' की बहसों के लिए इस नवीनतम मीडिया ने नई सामग्रियाँ उपलब्ध कराई हैं। आज देश-विदेश के सभी मुख्य राजनीतिक दल और प्रचार एजेंसियों ने अपने प्रचार अभियानों में इसको शामिल किया है। इससे भी आगे एक तबका है, जो सिर्फ इसके साथ खेलता है और इस खेल का नुकसान अंतत: लोकतंत्र और इसके माध्यम को उठाना पड़ता है, क्योंकि इससे एक माध्यम के रूप में सोशल मीडिया की गंभीरता एवं विश्वसनीयता पर सवाल उठता है।

सोशल मीडिया पर उपस्थित लोग न तो संपूर्ण समाज हैं और न ही इनकी प्राथमिकताएँ संपूर्ण समाज की प्रतिनिधित्व करती हैं, लेकिन सार्वजनिक उपस्थिति में एक भ्रम इसके विपरीत बन रहा है और 'नेटिजन' सार्वजनिक कार्यक्रमों, नीतियों एवं प्राथमिकताओं के लिए प्रमुख बनते जा रहे हैं। इसके साथ मुख्य धारा की मीडिया ने रिपोर्टिंग छोड़कर सोशल मीडिया की सामग्रियों को आधार बनाने लगी है। यह प्रवृत्ति समाज के अंतिम व्यक्ति के खिलाफ है और इस पूरे प्रकरण से उनमें हताशा और अवसाद ही विकसित होगा, जो एक नए तरह का वंचन है। आवश्यक यह है कि डिजिटल मीडिया सत्याग्रही, सर्वसमावेशी और जनपक्षधर बने और इसके लिए यहाँ उपस्थित सजग लोगों को आगे आना चाहिए और झूठ, दुष्प्रचार और कुंठित एजेंडों का निषेध होना चाहिए।

हिंदी अस्मिता का प्रश्न एवं नव तकनीकी समाज

हिंदी ने हमेशा एक ऐसे द्वंद्व के बीच से अपना रास्ता बनाया है, जहाँ इसकी क्षमता से अधिक अपेक्षाएँ जुड़ी रहीं हैं। क्षमता पर प्रश्न उठाने वाला समूह अपने सत्ताई चरित्र में भी अलग-अलग रूपों में मुखरित होता रहा है, लेकिन अपेक्षा का भाव-बोध आम जन-मानस के मध्य हमेशा से तैरता रहा है। हालाँकि 'क्षमता' और 'अपेक्षा' वाले समूहों का स्थाई पक्ष नहीं बनता है, इसके बावजूद इनमें एक मध्य आमना-सामना होता रहता है। इस द्वंद्व से हिंदी को निकालकर एक सुरक्षित रास्ता दिखाने का कार्य हमेशा इसके बोलने वालों ने किया है और यही हिंदी की मूल शक्ति है, जबकि लोकतांत्रिक देश में पथ-प्रदर्शक के भूमिका की अपेक्षा प्राय: सरकार से रही है। हिंदी के विरोध के बीच भी इसको समर्थन मिला है और यह समर्थन कथित हिंदी-भाषी समाज के बाहर से भी मिला है। व्यापक तौर पर यह माना जाता है कि किसी भाषा का विकास एवं विस्तार उसके समाज के साथ होता है, लेकिन हिंदी के संदर्भ में यह तथ्य बिल्कुल सत्य नहीं है। हिंदी का विकास जिस समय खड़ी बोली से हो रहा था उस समय भी अरबी, फारसी एवं उर्दू भी अपनी भूमिका में इसके साथ थीं। इधर महात्मा गाँधी स्वतंत्रता-संघर्षों को केंद्र में रखकर जिस 'हिंदुस्तानी' की बात कर रहे थे, उन दोनों हिंदी के दो अलग लक्ष्य थे। हिंदी नवजागरण हो सकता है कि 'खड़ी बोली हिंदी' के पीछे रहा हो, जो हिंदी के विकास की स्वाभाविक प्रक्रिया थी, लेकिन 'हिंदुस्तानी' एक राजनीतिक महत्त्वाकांक्षी की भाषा थी, जो लोक-संघर्ष की अखिल भारतीय पहचान के उद्देश्य से सायास प्रायोजित थी। इस मामले में यह अँग्रेजी साम्राज्य के समक्ष स्थानीय अस्मिता को संबोधित करती थी। यही कारण है कि अनेक लेखक एवं पत्रकार अपनी क्रांतिकारी गतिविधियाँ हिंदी के माध्यम से अभिव्यक्त करते थे। इस प्रकार 'हिंदुस्तानी' एक भाषा नियोजन-प्रक्रिया के रूप में अखिल भारतीय

उपक्रम थी। ऐसे में 'हिंदुस्तानी' सिर्फ भाषा नहीं थी, बल्कि एक अखिल भारतीयता की सोच थी, एक राजनीतिक प्रक्रिया थी एवं एक उद्देश्यगत भाषाई प्रारूप थी। इसकी भाषाई अस्मिता सामूहिक थी, जो अपने मिश्रित भाषाई रूप से आगे एक राष्ट्र के साथ खड़ी होती थी, जिसमें उप-राष्ट्रीयता के अनेक कारक जैसे- भाषा, संस्कृति, धर्म, क्षेत्र एवं जाति आदि शामिल होते थे। गौरतलब है कि आज भी मुखर अस्तित्व में हिंदी अपने उसी रूप में है, जिसका कोई अपना विशेष भूगोल नहीं है। देश के जिन प्रदेशों को हिंदी-पट्टी के रूप में रूढ़ कर दिया गया है, वहाँ की स्थानीय भाषाएँ आज क्षेत्रीय अस्मिता की भाषाएँ हैं न कि हिंदी। सरकारी तौर पर स्वीकृत तथ्यों के आधार पर अवधी, कांगड़ी, कुमायुनी, कुरमाली थार, कुल्लुई, खड़ी बोली, खैरारी, खोरठा, गढ़वाली, गोजरी, चंबेली, चुराही, छत्तीसगढ़ी, जौंसारी, धुंधारी, नागपुरी, निमाड़ी, पंगवाली, पंचपरगनिया, पवारी, पहाड़ी, बंजारी, बघेली, बागरी राजस्थानी, बुंदेली /बुंदेलखंडी, ब्रजभाषा, भद्रवाही, भारमौरी/गद्दी, भोजपूरी, मंडेली, मगधी/मगही, मारवाड़ी, मालवी, मेवाड़ी, मेवाती, राजस्थानी, लबानी, लरिया, लामनी/लंबाड़ी, लोधी, सदन/सादरी, सरगुजिया, सिरमौरी, सुगाली, सुरजापुरी, सोंदवारी, हड़ौती, हरियाणवी एवं हिंदी जैसी 49 से अधिक भाषाएँ लिखित या अलिखित, साहित्य की उपलब्धता या अनुपलब्धता के बावजूद अपने स्थानीयता की प्रतीक हैं। यद्यपि यहाँ सरकारी तथ्यों पर सवाल खड़ा करने का संदर्भ नहीं है, बल्कि यह समझने की आवश्यकता है कि यहाँ के लोग इन भाषाओं को वैसे ही चाहते हैं, जैसे तमिल, तेलुगु, बांग्ला, उड़िया एवं असमी जैसे समाज के लोग अपनी भाषाओं को चाहते हैं। यह कदाचित स्वतंत्रता-संघर्ष की उस भावना का विस्तार ही है, जो अखिल भारतीयता की सोच के आगे अपने स्थानीय हितों का परित्याग करती हो। बहरहाल सरकारी तौर पर समझने का अंतर यह है कि जैसे हिंदीतर क्षेत्रों तमिल, तेलुगु, कन्नड़, उड़िया आदि के लोग अपनी भाषाओं को शास्त्रीयता के दर्जे पाने से खुश हो रहे हैं, वैसे ही इस कथित हिंदी-पट्टी में लोग अपनी

भाषाओं को संविधान के आठवीं अनुसूची में शामिल कराने के नाम पर होने वाले आंदोलनों एवं अभियानों से सहानुभूति रखते हैं। अब यह सत्ताई व्यवस्था है कि देश की भाषाई अस्मिताओं को तुष्ट इसे शास्त्रीयता का दर्जे देकर करती है या आठवीं अनुसूची में शामिल करके। क्योंकि आम जनता के लिए तो ये आत्मसम्मान की माध्यम मात्र हैं। भाषाई धरातल पर एक बड़ा अंतर यह है कि हिंदीतर भाषी क्षेत्रों में हिंदी ऐसी द्वितीय भाषा है, जिस पर आज संदेह हो रहा है और कथित हिंदी क्षेत्रों में हिंदी को प्रथम भाषा जैसी आत्म-स्वीकृति मिली हुई है। दूसरे शब्दों में यूं कहें कि यहाँ लोग राष्ट्रीय आवरण में पहले एकीकृत होते हैं और स्थानीय अस्मिता के रूप इनके लिए गौण ही रहे हैं। हिंदी के भूगोल को समझने के लिए निम्न चित्र को देखा जा सकता है-

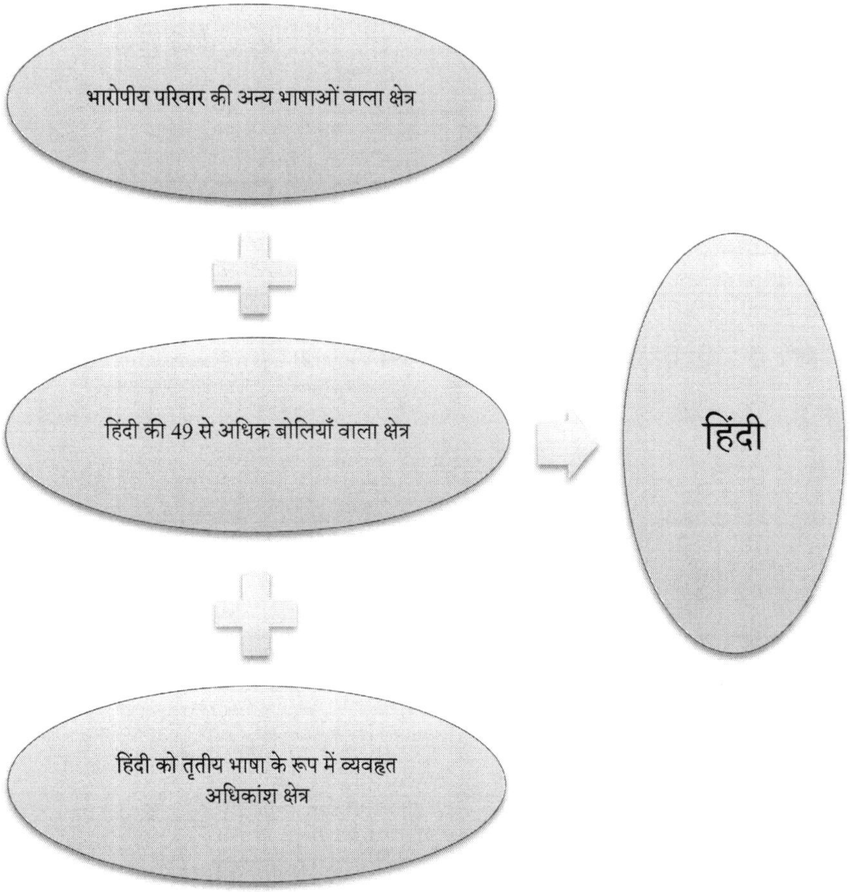

चित्र - 6 : हिंदी का वाचिक परिक्षेत्र

भारत जैसे बहुभाषिक एवं बहु-सांस्कृतिक देश में अस्मिता का आवरण स्थाई नहीं है। एक व्यक्ति अपने जीवन में कई अस्मिताओं को धारण कर लेता है। भाषिक अस्मिता तो वैसे भी देश के विविध भूगोल की नियामक रही है। एक व्यक्ति एक साथ स्थानीय स्तर पर भोजपूरी, राष्ट्रीय या अंतर-भाषिक परिदृश्य में हिंदी और देश में ही स्थित बहुराष्ट्रीय कंपनियों में शामिल होने की प्रतिस्पर्धा में अँग्रेजी को

न सिर्फ अपनाता है, बल्कि उसी के अनुरूप स्वयं को यथाशीघ्र ढालने का प्रयास करता है और यहाँ तक आते-आते वह भोजपूरी से पर्याप्त दूरी दिखाने का प्रयास करने लगता है और भोजपूरी उनकी अस्मिता पहचान की भाषा नहीं रह पाती है। 'न्गुगी वा थ्योंगो' ने भाषा को व्याख्यायित करते हुए बताया था कि "भाषा की दोहरी भूमिका होती है, प्रथम तो संपर्क के माध्यम के रूप में, द्वितीय संस्कृति की संवाहिका के रूप में।" आगे वे अँग्रेजी के उदाहरण से समझाते हैं कि अँग्रेजी ब्रिटेन व स्वीडेन तथा डेनमार्क में बोली जाती है। लेकिन स्वीडेन एवं डेनमार्क के लोगों के लिए गैर-स्वीडिश एवं गैर-डेनिश भाषाई लोगों के साथ संपर्क का माध्यम मात्र है, जबकि ब्रिटेन के लोगों के लिए अँग्रेजी न सिर्फ संपर्क की भाषा है, बल्कि ब्रिटिश संस्कृति एवं इतिहास की मूल संवाहिका भी है। दरअसल एक भाषा के रूप में हिंदी का मुख्य कर्म संपर्क-भाषा का ही रहा है, जबकि मूल सांस्कृतिक धरोहर के नाम पर यह अपेक्षाकृत दरिद्र ही रही है। ध्यान रहे किसी भाषा का अंतर-सांस्कृतिक वर्चस्व अपने मूल सांस्कृतिक थाती के बल पर ही हो सकता है। इसलिए हिंदी का मुख्य कर्म हमेशा से देश के विविध हिस्सों की बहुभाषिकता को जोड़ने का काम रहा है। संवादहीनता को तोड़ना और लोगों के जोड़ने का गुण ही इसे न सिर्फ देश, बल्कि अब विदेशों को भी अपनी ओर आकर्षित करने लगी है। यहाँ यह भी समझने की आवश्यकता है कि हिंदी की अपनी सांस्कृतिकता खुद की नहीं है, बल्कि उस लोक से ग्रहित है, जो उसे उसकी स्थानीय भाषाओं से मिलती है। लेकिन यही यदि अमेरिका के व्हाइट-हाउस के सानिध्य में दिवाली मनाई जाती है या ब्रिटेन के चुनावों में हिंदी गाने का उपयोग होता है, तो यह अखिल भारतीयता को संबोधित कर रही होती है।

हिंदी संस्कृति या अस्मिता का एक पक्ष हिंदी-फिल्मों, टेलीविजन धारावाहिकों और कुछ विज्ञापनों ने बनाया है, जो एक तरह का प्रत्युत्पाद होता है, क्योंकि बाजार की असली प्राथमिकता अस्मिताई प्रश्नों को भोथरा करना है, ऐसे में यदि कहीं कोई अस्मिता का पक्ष मुखरित होता दिख रहा है, तो निश्चित ही तात्कालिक

और काम-चलाऊँ होता है। हालाँकि यह बहुस्वीकृत तथ्य है कि हिंदी के विस्तार में फिल्मों का बहुत बड़ा योगदान है, जो काफी हद तक सही भी है। इधर सेटेलाइट प्रसारण की व्यवस्था के बाद सामान्य कथानक की हिंदी फिल्म को भी चंद दिनों में सौ करोड़ का व्यवसाय करना, आम बात हो गई है। अब इतने बड़े उद्योग की भी कथित हिंदी-पट्टी की सहभागिता उस मायने में कतई नहीं है, जितना प्रथम दृष्टया लगता है। गीत, संगीत, अभिनय, वीडियो संपादन, कैमरा आदि से जुड़े आंतरिक क्षेत्रों में भी पूरे देश की मिश्रित आबादी की सहभागिता सहज मिल जाती है। देश में हिंदी-भाषी संख्या के रूप में सरकारी आँकलन विशेषकर जनगणना आयोग द्वारा उपलब्ध कराए गए 41 प्रतिशत का आँकड़ा भी कोई ठोस तथ्य नहीं है, क्योंकि जनगणना आयोग की कार्य-पद्धति में प्राय: भाषा कोई जबाबदेही का विषय नहीं है, दूसरे जिन क्षेत्रों को सामान्यत: हिंदी मातृभाषी आबादी के रूप दिखाया जाता है, वहाँ के लोगों में अपनी मूल मातृभाषाओं के प्रति विशेष जागरूकता नहीं है कि मुखरता से अपनी स्थानीय भाषाओं के पक्ष में जनसंख्या आयोग के प्रतिनिधियों से अपनी बात रख सकें। संभव है कि आगे के अध्ययनों में देश के अंदर हिंदी बोलने वालों की संख्या अधिक हो, लेकिन यह द्वितीय भाषा या संपर्क-भाषा के रूप में होगी। यहाँ किसी संपर्क-भाषा के चरित्र को अफ्रीकी लेखक चिनुआ अचेबे के उस वक्तव्य से समझना होगा, जिसमें वे कहते हैं कि "मुझे लगता है कि अँग्रेजी मेरे अफ्रीकी अनुभवों की संवाहिका होगी, लेकिन उसके लिए उसे एक नई अँग्रेजी बननी पड़ेगी। संभव है कि यह नई अँग्रेजी अपने आनुवांशिकता की विस्तार हो, लेकिन अंतत: इसे अफ्रीकी परिवेश के अनुकूल ही रहना होगा।" ध्यान रहे कि अँग्रेजी की अपनी ठोस जमीन रही है और इसका विस्तार ऐसे अभिजात शासक-वर्ग की भाषा के रूप में था, जिनका मूल उद्देश्य ही औपनिवेशिक विस्तार था, जबकि इसके विपरीत हिंदी हमेशा सर्वहारा की भाषा रही है। आज भी इसमें अरबी, फारसी एवं अँग्रेजी जैसी कभी सत्ताई भाषाओं के शब्द इसलिए मिल जाते हैं कि हिंदी इनसे शासित रही है। हिंदी की

भाषिक योजना का सर्वाधिक जिम्मेदार पक्ष आम आबादी है, जिसने आंध्रप्रदेश/तेलंगाना सहित दक्षिण भारत में 'दक्खिनी हिंदी' बनाया था, मुंबई में 'मुंबइया हिंदी' तो बिहार में 'बिहारी हिंदी'। इस क्रम में अनेक दूसरे क्षेत्रों में भी हिंदी स्थानीयता की ढाल में ढलकर ही वहाँ ठहर पाई है। दरअसल भाषा मूल में लोकतांत्रिक होती है। जो भाषा अपने लोक से कटी, उसका अस्तित्व समाप्त हो जाना स्वाभाविक है। हिंदी की मूल संपत्ति ही इसके लोकतांत्रिक होने में है। भारत में संस्कृत जैसी समृद्ध और वैज्ञानिक भाषा भी आज संग्रहालय की भाषा होने के कगार पर है। यह स्थिति ग्रीक और लैटिन जैसी भाषाओं के साथ भी रही है। इससे इतर हिंदी का सबसे सबल पक्ष इसका लोक से न कटना रहा है। बहुभाषी देश में विभिन्न भाषाई क्षेत्रों में हिंदी के अपने रूप हैं, जो आज भी लोकापेक्षी ही है।

सिंह एवं त्रिपाठी (2015) के अनुसार "भाषा मानव-जीवन से इस तरह से सहबद्ध होती है कि उसके परिवेश के सभी कारकों यथा- सत्ता-सामर्थ्य, आर्थिक समृद्धि, सामरिक क्षमता, राजनीतिक इच्छाशक्ति, सामाजिक प्रतिष्ठा, राष्ट्रीय नीति, सांस्कृतिक पहल एवं धार्मिक उन्माद ने भाषा को पालित-पोषित एवं समृद्ध करने का कार्य हमेशा से किया है। इन्हीं कारणों से सिकंदर के शासनकाल में ग्रीक, रोम साम्राज्य में लैटिन, चौदहवीं एवं सोलहवीं सदी में फ्रेंच, ओटोमन साम्राज्य में तुर्की एवं उन्नीसवीं एवं बीसवीं सदी में अँग्रेजी ने विश्व की समृद्धतम भाषा के रूप में अपना प्रभाव स्थापित किया था।" फिशमैन (2001) ने आगे बढ़कर यहाँ तक कहा है कि "ऐतिहासिक दृष्टि से प्रभावशाली भाषाओं का उत्थान एवं पतन सैन्य, आर्थिक, सांस्कृतिक एवं धार्मिक शक्तियों के कारण ही संभव हुआ है।" इतिहास इस बात का भी साक्षी है कि इन्हीं शक्तियों के अभाव में विश्व की कई प्रभावशाली एवं सत्तासीन भाषाओं की अवनति भी हुई एवं कुछ भाषाएँ तो इन्हीं कारकों के अभाव में निष्प्राण–सी हो गईं। ग्रीक, लैटिन, अरबी, फ्रेंच, अँग्रेजी, तुर्की एवं जर्मन जैसी भाषाओं को प्रभावशाली एवं विश्व-स्तरीय बनाने में इन्हीं शक्तियों का हाथ रहा है। फलत: इन भाषाओं को विश्वव्यापी प्रतिष्ठा प्राप्त करने में सफलता मिली।

यद्यपि बदले समय, समाज एवं व्यवस्था में सत्ता-सामर्थ्य, आर्थिक समृद्धि, सामरिक क्षमता, राजनीतिक इच्छाशक्ति, सामाजिक प्रतिष्ठा, राष्ट्रीय नीति, सांस्कृतिक पहल एवं धार्मिक उन्माद जैसी शक्तियों के प्रभावोत्पादकता में अंतर आया है और कुछ शक्तियाँ तो स्वयं में अप्रासंगिक हो चुकी हैं, लेकिन इनमें से कुछ शक्तियाँ आज भी भाषा को संचालित करने एवं शक्तिशाली बनाने में उतनी ही उपयोगी हैं। ओसलर (2005) के अनुसार "इक्कीसवीं सदी में भाषाओं पर सामरिक शक्ति का प्रभाव लगभग नगण्य होगा, जबकि तकनीकी क्रांति एवं राजनीतिक कारकों का सबसे अधिक प्रभाव होगा।" वहीं दूसरी ओर डेविड ग्रडोल (2006) के अनुसार "भविष्य में भाषा को प्रभावित करने में जनसांख्यिकी की भूमिका सबसे महत्त्वपूर्ण होगी।" इस मायनों में हिंदी निरंतर अग्रोन्मुखी है और एक उभरती हुई अर्थव्यवस्था वाले भारत की प्रतिनिधि भाषा है। इसके वर्तमान विदेश मंत्री सुषमा स्वराज और विशेष रूप से प्रधानमंत्री नरेंद्र मोदी ने जिस तरह से इस बीच अपने विदेशी दौरों में हिंदी को एक 'इवेंट' के माध्यम से परोसा है, उससे निश्चित रूप से हिंदी के पक्ष में अंतरराष्ट्रीय आकर्षण बढ़ा है, जो एक प्रकार से हिंदी के पक्ष में ही जाता है।

हिंदी की चुनौती का एक बड़ा क्षेत्र सूचना-प्रौद्योगिकी का रहा है, ऐसा इसलिए भी कि कंप्यूटर की मातृभाषा अँग्रेजी रही है। गौरतलब है कि द्वितीय भाषा सीखने में मातृभाषा-व्याघात होता है और सूचना-प्रौद्योगिकीय अनुषंगों में इसका नुकसान हिंदी को एक लंबे समय तक उठाना पड़ा है। लेकिन इधर इंटरनेट के साथ ब्लॉगिंग, सोशल मीडिया के उभार और ई-कामर्स और इंटरनेट आधारित दूसरी व्यावसायिक गतिविधियों के सामने हिंदी को समझ सकने वाले और अँग्रेजी से वंचित एक ऐसा व्यापक समाज लक्ष्य है, जिसे यह नव बाजार अपना उपभोक्ता मानती है। यही कारण है कि इधर गूगल, एप्पल और फेसबुक जैसे कंपनियों के अधिकारियों के भारतीय दौरों का क्रम बढ़ा है। इंटरनेट के डाटा की मालिक मानी जाने वाली कंपनी 'गूगल' ने तो 'सुंदर पिचाई' के रूप में एक भारतीय को अपना

मुख्य कार्यकारी भी बना दिया है और वह देश के दूरदराज़ के क्षेत्रों में इंटरनेट पहुँचाने के लिए सरकार के साथ मिलकर काम कर रही है। आज आनलाइन खरीददारी करना मध्यमवर्गीय समाज का तेजी से उभरता शौक है, अब इस प्रवृत्ति में सिर्फ विस्तार की ही संभावना है, इसीलिए आज ई-कामर्स व्यवसाय का एक नया रूप है। इसके साथ ही प्रशासन, बैंकिंग, शिक्षा, पर्यटन, मनोरंजन एवं जनसंपर्क आदि में इंटरनेट की भूमिका आज अभूतपूर्व रूप से बढ़ी है।

देश की भाषाई अधिक्रमिकता में नि:संदेह हिंदी सबसे ऊपर है। यदि हमको भाषाई स्थानीयता का तकनीकी लाभ पाना है, तो हिंदी पुन: इस नए संदर्भों में भी सबसे मुफीद भाषा दीख रही है। जहाँ तक अस्मिता का सवाल है, तो यह इतनी आसानी से सत्ताई चरित्र हासिल नहीं कर सकेगी, क्योंकि हिंदी मूलत: एक बहुभाषिक भाषा है और इसका लोकतांत्रिक रूप इसे आम जन से विमुख नहीं होने देगा। इसके साथ ही यह बहुत स्पष्टता से समझने की आवश्यकता है कि स्थानीय भाषाओं या कथित हिंदी की बोलियों पर केंद्रित अस्मिताई उभार से हिंदी को कोई खतरा भी नहीं है। इससे देश की बहुभाषिकता का दर वृहत्तर होगा और हिंदी की मूल धारा में भी लोक-संस्कृति एवं भाषाओं से नए सिरे से शब्द, मुहावरे और प्रतीक आएंगे, जो अंतत: हिंदी को मजबूत ही करेंगें। हाँ यह जरूर है कि तकनीकी संदर्भों में हिंदी के प्रयोग की शर्तें समाज-सापेक्ष हों न कि संबद्ध प्रतिष्ठान-सापेक्ष। इस प्रकार हिंदी धारा-प्रवाह अपनी जनभागीदारी के साथ आगे बढ़ती रहेगी और इसके साथ बढ़ता रहेगा देश का आम जनसमूह जो देश की विविधता में एकता का पक्षधर रहा है।

मातृभाषाओं का संकट, संरक्षण एवं तकनीक

भाषा और जीवन एक दूसरे के पूरक होते हैं। भाषा के बिना न सफल जीवन की अपेक्षा की जा सकती है और न ही जीवन के बिना भाषा के सजीवता की। यह अन्योन्याश्रिता ही किसी भाषा, समाज व संस्कृति की ऊर्जा होती है। इन सबके मध्य किसी व्यक्ति की 'प्रथम भाषा' अर्थात् मातृभाषा की केंद्रीय भूमिका होती है। मानव के अभिव्यक्ति का सर्वोत्तम रूप अपनी मातृभाषा में ही मुखरित होता है। व्यक्ति आगे जितनी भी भाषाएँ सीखता है, वस्तुत: उसकी पृष्ठभूमि मातृभाषा ही तैयार करती है, इसीलिए अन्य भाषा के व्यवहार में मातृभाषाई शब्द-संरचना या व्याकरणिक व्यवस्था का प्रभाव प्राय: पड़ता है, जिसे 'मातृभाषा व्याघात' कहा जाता है। बहरहाल कोई बच्चा अपने जन्म के बाद से ही समाज से जिस भाषा के माध्यम से जुड़ता है, वह उसकी मातृभाषा ही होती है। लेकिन वर्तमान में यही मातृभाषाएँ खतरे में हैं। खतरा इसलिए कि आज समाज के सामने दो सवाल है 'उसे मातृभाषा चाहिए या रोजगार?' गौरतलब है कि भूमंडलीकरण के चका-चौंध जीवन और गला-काट प्रतिस्पर्धा ने जहाँ समाज को लाकर छोड़ा है, वहाँ मानवता और मानवीय संबंध काफी पीछे छूट चुके हैं, ऐसे में मातृभाषा का सवाल तो हमारी प्राथमिकता में कहीं नहीं है। मनुष्य में विचार बनने की प्रक्रिया उसके मातृभाषा में होती है, व्यक्ति की क्षमता का प्रतिनिधित्व उसकी मातृभाषा करती है, इसलिए अभिव्यक्ति का उच्चतम रूप मातृभाषा में ही हो सकता है । इस स्थिति में यदि व्यक्ति मातृभाषा के सवाल को दरकिनार आगे बढ़ता है, तो वह अपनी द्वितीयक क्षमता के साथ उपस्थित होता है।

यह सुखद है कि देश अपने बहुभाषिक एवं बहुसांस्कृतिक पृष्ठभूमि में एक संघीय ढाँचे के अंतर्गत कार्यरत है। इसमें अपेक्षा की जाती है कि इसके नागरिक अधिक से अधिक बहुभाषिक हों। लेकिन यह भी सत्य है कि बहुभाषिकता की स्थिति से

संप्रेषण में किन्हीं अतिरिक्त भाषाई विकल्पों का विस्तार होता है और देश की आवश्यकता के अनुरूप इसके विविध भाषाई भूगोल के मध्य संबंध स्थापित हो पाता है। यह संवादहीनता की स्थिति से बचने में एक काम-चलाऊँ प्रक्रिया होती है, मातृभाषा का विकल्प नहीं। यह देश-निर्माण में सहयोगी हो सकती है, व्यक्तित्व-निर्माण में नहीं। यह केंद्रीय इकाई बना सकता है, व्यक्तिगत चेतना का विकास नहीं कर सकता।

भारत जैसे बहुस्तरीय बहुभाषिक लोकतंत्र में समान भाषा-परिवार की भाषाओं ने इस तरह की स्थिति का निर्माण किया है, जहाँ हिंदी और मराठी, गुजराती, बंगाली आदि भाषाओं के बोलने वालों के परस्पर आमने-सामने होने पर इन भाषाओं में संरचनागत समानता होने के कारण प्राय: कार्यसाधक संप्रेषण हो जाता है और जीवन-प्रक्रिया गतिशील बनी रहती है। यही नहीं कई संदर्भों में बड़ी भाषाओं के सामने छोटी भाषाएँ बड़ी आसानी से आपस में घुल-मिल भी जाती हैं जैसे-भोजपूरी, अवधी, मगधी, हड़ौती, मेवाती, बागड़ी, बुन्देली, ब्रजभाषा, हरियाणवी, बंजारी, गढ़वाली, कांगड़ी, कुल्लुई, खैरवारी एवं पहाड़ी आदि भाषाएँ हिंदी के साथ खड़ी हो जाती हैं या कर दिया जाता है। कमोबेश यही स्थिति द्रविण भाषा-परिवार की छोटी भाषाओं के साथ भी लागू होती है। वस्तुत: इस स्थिति ने देश के एक बड़े भू-भाग में मातृभाषा के प्रश्न को गौण बनाने में बहुत योगदान दिया है। इसे उचित जागरूकता का अभाव ही कहा जाएगा कि एक बड़ा जन-समूह है, जो भोजपूरी, अवधी आदि भाषाओं के मातृभाषी होने के बावजूद हिंदी को मातृभाषा बताता है। कई बार तो वृहत्तर प्रारूप में दिखने की सुविधा की दृष्टि से इन छोटी-छोटी भाषाओं के भाषी समाज ने मातृभाषा के सवाल के जवाब के रूप में हिंदी, तमिल या अन्य प्रतिनिधि भाषाओं का चयन करता रहा है। यही वह कारण भी है, जिससे मातृभाषाओं के प्रति उदासीनता की स्थिति रही है, जब तक कि संविधान की आठवीं अनुसूची या अन्य सत्ताई लोभ न हो। भाषा एवं बोली जैसे प्राय:

भरमाने वाले तर्कों के साथ इस संबंध को देखा जाता रहा है, जिसका नुकसान हमेशा मातृभाषाओं को हुआ है और प्रतिनिधि भाषाएँ मजबूत हुई हैं।

यदि इस परिदृश्य को अब तक के उपलब्ध 2011 की जनगणना की रिपोर्ट के आधार पर देखा जाय, तो देश में भारोपीय परिवार की विभिन्न भाषाओं को बोलने वालों की संख्या लगभग 78.17 प्रतिशत है और इसके भाषाओं की संख्या 21 है, द्रविण भाषा-परिवार के भाषियों की संख्या 19.67 प्रतिशत है और इसके भाषाओं की संख्या 17 है, इस क्रम में एस्ट्रो-एशियाई परिवार की भाषाओं को बोलने वालों की संख्या देश की आबादी का 1.12 प्रतिशत है और इसके भाषाओं की संख्या 14 है, जबकि तिब्बत-वर्मी भाषा-परिवार के भाषियों की संख्या लगभग 1 प्रतिशत है और इसके अंतर्गत आने वाली भाषाओं की संख्या 66 है। ध्यातव्य है कि भाषाई अधिनस्थता का जो क्रम देश में बनता है, उसमें 1 प्रतिशत आबादी के लोग, जो 66 समूह में विभक्त होंगें, क्या उनकी आवाज दूसरी भाषाओं के लोग सुन पाते हैं, शायद नहीं। देश में एक तरफ स्थिति तो यह है आपसी भाषाई समानता के कारण मातृभाषा का अहसास भी नहीं हो पाता, तो वहीं दूसरी ओर पूर्वोत्तर के इन छोटे-छोटे लेकिन सांस्कृतिक रूप से समृद्ध भाषा-भाषी समाज का सामान्य स्वर भी नहीं ऊपर उठ पाता। ध्यान रहे कि हिंदी स्वयं जिन भाषाओं का प्रतिनिधित्व करती है, उनकी संख्या 49 से अधिक है। देश में जिन प्रमुख चार भाषा-परिवारों की भाषाओं के माध्यम से देश के आम जन की भाषाएँ हैं, उनमें बोलने वालों की संख्या की दृष्टि से इतनी असमानताएं हैं कि इस आधार पर देश में बनने वाली अधिक्रमिकता में हिंदी अकेली 41 प्रतिशत से अधिक लोगों की भाषा है। इसके साथ ही यह भी देखना होगा कि इस कुल 41 प्रतिशत की जनसंख्या में जिन 49 से अधिक छोटी-छोटी भाषाओं का प्रतिनिधित्व है, उसमें खड़ी बोली हिंदी 61 प्रतिशत, भोजपूरी 4 प्रतिशत, राजस्थानी 4 प्रतिशत एवं मगधी 3 प्रतिशत की जनसंख्या के आंतरिक बँटवारे के साथ हिंदी के साथ खड़ी होती हैं। इस आधार पर देखा जाय, तो हिंदी देश की एक

बहुसंख्यक भाषा है और उसे कहीं भी किसी प्रकार खतरा नहीं है, इसीलिए आज बाजार भी इसी के साथ खड़ा है। इस क्रम में संख्या के आधार पर ही बाजार का विस्तार अन्य भाषाओं जैसे- मराठी, तमिल, बंगाली, कन्नड़ आदि बहुसंख्यक भाषाओं तक जाता है, लेकिन इसका विस्तार भी तिब्बत-वर्मी एवं एस्ट्रो-एशियाई परिवार की भाषाओं जैसे- हमार, हो, दिमासा, राभा, गारो, लाखेर, पावी, चकमा, माओ, खेजा, चाकेसांग, फोम, लोथा, संगतम आदि तक नहीं जाता है और जाएगा भी नहीं, कारण यह कि इन भाषाओं पर किए जाने वाले निवेश के सापेक्ष लाभ नहीं मिलेगा, क्योंकि इनके बोलने वालों की संख्या बहुत सीमित है। तब सवाल यह उठता है कि क्या इन भाषाओं के बोलने वालों की अभिव्यक्ति राष्ट्रीय स्तर पर उनके मातृभाषाओं में हो पाती है? बहरहाल इस पूरे प्रकरण में भाषाओं को लेकर एक तरह अधीनस्थता बनती है, जहाँ वृहत्तर भाषाएँ लघुतर भाषा-भाषी समाजों के ऊपर होती हैं और यही अल्पसंख्यक भाषाओं के लिए मूल खतरा होता है और इस क्रम में हर भाषा पर खतरा है, जिनकी आंतरिकता किसी वृहत्तर भाषा को आमंत्रित करती है। इसे ही मत्स्य न्याय कहते हैं, जहाँ बड़ी मछलियों के लिए छोटी मछलियाँ पेट भरने के साधन के रूप में सामने आतीं हैं। जैसा कि निम्नांकित चित्र में दिखाया गया है-

चित्र-7 : भाषाई अधीनस्थता

प्रत्येक मातृभाषा अपने लोक की मूल अभिव्यक्ति की वाहिका होतीं हैं, जैसे-जैसे वे मानकीकृत होती जाती हैं, वैसे-वैसे लोक से दूर होती जातीं हैं। एक मानकीकृत भाषा सिर्फ सत्ता वर्ग की होती है, और इस प्रकार जब सत्ता और लोक के संवाद की कोई स्थिति आती है, तब सुविधा के अनुरूप इसी सत्ता की भाषा में होती है, ऐसे में स्वाभाविक है कि लोक का स्वर स्वत: कुंद हो चुका होता है, प्रतिरोध का मूल स्वर निस्तेज हो चुका होता है, जो अंतत: प्रभु वर्ग का उद्देश्य भी होता है। इस प्रकार देश में जो भाषाओं की सत्ताई अधिनस्थता का क्रम बनता है, वह किसी मातृभाषा से लेकर प्रतिनिधि भाषाओं के माध्यम से अँग्रेजी तक आता है। तब भला कौन चिंता करे इन मातृभाषाओं की? जो संस्था भाषाओं को प्रभावित करती रहीं हैं उनमें से बाजार और सरकार ही ऐसे हैं, जो आज के लोकतंत्र में प्रभावी हैं, लेकिन बाजार एवं सरकार दोनों को ये मातृभाषाएँ सबसे अधिक खटकती हैं। चूँकि भारत एक लोकतांत्रिक देश है और भाषाएँ लोकतांत्रिक उत्पाद

होतीं हैं, इसलिए सरकारों ने तो समय-समय पर निजी एजेंडे के अनुरूप इन भाषाओं का उपयोग अपने पक्ष में किया है, लेकिन भूमंडलीकृत बाजार जो आज सरकारों से भी मंजबूत संस्था है, उसने अपना निर्णय हमेशा व्यापक समूह वाली प्रतिनिधि भाषाओं के पक्ष में दिया है और उसका अंतिम हित तो इसमें होगा कि सम्पूर्ण विश्व एकभाषी हो। आज विश्व में 6000 से अधिक भाषाएँ बोली जाती हैं, जिनमें से पूरे आबादी का 90 प्रतिशत लोग सिर्फ 300 भाषाओं में व्यवहार करते हैं, शेष सभी भाषाओं का भविष्य 10 प्रतिशत आबादी पर आश्रित है। इधर सूचना-प्रौद्योगिकी ने भी भाषा को केंद्रीयता प्रदान करने में महत्त्वपूर्ण भूमिका निभा रही है और यह भी विश्व के महज 100 भाषाओं तक सीमित है। इस प्रकार मातृभाषाओं के विकास, उसमें कम से कम प्राथमिक या माध्यमिक स्तर की शिक्षा, लोकवृत्तियों का संरक्षण जैसे अनेक पक्ष हैं, जिन पर भूमंडलीकृत बाजार से तो नहीं, लेकिन लोकतांत्रिक सरकार से तो अपेक्षा होनी ही चाहिए, साथ में जनभागीदारी से इस कार्य को आगे बढ़ाना चाहिए। भारतीय समाज में भाषाओं की स्थिति को समझने के लिए इसकी समग्रता को विश्लेषित करना आवश्यक होगा। जहाँ इसे निम्न बिंदुओं का सामना करना पड़ेगा-

- औपनिवेशिक अतीत
- बहुभाषिक-बहुसांस्कृतिक समाज
- पारिस्थितिकीय विविधता
- लोकतांत्रिक शासन-प्रणाली
- उदारवादी अर्थव्यवस्था

भोजपुरी का संदर्भ:- भूमंडलीकरण के केंद्रीयता की जिद्द ने आज जिस परिवेश का निर्माण किया है, उसमें क्षेत्रीय भाषाएँ एवं संस्कृतिओं पर स्थानीय विविधताओं से मुक्त होकर इस केंद्रीयता में शामिल होने का दबाव तेजी से बढ़ा है। विश्व-संपर्क का मोह, बहुराष्ट्रीय कंपनियों का आकर्षण एवं शहरीकरण की

प्रक्रिया एवं जीवन-संस्कृति ने भारतीय जन को अंदर से प्रभावित किया है। यही कारण है कि आज किसी भी मातृभाषी की मुख्य चिंता प्राय: बाजार में स्वयं को सुरक्षित करने की हो गई है। गौरतलब है कि इस सुरक्षा-बोध की चिंता किसी मातृभाषाई अनुराग एवं संकल्प से सदा ऊपर ही होती है।

देश में 197 से अधिक भाषाएँ अपने अस्तित्व के लिए संघर्षशील हैं। इसमें 49 वे भाषाएँ नहीं हैं, जिनको सरकारी व्यवस्था में हिंदी के छत के नीचे पनाह मिलता है। इधर हाल के कुछ शोधों में यह भी पाया गया है कि भोजपूरी संकटग्रस्तता की किसी सूची से मुक्त होकर संतोषजनक रूप से फल-फूल रही है। लेकिन सवाल यह उठता है कि आखिर भोजपूरी की यह बढ़त किन भाषाओं के बरक्स है, संभव है कि यह राभा, टुलु और गारो आदि जैसी भाषाओं से बेहतर हो, लेकिन अँग्रेजी नामक भाषा-भक्षिणी के सामने इसकी क्या स्थिति है? इस पर विचार करने की आवश्यकता है। बहरहाल भोजपूरी अपनी वर्तमान बढ़त से भी देश की दूसरी छोटी भाषाओं के लिए कई मायनों में आदर्श हो सकती है। इस कार्यक्रम में आयोजित बहसों में यह देखा जाना महत्त्वपूर्ण होगा कि भोजपूरी में वह कौन से प्रतिरोधी तत्त्व हैं, जो इसको संकटग्रस्तता से मुक्त रख पा रहे हैं, यह महज जनसंख्या का बाहुल्य है या संतोषप्रद रोजगार की उपलब्धता? क्या इस क्षेत्र में भाषाई अस्मिता का जन-आधारित प्रभाव है? क्या भोजपूरी की रचनात्मकता का वैविध्य और स्तर इस अस्मिता-बोध के संरचक हैं? गौरतलब है कि देश की जनसंख्या में भोजपूरी-भाषी ही वह वर्ग है, जो राजभाषा एवं बहुस्वीकृत राष्ट्रभाषा हिंदी का प्राय: आधार है। यह तीन राज्यों के विभिन्न जिलों जैसे- आजमगढ़, बलिया, चंदौली, देवरिया, गाजीपुर, गोरखपुर, जौनपुर, कुशीनगर, महाराजगंज, मऊ, मिर्जापुर, भदोही, वाराणसी (उत्तर प्रदेश) भोजपुर, बक्सर, पूर्वी चंपारन, पश्चिमी चंपारन, गोपालगंज, कैमूर, रोहतास, सारन, सीवान (बिहार) लातेहार, गढ़वा, पलामू (झारखंड) में फैला हुआ है।

यह देखना महत्त्वपूर्ण होगा कि एक राष्ट्र-राज्य की अवधारणा में हिंदी और स्थानीय भाषाई अस्मिताओं का कैसा संबंध बनता है? क्या भोजपुरी की भाषाई अस्मिता और पूर्वाञ्चल राज्य की माँग में आपस में कोई संबंध है? यह भी देखना महत्त्वपूर्ण होगा कि भोजपुरी में उपलब्ध बाजारू उपांग इसके अस्मिताई बोध के समर्थन में हैं या महज बाजारू उद्देश्यों के साथ ही सक्रिय हैं? यह सवाल भी महत्त्वपूर्ण है कि भोजपुरी का लोक मूल रूप में इसके फिल्मी कथानकों एवं लोक-गीतों तक क्यों नहीं पहुँच पा रहा है?

आगे भोजपूरी को आदर्श बना कर दूसरी अल्पसंख्यक भाषाओं एवं उनके प्रतिरोध के तत्त्वों की पहचान की जा सकेगी, जो शांतिनिकेतन स्थित 'संकटग्रस्त भाषाओं के केंद्र' में काम करते हुए उन तत्त्वों के आधार पर देश की अन्य अल्पसंख्यक भाषाओं का परीक्षण एवं यथासंभव अनुप्रयोग किया जा सकता है। समानांतर रूप से यह समझना भी महत्त्वपूर्ण होगा कि भारतीय विद्वानों के स्थानीयता पर केंद्रित चिंतन में आज इंटरनेट के जमाने के भूमंडलीकरण में निहित केंद्रीयता के बरक्स खड़ा होने के कौन से तत्त्व हो सकते हैं।

हिंदी और कथित रूप से उसकी बोलियों का आपसी संबंध क्या है? देश में बोली से भाषा बनने की प्रक्रिया में सत्ताई हस्तक्षेप से लोक-वृत्ति या इसकी रचनात्मकता में क्या अंतर आता है? विभिन्न प्रयोजनपरक क्षेत्रों के विकास में सरकारी अनुदानों का क्या योगदान होता है? आज शिक्षण के माध्यम एवं इंटरनेट और कंप्यूटिंग की प्रक्रिया से पीछे छूट जाने से भाषाओं पर क्या प्रभाव पड़ रहा है।

भाषाई संकटग्रस्तता के निर्धारक तत्त्व:- किसी देश या समाज में किसी भाषा का प्रयोग से बाहर होना सामान्य नहीं होता है। उसके पीछे उस भाषा और समाज के इतिहास से लेकर वर्तमान तक में सूत्र छिपे होते हैं। किसी भाषा पर एक दिन में कोई खतरा आ भी नहीं जाता और न ही इस खतरे को एक दिन में हटाया जा सकता है। यदि किसी भाषा के सामाजिक स्वीकृति में समय लगता है, तो उसके

ऊपर आसन्न खतरों के लिए भी पीढ़ियाँ जिम्मेदार होती हैं। निम्नलिखित बिंदुओं के आधार पर किसी भाषा की संकटग्रस्तता के मानकों को समझा जा सकता है-

- भाषा-भाषी का सीमित होना।
- भाषा में प्रयोग-क्षेत्रों की व्यापकता का न होना।
- मानकीकरण एवं भाषिक योजना का न होना।
- समृद्ध साहित्य का न होना।
- शिक्षा/प्रशासन/तकनीक में भागीदारिता का न होना।
- जन-भागीदारी का न होना।
- सरकारी प्रयास का न होना।
- बाजार का न होना।

गौरतलब है कि उक्त मानक भी प्राय: एक-दूसरे पर निर्भर होते हैं- जैसे यदि किसी भाषा में व्यापक रोजगार के अवसर हों, तो भाषियों की संख्या सीमित नहीं रहेगी। एशियाई देशों में अँग्रेजी सीखने के होड़ को देखा जा सकता है। इसी प्रकार हिब्रू भाषा के उभार के क्रम में यह देखा जा सकता है कि इज़राइल की सरकार और वहाँ के लोगों की सक्रियता से उसे नया आयाम मिला। इसी प्रकार संस्कृत में चूँकि समृद्ध साहित्य है, इसलिए कम बोलने वालों के बावजूद उसके प्रभाव को आसानी से मिटाया नहीं जा सकता है। हालाँकि भाषा-भाषी का होना और भविष्य में उसके विस्तार के बल पर ही कोई भाषा अपने जीवन की कामना कर सकती है। इस क्रम में सबसे महत्त्वपूर्ण है कि भाषा और संस्कृति का अपना सत्ताई आयाम भी होता है, जो उसे जीवन और प्रामाणिकता के आवरण से ढक देती है। आज चूँकि सत्ता बाजार के रूप में अपना अस्तित्व ग्रहण करती है, इसलिए बाजार

वर्तमान भाषाई संकटग्रस्तता के बरक्स संकट मोचक है। इसका उदाहरण देश में हिंदी के संदर्भ में देखा जा सकता है। व्यापक परिप्रेक्ष्य में इसे अँग्रेजी से खतरा नि:संदेह है, लेकिन इसके अपने उपभोक्ता वर्ग ने एक व्यापक बाजार बनाया है। इसका उत्तम उदाहरण हिंदी में निर्मित फिल्में है, जिसमें एक सामान्य पटकथा की फिल्में भी वर्तमान सेटेलाइट प्रसारण के समय में सौ करोड़ की कमाई कुछ दिनों में कर लेतीं हैं। इसलिए यह भी बहुत कुछ इसके पक्ष में चला जाता है, जैसे हिंदी फिल्म उद्योग में असंख्य लोग ऐसे मिल जाएँगे, जिनकी प्राथमिकता में न तो हिंदी है और न ही वे हिंदी अस्मिता के मुखर समर्थक हैं, लेकिन अपने व्यापार के चक्कर में उनका कर्म हिंदी के पक्ष में खड़ा होता दिखता है।

भाषा-संरक्षण: अंतरानुशासनिकता:- अकादमिक संदर्भ में भाषाओं के विविध पक्षों को जिस परिधि में विश्लेषित एवं विवेचित किया जाता रहा है, उसे भाषाविज्ञान कहा जाता है। जिसके विस्तार की भी अपनी एक लंबी परंपरा है। लेकिन इसके साथ यह भी सच है कि समय के ज्वलंत प्रश्नों को साधने की क्षमता का विस्तार भाषाविज्ञान उस तरह से नहीं हो पाया, जितनी की अपेक्षा थी। इसका एक बड़ा कारण देश के व्यापक चिंतन-धारा का अमेरिका केंद्रित होना रहा है। हम पश्चिमी चिंतन के पीछे इस तरह भागे कि भारतीय पारिस्थितिकी के अनुकूल किसी वैकल्पिक भाषाई चिंतन की परंपरा खड़ा नहीं कर सके और न ही भारत की पारंपरिकता को सहेज सके। एक यह बड़ा कारण है कि आज देश की जब अल्पसंख्यक भाषाएँ अपने अस्तित्व के संकट की घोषणा कर रहीं थीं, तब हम अधिकतम इन भाषाओं के वाक्य संरचना पर शोध कर रहे होते थे। इस प्रवृत्ति से भाषाओं का अध्ययन एक नीरस प्रसंग बनते गए और उनकी वास्तविक आवश्यकताओं एवं महत्त्वों की अवहेलना हुई। इस प्रकार सैकड़ों भाषाएँ अपना अस्तित्व खो चुकी हैं और हजारों इस पंक्ति में हैं। ऐसी भाषाओं से जुड़े इन संदर्भों के समेकित अध्ययन के लिए भाषाविज्ञान की सीमा से परे जाकर एक

अंतरानुशासनिक अध्ययन की आवश्यकता है। यहाँ इन विषयों को दिखाया जा रहा है-

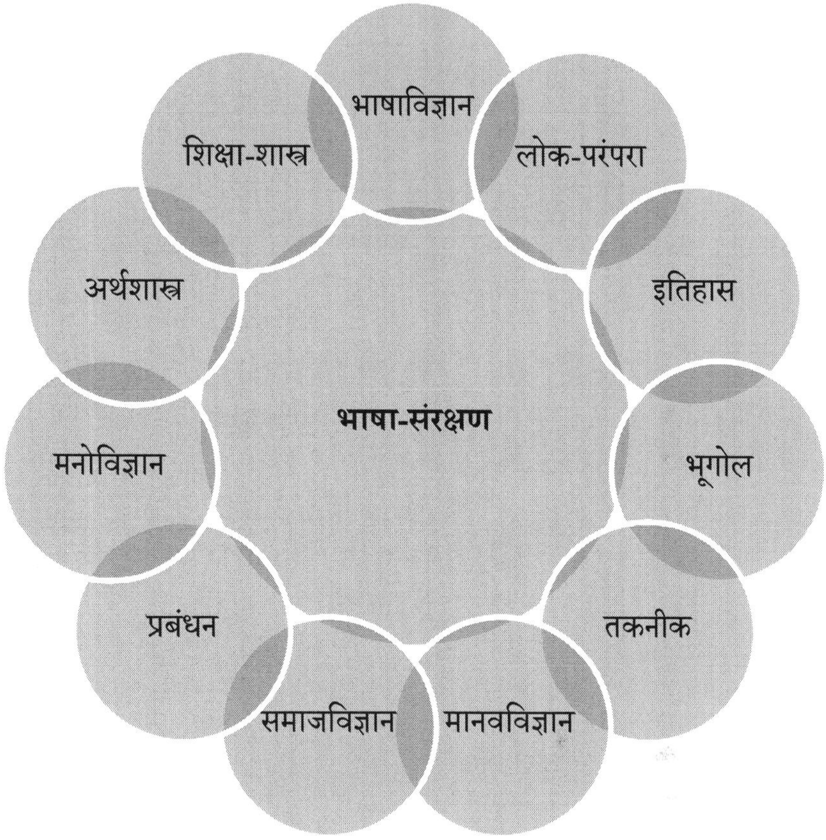

चित्र - 8 : भाषा संरक्षण की अंतरानुशासनिकता

किसी भाषा के अस्तित्व पर संकट पीढ़ियों के सामाजिक, सांस्कृतिक, आर्थिक एवं प्रशासनिक कारणों से आता है, इसलिए भाषाई संरक्षण को यदि एक विधा के रूप में देखा जाए, तो इसे भाषाविज्ञान के पूर्व के नियत दायरों से बाहर जाना पड़ेगा। जहाँ उस राष्ट्र के प्रशासनिक एवं आर्थिक एवं शैक्षिक नीतियों के साथ संबंधित परिवेश के इतिहास, भूगोल, नृजातीयता एवं सामाजिक ढाँचे का

अध्ययन करना आवश्यक होता है। इसी क्रम में उस समाज की किसी भाषा के प्रति पूर्वाग्रह एवं अपनी मातृभाषा एवं सांस्कृतिक मूल्यों के प्रति रूझान, तकनीकी के साथ संबंधों के स्तरों के अध्ययन के मध्य ही भाषाई संरक्षण के सूत्र मिलेंगे।

बहुभाषिक विश्व में भाषा-प्रौद्योगिकीय संसाधनों की जो उपलब्धता है, उसमें निवेश एक बड़ा पक्ष है। आज के बाजारवादी समय में माँग एवं आपूर्ति के परस्पर संबंधों के मध्य लाभांश की मात्रा से जुड़े पक्ष ही इन संसाधनों के विकास के पीछे होते हैं। इसलिए जिस भाषा के पीछे बाजार की अनुकूल परिस्थितियाँ हैं, उनमें ऐसे अनेक संसाधन जैसे- सॉफ्टवेयरों का विकास, शोध हेतु मानव संसाधन एवं पाठ्य-सामग्री आदि होना स्वाभाविक ही है। उदाहरण स्वरूप अँग्रेजी निर्वाद अंतरराष्ट्रीय भाषा है, इसलिए इसमें उपभोक्ता भी व्यापक हैं और इसीलिए अन्य भाषाओं की अपेक्षा इसमें भाषाई संसाधन सर्वाधिक हैं। भाषाओं एवं उनमें प्रौद्योगिकीय स्तर के तुलनात्मक स्वरूप को निम्न चित्र से समझा जा सकता है-

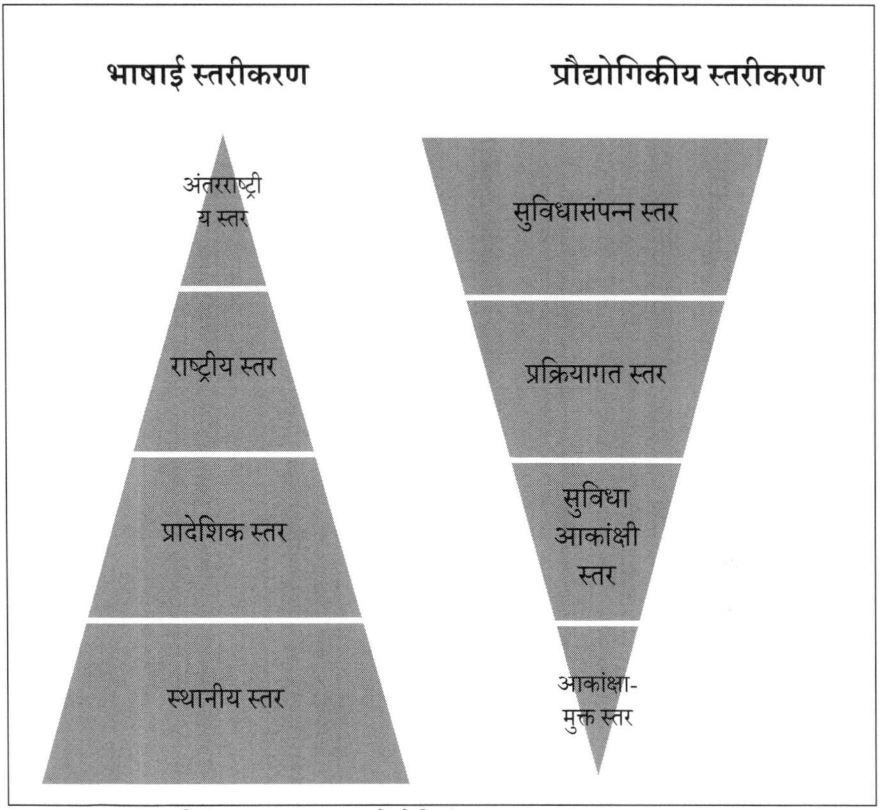

चित्र - 9 : भाषा एवं प्रौद्योगिकी का तुलनात्मक स्तरीकरण

स्पष्ट है कि जिस भाषा का स्तर वैश्विक होगा, स्वाभाविक रूप से उसमें सुविधाओं की माँग अधिक होगी, इसलिए उनमें अधिक सॉफ्टवेयर, टूल आदि उपलब्ध होंगे, लेकिन जैसे ही भाषा का स्तर नीचे आता है, तो उसमें भाषिक संसाधन जैसे- शब्द-भंडार, अभिव्यक्ति की शैलियाँ आदि तो बढ़ती जाती हैं, लेकिन तकनीकी संसाधन कम होते जाते हैं।

भाषाई-संरक्षण के तकनीकी परिदृश्य:- यह एक तरह का विरोधाभास ही है कि जिस भूमंडलीकरण ने अपने एक उपांग 'तकनीक' के साहचर्य में स्थानीय भाषा, संस्कृति और जीवन-प्रक्रिया को जड़ से हिलाने में लगा है, आज उसी से

भाषाओं के संरक्षण की उम्मीद खोजी जा रही है। इंटरनेट एवं तकनीक अपनी पूरी संकल्पना में भूमंडलीकरण को मजबूत करती हैं और प्रकारांतर से विश्व कि हजारों भाषाओं के हाशिएकरण के पीछे ये ही कारक हैं, लेकिन आज जहाँ हम पहुँच चुके हैं वहाँ से लौटना संभव नहीं है। यह संभव नहीं है कि कंप्यूटर, इंटरनेट और मोबाईल आदि माध्यमों का निषेध किया जा सके। ऐसे में हमें इन्हीं के मध्य से रास्ता खोजना होगा और कैसे यही तकनीकी माध्यम छोटी और उपेक्षित भाषाओं के संरक्षण में उपयोगी हो सकते हैं, इस पर विचार करना होगा। निम्नांकित चित्र से इसके आयामों को समझा जा सकता है-

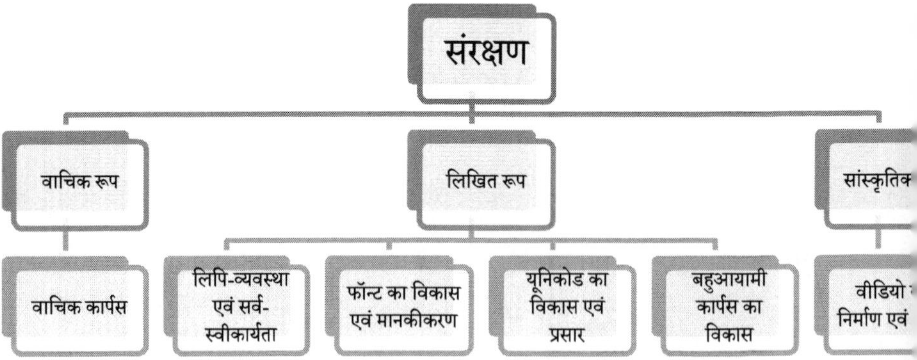

चित्र - 10 : भाषा संरक्षण के आयाम

दृष्टव्य है कि भाषा-संरक्षण के तीन आयाम हैं, जिसमें प्रथम इसका वाचिक रूप है, जिसके संरक्षण के लिए वृहद वाचिक कार्पस का संग्रह किया जाए। दूसरा लिखित रूप है, जिसके लिए चार आयामों को दर्शाया गया है और अंतिम किसी भाषा का सांस्कृतिक पक्ष है, जिसके बिना किसी सजीव भाषा की कल्पना व्यावहारिक नहीं है। इसलिए न सिर्फ भाषा के वाचिक और लिखित रूप बल्कि इसके सांस्कृतिक पक्ष को सहेजना आवश्यक है। इसमें तकनीकी को माध्यम बनाने के क्रम में लोक-परंपरा के सभी संभव पक्षों के वीडियो बनाकर विभिन्न माध्यमों से प्रसारित किया जाना चाहिए। इसी क्रम में भाषा के निम्नांकित तकनीकी उत्पादों के विकास पर ज़ोर देना चाहिए, यथा-

- टाइपिंग टूल्स
- शब्द-संसाधक
- यंत्रानुवाद
- सर्च-इंजन
- पाठ-सारांशक
- पाठ-विश्लेषक
- रोबोटिक्स में भाषाई अनुप्रयोग आदि

भाषा-संरक्षण के लिए डेविड क्रिस्टल (2000) ने स्पष्ट रूप से बताया है कि "संकटग्रस्त भाषाओं को भी वर्तमान प्रौद्योगिकी के साथ जोड़कर उनका विकास सुनिश्चित किया जा सकता है।" ऐसे में किसी भाषा में फॉन्ट एवं सरल टाइपिंग टूल का विकास उसका यूनिकोड में प्रयोग होना चाहिए। साफ्टवेयरों/एप्प का विकास एवं प्रसार, वेब पर उपलब्धता पर जोर, प्रशासन में ई-सहभागिता को बढ़ावा एवं प्रतिस्पर्धी उपकरणों के विकास का प्रयास होना चाहिए।

तकनीकी हिंसा

जापान में 'कृत्रिम मेधा' के आधार पर विकसित एक वर्चुअल पात्र 'शिबुया मीराई' टोकियो का आधिकारिक रूप से नागरिक बन चुका है। कितना विस्मयकारी है कि प्रकृति की व्यवस्था को चुनौती देते हुए विशुद्ध मशीनी पात्र आज हमारे समाज का नागरिक है। निश्चित रूप से इस शोध में लगे शोधकर्ता बधाई के पात्र हैं, जो सात साल के इस पात्र को मानवीय क्रियाविधियों के एक बड़े हिस्से को सीखा चुके हैं। जो वर्षों की मेहनत और लगन के कारण ही संभव हो पाता है, क्योंकि 'कृत्रिम मेधा' के क्षेत्र में मशीन को मनुष्य के सापेक्ष विकसित करने के लक्ष्य के साथ शोध एवं विकास किया जाता है। जैसा कि बताया जा चुका है कि इस प्रक्रिया की शुरुआत एलन ट्यूरिंग (1950) के 'कंप्यूटिंग मशीनरी एंड इंटेलिजेंस' शीर्षक उस शोध-पत्र के साथ हुई थी, जिसमें सवाल उठाया गया था कि 'क्या मशीन भी सोच सकती है'? इसमें किसी मशीनी प्रक्रिया में समयानुकूल निर्णय लेने की क्षमता का विकास करना सर्वाधिक चुनौतीपूर्ण क्षेत्र है। गूगल एक ऐसे कार के विकास पर काम कर रहा है, जो बिना चालक के शहर के व्यस्तम क्षेत्रों में भी अपने लक्ष्य की ओर जा सकेगी, जिसमें संवेदकों की भूमिका अधिक होती है। यद्यपि 'कृत्रिम मेधा' के शोध एवं विकास में जापान पहले से भी बहुत कुछ कर चुका है, जैसे होटल के स्वागतकर्ता, रेलवे स्टेशन की सुरक्षा की जिम्मेदारी रोबोट वहाँ 10-15 वर्ष पहले से उठा रहे हैं, लेकिन मनुष्य के एक साधन के रूप में न कि 'शिबुया मीराई' की तरह खुद मनुष्य बनकर।

जापानी शब्द 'शिबुया मीराई' का शाब्दिक आशय 'भविष्य' से है। अब यदि मानवता एवं सभ्य समाज की नागरिकता का यही भविष्य है, तो एक बार सोचने की आवश्यकता है कि विकास के ऐसे चरण में हम कहाँ तक आ गए हैं? हालाँकि कृत्रिम मेधा या रोबोटिक्स से जुड़े शोधों का बहुत बड़ा लाभ समाज को ही होगा,

जिसमें सुरक्षा, परिवहन, चिकित्सा एवं प्रशासन आदि क्षेत्रों में अभूतपूर्व लाभ मिलेगा। इनसे तीव्र गति, समय की बचत, तटस्थ एवं ईमानदार प्रशासन की अपेक्षा स्वाभाविक ही है। लेकिन यहाँ इस बात पर भी विचार किया जाना चाहिए कि शहर के किसी चौराहे पर यातायात व्यवस्था को कुशल प्रोग्रामन द्वारा रोबोट से नियंत्रित तो किया जा सकता है, लेकिन इन्हीं चौराहों पर कई बार नियम और व्यवस्था से परे किसी मरीज को भी सड़क पार करना पड़ता है और इसमें मशीनी प्रोग्रामन की नहीं, मानवीय संवेदना की आवश्यकता होती है। फिर मशीन तो निरपेक्ष हो सकती है, लेकिन मशीनी प्रक्रिया में शामिल मानव और पूँजी से निरपेक्षता की अपेक्षा नहीं होनी चाहिए। बहरहाल दुनिया के डिजिटल विकास में गूगल, माइक्रोसॉफ्ट एवं फेसबुक जैसी कंपनियों का अब पूरा ध्यान रोबोटिक्स की तरफ लगा है और 'शिबुया मीराई' के विकास में भी माइक्रोसॉफ्ट का सहयोग रहा है, जाहिर है इनका ये रुझान नए उपभोक्ता वर्ग की तलाश हेतु ही है।

किसी जीवंत समाज में विकास और परिवर्तन आवश्यक चरण होते हैं, लेकिन ऐसे परिवर्तन सभ्यता की गतिकी और मानवता को चुनौती देने लगें, तो लोगों को रुककर एक बार अवश्य सोचना चाहिए कि हमने तकनीकी विकास से क्या खोया और क्या पाया है। इसी दौर में 'ब्लू ह्वेल' नामक एक डिजिटल खेल भारत सहित कई दूसरे देशों में एक महामारी की तरह फैला था और अनेक बच्चों ने इस कुचक्र में फँसकर जान गंवाई थी। ध्यान रहे कि ऐसे प्रयासों में संबंधित विकासकर्ताओं का उद्देश्य यह कतई नहीं रहा होगा कि बच्चे उसे खेलकर अपनी जान दें, लेकिन उसे लाभ जुटाऊँ बनाने के चक्कर में इस बात पर विचार भी नहीं किया गया होगा कि अपने क्रम में ब्लू व्हेल प्राणान्तक भी हो सकती है। क्योंकि इन उद्यमों की प्राथमिकता अधिकाधिक पूँजी कमाना होता है, न कि मानवीय मूल्यों की चिंता करना। इस क्रम में सेल्फी की प्रवृत्ति भी एक प्रकार का तकनीक केंद्रित मनोरोग ही है, जो समय एवं स्थान की स्वीकार्यता से परे जाकर लोगों में एक होड़ के रूप में तेजी से फैल रहा है। ध्यान रहे कि वर्ष 2014 से 16 के बीच सेल्फी से होने वाली

मौतों में भारत विश्व के देशों में सबसे ऊपर था और अब तक देश की सौ से अधिक मौतों की जिम्मेदार सेल्फी की प्रवृत्ति रही है।

अकेले गूगल को देखा जाय तो इसका पूरा व्यवहार हिंदी फिल्मों के उस जमींदार की तरह है, जो गाँव के किसानों से उनकी अपनी जमीन पर तैयार फसल का आधा हिस्सा अपने प्रभुता के आधार पर छीन लेता है। यहाँ अंतर यह है कि फिल्मी पटकथाओं में तो कोई नायक आता है, जो किसानों को जागरूक कर देता है, लेकिन देश के वर्तमान डिजिटल संसार में इंटरनेट उपभोक्ताओं को गूगल जैसे जमींदार का यह व्यवहार एक सुविधा की तरह सामने आता है। इस क्रम में न सिर्फ गूगल बल्कि प्राय: इंटरनेट केंद्रित कंपनियाँ प्रयोक्ताओं के संसाधन का उपयोग तो अपने लिए करतीं ही हैं, साथ ही इन्हीं माध्यमों से हमारी निजी जीवन की अभिरुचियों एवं प्राथमिकताओं में दखल दे रहीं हैं। ब्राउज़र से लेकर, सर्च इंजन तक और ब्लॉगिंग से लेकर आनलाइन अनुवाद प्रणाली तक सबमें उपभोक्ताओं के संसाधन का दोहन हो रहा है। इस क्रम में यह रामचरित मानस के चरित्र 'बाली' की तरह दिखता है, जिसके समक्ष आने पर लोगों का आधा बल 'बाली' को मिल जाता था। लेकिन आज स्थिति यह है कि हम उपभोक्ता इन कंपनियों से जुड़ने के समय आने वाली शर्तों को पढ़ते तक नहीं हैं। हालाँकि इसमें भी इनकी चालाकी होती है और अपनी शर्तों के विवरण को इतना विस्तृत रखते हैं कि आसानी से पढ़ा और समझा न जा सके। देश में तो शायद ही कोई इन कंपनियों से जुड़ने हेतु अपना खाता बनाने से पहले आवश्यक इन शर्तों को पढ़ता होगा। इंटरनेट जगत के नियामक की तरह काम करने वाली इन कंपनियों के अधिकांश सर्वर अमेरिका में हैं, जो देश के सामरिक खतरे के साथ साइबर अपराध के रोक-थाम में भी समस्याजनक है।

इसमें 'इंटरनेट तटस्थता' की पहल भी उपभोक्ताओं के एक नए तरह की घेरे बंदी का प्रयास है, जिसमें कंपनियों के मुक्त चयन की स्वतंत्रता सीमित होगी और

उपभोक्ताओं की कथित युगीन स्वतंत्रता भी प्रभावित होगी। यह एक तरह से इंटरनेट प्रयोक्ताओं को बंधक बना कर धीरे-धीरे लूटने का उपक्रम है। यहाँ यूनिसेफ की ताजा रिपोर्ट को संदर्भित किया जाना चाहिए, जिसमें कहा गया है कि वर्तमान इंटरनेट प्रयोक्ताओं में से एक तिहाई सिर्फ बच्चे हैं। अब चिंता यह है कि इंटरनेट की नियामक कंपनियों को अन्य किसी चीज से अधिक लाभ की चिंता है। इंटरनेट पर उपलब्ध तंत्र नशा, अपराध और यहाँ तक की 'ब्लू व्हेल' की स्थिति में मौत तक बेंचते हैं और भारत जैसे कमतर जागरूक समाज में लोग सुविधा के नाम पर सब कुछ खरीदने की होड़ में शामिल हैं।

विकास के क्रम में तकनीक को साधन होना चाहिए न कि साध्य। यदि तकनीक साध्य होने लगी, तो सबसे बड़ा खतरा मानवता पर आएगा। जहाँ प्रेम, दया और करुणा जैसे समाज के मानवीय गुण व्यक्ति से बाहर होंगे, ऐसे में तकनीक सिर्फ हिंसक परिदृश्य के साथ सामने आएगी और यदि इसमें वर्तमान की तरह पूँजी का संरक्षण एवं सरकारी उदासीनता जारी रहा, तो वह दिन बहुत दूर भी नहीं दिखता। देश में जिस तेजी से मोबाईल के माध्यम से इंटरनेट का विस्तार हुआ है, उसने इस कुचक्र को और बढ़ाया है। निःसंदेह आज हम जहाँ खड़े हैं, वहाँ से पीछे मुड़ना न तो सहज होगा और न ही व्यावहारिक। ऐसे में यह आवश्यक है कि इन कंपनियों को अपनी स्थानीय समाज, भाषा, संस्कृति एवं कार्य-व्यापारों के अनुकूल होने को विवश किया जाय और ऐसा वे करेंगें भी, क्योंकि भारत का बहुसंख्य निम्न मध्यमवर्गीय उपभोक्ता अब उनकी प्राथमिकता में है। गौरतलब है कि महज कुछ नौकरियों की लालच में उनको हमारे संसाधनों के मुक्त दोहन और देश को आर्थिक रूप से नुकसान पहुँचाने की छूट नहीं होनी चाहिए। यदि यह जारी रहा तो भारतीय बहुलता एक आरोपित केंद्रीयता में परिवर्तित होगी, साथ ही समाज का बड़ा वर्ग मुख्य धारा से पीछे छूटता चला जाएगा। ऐसे में जापान के मशीनी मनुष्य से इतर यहाँ मनुष्य को समाज का मुख्यधारा का नागरिक बनाने का प्रयास होना चाहिए।

तकनीक का साम्राज्य

'संयुक्त राष्ट्र संघ' के एक हालिया अध्ययन में कहा गया है कि वैश्विक आबादी के पचास प्रतिशत लोग इंटरनेट से जुड़ चुके हैं। इससे पहले संयुक्त राष्ट्र संघ के अनेक अध्ययनों के केंद्र में प्राय: विश्व की शांति, अर्थव्यवस्था, गरीबी, मानवाधिकार, कला एवं संस्कृति आदि हुआ करते थे। ऐसे में इसको इंटरनेट से जुड़ी उपलब्धि का संज्ञान लेते हुए देखना महत्त्वपूर्ण है। दरअसल संघ में इसकी शुरुआत इसी वर्ष हुई है, जिसमें इसके वर्तमान महासचिव एंटोनियो गुटेर्स की पहल पर एक डिजिटल पैनल का गठन हुआ है। इस कवायद के पीछे विचार यह है कि "आधुनिक तकनीकी युद्ध स्तर पर अर्थव्यवस्था और समाज को बदल रही है और इस बदलाव की तेजी अभूतपूर्व है।" ऐसे में उचित ही है कि 'संयुक्त राष्ट्र संघ' विश्व-समाज पर तकनीक के प्रभावों या दुष्प्रभावों का अध्ययन करे और तद्रूप समाज को जागरू क करे। क्योंकि तकनीक अपने विभिन्न फलकों के माध्यम से आज जीवन-प्रक्रिया के विस्तार के एक ऐसे साधन के रूप में परिवर्तित होती जा रही है, जिसकी अवहेलना नहीं की जा सकती। इसके समुचित और जागरूक उपयोग से समाज के विभिन्न बदलावों में एक बेहतर हस्तक्षेप हो सकता है और बहुत हद तक हो भी रहा है। यदि पिछले बीस-पच्चीस वर्षों के सामाजिक बदलावों को विश्लेषित किया जाय, तो नि:संदेह एक समाज के रूप में हम अपनी जड़भूत बुराइयों से कुछ कदम आगे बढ़े हैं, जिससे एक बेहतर भविष्य की राह दिखती है। आज तकनीक के हस्तक्षेप से भ्रष्टाचार के कम होने की उम्मीद बंधती है और सार्वजनिक जीवन में पारदर्शिता का दबाव बढ़ा है। एक तरफ समाज के ऊँच-नीच के भेद-भाव से परे सोशल मीडिया पर सबको अपनी बात रखने का अवसर मिलता है, तो दूसरे मीडिया और संचार के माध्यमों में संस्थागत वर्चस्व टूट रहा है। हालिया तकनीक समर्थित 'मीटू' अभियान ने न सिर्फ हमारे समाज के

स्याह पक्ष को उजागर किया है, बल्कि यह भी नए शिरे से स्थापित किया है कि समाज के विभिन्न प्रतिष्ठित व्यक्तित्वों में भी कितने छिद्र बचे रहते हैं। उनमें जेंडरगत कुंठा भी एक है। दूसरी तरफ सीसीटीवी और मोबाईल के कैमरों से समाज में व्याप्त झूठ की प्रवृत्ति, चोरी एवं छेड़खानी आदि समस्याओं पर चोट करना शुरू कर दिया है। सैकड़ों उदाहरण मिल जाएँगे, जिनसे यह सिद्ध किया जा सकता है कि चोरी महज अभावों की मुहताज नहीं होती, बल्कि एक प्रवृत्ति होती है, जो सामाजिक या आर्थिक पृष्ठभूमियों से परे व्यक्ति की आदत में शामिल हो जाती है। देखा जाय तो तकनीक जिस तरह समाज के गुणों को सामने लाई है, उसी तरह इसने दुर्गुणों पर भी प्रकाश डाला है। ऐसे सैकड़ों उदाहरण होंगें, जिसमें सार्वजनिक स्थल पर होने वाली मार-पीट, दंगा एवं आगजनी आदि की घटनाओं में दोषी की पहचान खुद अपराधी या उसके समूह के लोगों द्वारा मोबाईल से लिए गए वीडियो से होती है, ऐसे में पत्रकार होने के पारंपरिक नियामक टूट रहे हैं और पत्रकारीय परिधि का विस्तार हो रहा है। इस पूरे प्रकरण में राजनीति और मीडिया के गठजोड़ से स्थापित अनेक 'सत्य' की सफेदी भी धूमिल हो रही है और नए सत्य स्थापित हो रहे हैं।

इन सबके बावजूद तकनीक की अपनी सीमाएँ हैं और जिस रूप में वह हमारे सामने आ रही है, वह कई मायनों में खतरनाक भी है। इसका तात्पर्य यह नहीं कि तकनीक का विकास ना हो, बल्कि यह है कि तकनीक की उपयोगिता हमारे जीवन में किस स्तर तक रहे और इसमें किस सीमा तक संतुलन होना चाहिए, इस पर भी विचार इसी पीढ़ी को करना चाहिए। क्या तकनीक से हमारे जीवन की आधारभूत जरूरतें पूरी हो सकती हैं? न तो तकनीक से भूख को मिटाया जा सकता और न ही उसे पहना जा सकता है। रोटी, कपड़ा एवं मकान जैसी आवश्यकताओं को पूरा करने में हो सकता है कि एक स्तर पर तकनीक सहयोगी हो, लेकिन महज तकनीक से मानव-समाज की सभी जरूरतें पूरी नहीं की जा सकती हैं। एक समाज के रूप में हमें सबसे पहले उन आवश्यकताओं को देखना

होगा, जो मनुष्य को मनुष्य बने रहने की चिंताओं में शामिल हो। तकनीक दरअसल मनुष्य के मशीनीकरण की एक प्रक्रिया है और यह मशीनीकरण किस स्तर तक व्यक्ति के जीवन में शामिल हो, इस पर भी विचार होना चाहिए।

असल में मुद्दा यह भी है कि आज सूचना-तकनीक का स्रोत क्या है? कहीं ऐसा तो नहीं कि व्यक्तिगत सुविधा और स्वतंत्रता के नाम पर हमारा पूरा लोकतंत्र ही बंधक बन जाए। यह एक डरावना तथ्य है कि भूमंडलीकरण के बाद खुली अर्थव्यवस्था में जिस चीज ने सबसे ज्यादा विकास किया या यूं कहें कि सबसे ज्यादा पूँजी बटोरी वह तकनीक ही है। यदि हम पिछले 10 साल के डाटा के आधार पर विश्लेषण करें, तो इस निष्कर्ष पर आसानी से पहुंचा जा सकता है कि दुनिया के पूँजीपतियों की जमात में सर्वाधिक व्यक्ति या कंपनियाँ हैं, वह हैं जिनका आधार सिर्फ सूचना तकनीक से जुड़े हुए उद्यम हैं। हम यह भी देखते हैं कि ऑपरेटिंग सिस्टम से लेकर इंटरनेट प्लेटफॉर्म तक की गला काट प्रतिस्पर्धा में सब एक दूसरे को निगल लेने की होड़ में शामिल हैं और विकासशील देशों से इस दिशा में होने वाले प्रयास इस संघर्ष में बहुत दूर तक प्रतिरोध नहीं कर पा रहे हैं। ऐसे में 2018 में फोर्ब्स की दुनिया के पूँजीपतियों की सूची में हालिया नाम जो शीर्ष पर है, वह अमेजन का है, जो न तो अपने आप में कोई उत्पाद हैं और न ही स्वयं में संपूर्ण। बल्कि उसका काम उत्पादों और उपभोक्ताओं के बीच मध्यस्थता का है, जिसे हम अपनी भाषा में 'दलाली' कहते हैं। ऐसे में यह याद दिलाने की आवश्यकता है कि अमेजन का अचानक शीर्ष पर पहुँचने में सबसे बड़ा आधार उसका इंटरनेट पर उपलब्ध होना है। इंटरनेट आधारित इन रातों-रात विकास कर रही कंपनियों में ऐसी कंपनियाँ भी हैं, जो लोकतांत्रिक मूल्यों के संरक्षण या प्रश्रय देने के लुभावने आवरण के साथ विकास कर रही हैं। हाल में फेसबुक पर भी दुनिया के अनेक देशों में चुनावी प्रक्रिया में छेड़छाड़ और परिणामों में प्रभाव डालने के आरोप लगे हैं, तो यह इसके लोकतांत्रिक होने के भ्रम को तोड़ता है। इस क्रम में यह भी नहीं भूलना चाहिए कि जब दुनिया का पूरा खेल डाटा-संग्रहण और सूचना-विश्लेषण

पर केंद्रित होता जा रहा है, तो ऐसे सोशल मीडिया से जुड़ी कंपनियाँ हमारे डाटा को कब, कहाँ, कैसे उपयोग में ला रही हैं, इसे एक आम उपभोक्ता समझ पाने की स्थिति में नहीं होता है। आज यदि सोशल मीडिया से जुड़ी कंपनियाँ अपने लोकतांत्रिक विस्तार के आधार पर विज्ञापन का खेल व्यक्ति की व्यक्तिगत स्वायत्तता को दरकिनार कर खेल रहीं हैं, वहीं कल ये हमारी सरकारों से इन्हीं डाटा के आधार पर मोल-भाव की स्थिति में होंगीं और पूँजी की व्यापकता के आधार पर कोई सरकार उनकी इन माँगों की सहज अवहेलना नहीं कर सकती। यह खतरा भारत जैसे देश में और अधिक बढ़ जाता है, क्योंकि यहाँ न तो आम समाज में उस स्तर की जागरूकता है और न ही सरकारों में इनसे बच पाने की कोई दृढ़ कार्य-योजना। कहीं ऐसा न हो कि जब तक हम चेतें, तब तक सब कुछ हाथ से निकल चुका हो। इसका दूसरा पक्ष यह भी है कि गूगल और फेसबुक जैसी कंपनियाँ हमारे डाटा और गतिविधियों के आधार पर अपना शोध-संसाधन और पूँजी बना रही हैं और इसका उचित लाभ देश की अर्थव्यवस्था को भी नहीं मिल रहा है। इसके साथ ही आज सूचना-तकनीक के गजटों ने समाज पर तेजी से प्रभाव डालना शुरू कर दिया है, जिसका प्रभाव सामाजिक, मानसिक और आर्थिक स्तरों पर भी पड़ रहा है। जिसका एक पक्ष ई-कचरा की अधिकता के कुप्रभाव भी है।

समाज में जितनी तकनीक की आवश्यकता है, उससे अधिक उसके साथ मनुष्य का संतुलन भी होना जरूरी है। आज समाज की आवश्यकता और उनकी पूर्ति के मध्य बाजार जिस रूप में शामिल है, उस पर समाज के साथ सरकारों का भी प्रभावी नियंत्रण होना चाहिए। कहीं ऐसा न हो कि व्यक्तिगत लोकतांत्रिक मूल्यों के वर्चुअल अनुभूति के क्रम में हमारा मूल लोकतंत्र ही कहीं किसी अमेरिकी सर्वर में बंधक न बनकर रह जाए। गौरतलब है कि हमारे दैनिक जीवन की मूल आवश्यकता अर्थात् अनाज का उत्पादक किसान का जीवन स्तर तो नहीं बदलता, लेकिन द्वितीयक आवश्यकता इंटरनेट और इसकी मध्यस्थता के व्यापार में शामिल कंपनियाँ रातों-रात वैश्विक धनिकों की प्रतिस्पर्धा में शामिल हो जाती

हैं। निश्चित रूप से अमेरिका में ही स्थित संयुक्त राष्ट्र संघ को इस पक्ष पर भी विचार करना चाहिए।

विज्ञान का पाठ, पाठकीयता एवं इंटरनेट

विज्ञान एक तरह का व्यवस्थित एवं तार्किक ज्ञान होता है और भाषा एक 'व्यवस्था' होती है। यहाँ विज्ञान एक कथ्य हो सकता है, जिसके अभिव्यक्ति एवं पारस्परिक विनियमन के लिए एक भाषा की आवश्यकता होती है। इस प्रकार विज्ञान एक विचार-सरणी और भाषा इसकी प्रवाह-सरणी है। स्वयं भाषा के अध्ययन की पद्धति अर्थात् 'भाषाविज्ञान' को एक विज्ञान की मान्यता प्राप्त है, लेकिन यह विज्ञान के व्यापक परिधि का एक आंतरिक क्षेत्र हो सकता है, जबकि यहाँ विषय वैज्ञानिक विचारों की अभिव्यक्ति और उनके माध्यम का है। ध्यान रहे कि भाषाविज्ञान के कथ्य भी अंतत: किसी-न-किसी भाषा में ही सामने आ पाते हैं। हाँ, यहाँ जो अंतर है, वह सामान्य वार्तालाप के कथ्य एवं विज्ञान के पाठ के प्रस्तुतीकरण की भाषा का है, क्योंकि विज्ञान एक विशिष्ट ज्ञान है, तो इसका प्रस्तुतीकरण भी विशेष पाठ के द्वारा ही होगा। विज्ञान सार्वभौम होता है, लेकिन 'भाषा' विज्ञान के माध्यम के रूप में विश्व की हजारों भाषाओं के रूप में व्यवहृत या अपेक्षित है। इसको इस तरह से समझना चाहिए कि विज्ञान की मूल बात है कि हाइड्रोजन और आक्सीजन के संयोग से पानी बनता है, लेकिन इस विचार को हर भाषा में अपनी तरह से कहे जाने की स्वतंत्रता होनी चाहिए और यह निजी समाज-सापेक्ष भाषाओं में अपेक्षित है, वैसे ही जैसे यह अँग्रेजी में H_2O के माध्यम से सर्वस्वीकार्य है। चूँकि आज विश्व के बहुसंख्य ज्ञान-विज्ञान पर अँग्रेजी का एकाधिकार है, इसलिए विज्ञान के प्रयोगों एवं शिक्षण से लेकर लेखन तक पर भी अँग्रेजी का प्रभुत्व है। हालाँकि ऐसा होना समय और सत्ताई संदर्भों का पक्ष भी है, क्योंकि देश में कभी विज्ञान, चिकित्सा, योग, दर्शन आदि का प्रभाव था, जो संस्कृत माध्यम से अभिव्यक्त होता था। इसमें चिकित्सा के क्षेत्र में चरक और सुश्रुत, खगोल तथा गणित के क्षेत्र में आर्यभट्ट, ब्रह्मगुप्त और आर्यभट्ट द्वितीय और

रसायन में नागार्जुन की खोजों का महत्त्वपूर्ण योगदान रहा है। भृगुशिल्पसंहिता में 16 विज्ञान तथा 64 प्रौद्योगिकियों का वर्णन है। 'हिंदी शिल्पशास्त्र' नामक ग्रंथ में कृष्णाजी दामोदर वझे ने 400 प्रौद्योगिकी-विषयक ग्रंथों की सूची दी है, जिसमें से कुछ इस प्रकार हैं- विश्वमेदिनी कोश, शंखस्मृति, शिल्पदीपिका, वास्तुराजवल्लभ, भृगुसंहिता, मयमतम्, मानसार, अपराजित पृच्छा, समरांगण सूत्रधार, कश्यप संहिता, वृहतपराशरीय-कृषि, निसारः, शिगृ, सौरसूक्त, मनुष्यालयचंद्रिका, राजगृहनिर्माण, दुर्गविधान, वास्तुविद्या, युद्धजयार्णव। प्रौद्योगिकी से संबंधित 18 प्राचीन संस्कृत ग्रंथों में से 'कश्यपशिल्पम्' को सर्वाधिक प्राचीन माना जाता है। प्राचीन खनन से संबंधित संस्कृत ग्रंथ हैं- रत्नपरीक्षा, लोहार्णणव, धातुकल्प, लोहप्रदीप, महावज्रभैरवतंत्र तथा पाषाणविचार। इसी प्रकार 'नारदशिल्पशास्त्रम' शिल्पशास्त्र का ग्रंथ है।

आर्यभट्ट के शून्य को लेकर कंप्यूटर की भाषा बनने तक यह अँग्रेजी की संपत्ति समझ में आने लगी। यह सब कहने का तात्पर्य सिर्फ इतना है कि 'वर्तमान' महज इतिहास की अनुभूतियों से नहीं चलता है, बल्कि इसमें इतिहास की गतिकी की तारतम्यता भी आवश्यक है, निस्संदेह इस मायने में हम पिछड़ गए। विदेशी आक्रांताओं के रास्ते से होते हुए स्वतंत्रता के समय हमारे पास ताजी विरासत अँग्रेजों की ही है। जाहिर सब कुछ हमें अँग्रेजी में मिला है और उसके वैश्विक पहुँच की बुनियाद के कारण अँग्रेजी की अनिवार्यता एवं व्यवहार्यता बढ़ती है और आज तक शिक्षा, चिकित्सा, प्रशासन, न्यायालय आदि व्यवस्थागत संदर्भों में अँग्रेजी का वर्चस्व जारी है। चूँकि भाषा से उसके सामाजिक अतीत को मिटा पाना आसान नहीं होता है, इसलिए विज्ञान के शिक्षण और लेखन की स्वाभाविक भाषा भी अँग्रेजी ही है। आज भी वैज्ञानिक अपना शोध अँग्रेजी के माध्यम से ही करते हैं। इस स्थिति में उनके लिए उस काम को अँग्रेजी में प्राप्य शब्दावली एवं प्रतीकों के माध्यम से लिखना आसान होता है और इस सुविधा से वैज्ञानिक आम तौर पर विमुख भी नहीं होना चाहते हैं। परिणाम यह है कि अँग्रेजी की परंपरा पल्लवित

एवं पुष्पित होती रही और आज इससे परे विज्ञान-शिक्षण के बारे में सोचने पर भी हँसने वालों की कमी नहीं है। एक लंबी विरासत में अँग्रेजी के प्रभुत्व के कारण इस क्षेत्र में हिंदी को वैकल्पिक तौर पर स्थापित करने हेतु न सिर्फ भविष्य की एक दृढ़ कार्य-योजना के साथ काम करना होगा, बल्कि विरासत की चुनौतियों एवं गहन स्मृतियों से भी टकराना होगा। ध्यान रहे कि एक बार जब कोई नया आविष्कार सामने आकर सामाजिक परिवेश में अपना प्रभाव स्थापित कर लेता है, तो उसके प्रभाव को तोड़ पाना बहुत कठिन हो जाता है। यहाँ एक उदाहरण कंप्यूटर के 'माउस' से समझा जा सकता है। इसके आविष्कार के समय किसी चूहे की सादृश्यता ने ही इसे 'माउस' बना दिया। यह इसलिए संभव हो पाया कि 'माउस' अँग्रेजी-भाषी परिवेश में विकसित हुआ था। कल्पना कीजिए कि यही चूहेनुमा उत्पाद यदि भारत में आविष्कृत हुआ होता, तो इस तर्क पर इसका नाम 'चूहा' होता और किसी को इसे स्वीकारने में परहेज नहीं होता, वह इंग्लैंड और अमेरिका ही क्यों न हो। यही बात मोबाईल से जुड़े 'हैलो' के साथ भी लागू होती है। इस प्रकार वर्तमान तक देश में विज्ञान-शिक्षण की परंपरा अँग्रेजी में ही रही है और विश्व में हो रहे नवीन आविष्कारों का नामकरण अँग्रेजी में होता रहा है, इसलिए विज्ञान की शिक्षा अँग्रेजी से परे सोचना एक चुनौती है। आज शिक्षण से जुड़े तकनीकी माध्यमों का प्रयोग किया जा रहा है, जिनके साथ भी वही शर्तें हैं और इसीलिए इनका आज तक हिंदी अनुवाद या उसका प्रसारण नहीं हो सका, जैसे- कंप्यूटर, इंटरनेट, इंट्रानेट, ई-बुक, एलसीडी प्रोजेक्टर, एजु-सेट, मार्कर एवं हाइलाइटर आदि। आज इनको सामान्य शिक्षण-प्रक्रिया से बाहर करना भी कठिन है और एक बार अभ्यस्त होने के बाद शिक्षक एवं छात्रों के लिए इसका विकल्प खोजना दुर्लभ होता जा रहा है।

अब सवाल यह उठता है कि क्या इतनी बड़ी युवा आबादी और तेजी से उभरने वाली अर्थव्यवस्था वाले देश में हिंदी के माध्यम से विज्ञान सीखने और समझने का प्रयास तक नहीं होना चाहिए? क्या यह आसानी से भुला दिया जाना चाहिए

कि किसी विद्यार्थी की मूल क्षमता उसकी मातृभाषा में ही मुखरित होती है। देश में मातृभाषाओं की व्यापकता तक पहुँचने से पहले देश की संपर्क-भाषा हिंदी एक बेहतर विकल्प हो सकती है, ताकि अँग्रेजी के बरक्स यह अपनी उपस्थिति मजबूती से दर्ज कराए। जहाँ तक भूमंडलीकरण और विश्व-ज्ञान का सवाल है, तो यह समझने की आवश्यकता है कि एक बार शुरुआत हो, तो धीरे-धीरे स्थितियाँ बदल सकती हैं और उससे बड़ा सवाल यह है कि अपने देश में, अपनी भाषा में विज्ञान की पढ़ाई हो और मूल प्रतिभा का विकास संभव हो सके। उसके उस प्रतिभा एवं उसके खोज एवं आविष्कारों का प्रसार अँग्रेजी में हो या फ्रेंच में, यह गौण विषय होगा।

किसी भी विषय की शिक्षण-पद्धति में नीतियों और कार्य-योजनाओं की अहम भूमिका होती है। प्रत्येक पद्धति में शिक्षण हेतु एक व्यूह-रचना की जाती है। यद्यपि किसी भी विषय के अध्ययन हेतु उसकी शाखाओं में कुछ विशिष्ट या अन्य विधियाँ भी हो सकती हैं। विज्ञान के क्षेत्र में शिक्षण हेतु किए जाने वाले व्यूह-रचना में पूर्वनियोजित कार्य-योजना के साथ इससे संबद्ध परिवेश और साधनों की सहभागिता होती है, जिसे पढ़ाते समय व्यवहारगत तरीकों का उपयोग किया जाता है। इस प्रकार व्यूह-रचना उन समस्त चरणों की प्रतीक होती है, जिन्हें अपनाने की तैयारी पहले ही कर ली जाती है। जैसाकि स्पष्ट है अँग्रेजों के शासन-काल से ही विज्ञान का शिक्षण अँग्रेजी माध्यम से होता आ रहा है। विज्ञान एक ऐसा विषय है, जिसकी शब्दावली आम प्रयोग से अलग होती हैं। इसमें यह भी महत्त्वपूर्ण है कि विज्ञान के शिक्षण-प्रशिक्षण एवं प्रयोग से जुड़े अधिकांश उपकरणों की खोज विदेशों मे हुई है और उनके नाम भी यथानुरूप विदेशी भाषाओं में हैं। इस कारण इनका हिंदी में समानार्थी शब्द तैयार करना दुष्कर होता है। वैसे भी वैज्ञानिक एवं तकनीकी शब्दों का हिंदी मे अनुवाद कठिन है, अतः हिंदी में विज्ञान का शिक्षण एक कठिन कर्म है। इसलिए इसकी शिक्षा आजकल लगभग सभी विद्यालयों में अँग्रेजी माध्यम से ही हो रही है। ऐसे भी संदर्भ हैं कि यदि किसी हिंदी माध्यम के

आरंभिक विद्यालय में विज्ञान की शिक्षा हिंदी में होती है, तो उन विशिष्ट अँग्रेजी शब्दों को यथावत् अँग्रेजी में ही पढ़ाया जाता है। विज्ञान की शिक्षा लगभग सभी विद्यालयों में व्याख्यान-प्रदर्शन विधि से होता है। इस विधि में शिक्षक व्याख्यान के साथ-साथ प्रयोगों को उनके उपकरणों के साथ प्रदर्शित भी करता है। विज्ञान के शिक्षण में निहित जटिलताओं के कारण अपेक्षा की जाती है कि शिक्षक कक्षा में विभिन्न आधुनिक तकनीकों का प्रयोग करे, जैसे- कंप्यूटर, ओवर हेड प्रोजेक्टर, लेजर लाइट, ऑडियो-वीडियो प्लेयर आदि। किसी विशाल वस्तु, जीव, संदर्भ आदि के लिए बने छोटे मॉडल के साथ इसकी तश्वीरें, वीडियो आदि शिक्षण-प्रक्रिया को रोचक और बोधगम्य बनाते हैं, जिससे छात्र सरलता से विषय को समझ लेते हैं और उन्हें याद भी हो जाता है, क्योंकि इस प्रक्रिया में वे अपनी दो ज्ञानेंद्रियों की सहायता लेते हैं। यह शिक्षण-पद्धति शिक्षक केंद्रित होते हुए भी छात्रों में उत्साह उत्पन्न करती है। यह विधि वहाँ भी प्रयोग की जा सकती है, जहाँ छात्रों की संख्या बहुत अधिक हो, छात्र स्वयं प्रायोगिक कार्य करने में असमर्थ हों या विषय का कोई प्रकरण ऐसा हो, जिसे बिना उसके मॉडल के न समझाया जा सके। सामान्यत: साहित्य एवं कला का शिक्षण पेड़ और प्रकृति की गोद में संभव है, परंतु विज्ञान का शिक्षण प्रयोगशाला के बिना अधूरा माना जाता है। विज्ञान में अनेक ऐसी सुविधाएँ हैं, जिन्हें खुले आसमान में संस्थापित नहीं किया जा सकता है और न ही उनके बिना शिक्षण की व्यवहार्यता संभव है। ऐसे में एक परिवेश का निर्माण होता है, जो सामान्य न होकर विशिष्ट होता है, जहाँ ढेर सारे उपकरण, रसायन और दूसरे साधन होते हैं, जिनका स्वाभाविक संबंध हिंदी से नहीं है। ऐसे में देश के अंदर सैकड़ों विदेशी भाषाओं की शब्दावलियों से शिक्षक और छात्रों का नित सामना होता है। जिनका हिंदी में रूपांतरण भी कठिन होता है। अतः हिंदी में विज्ञान की शिक्षा प्रदान करना एक चुनौती बनी हुई है। उपकरणों के अलावा अनेक महत्त्वपूर्ण सिद्धांतों की खोज विदेशों में होने के कारण इनका नाम वहाँ की संकल्पनाओं पर आधारित होता है, जिसका हिंदी में अनुवाद होना भी नहीं

चाहिए, क्योंकि आर्किमिडीज ने जिन सिद्धांतों का प्रतिपादन किया, उनको 'आर्किमिडीज' के नाम से ही संबोधित किया जाता है। यहाँ उन नियमों और संकल्पनाओं का तो अनुवाद संभव है, लेकिन व्यक्तिवाचक संज्ञा के रूप में लोकप्रिय सिद्धांत का अनुवाद क्यों और कैसे संभव है? इस प्रकार ऐसी शब्दावलियाँ बनी रहेंगी, चाहे वे अँग्रेजी, फ्रेंच या जर्मन किसी भी भाषा में क्यों न हों। इसके साथ प्रयोगशालाओं के अनिवार्य साधन अपनी उपस्थिति और परंपरा में बाहरी हैं, फलस्वरूप इन शब्दावलियों का अनुवाद अत्यंत कठिन है। किसी नवीन शब्दावली का हिंदीकरण भी आसान नहीं होता। इसमें समस्या तब होती है, जब इन शब्दों का प्रसार नहीं हो पाता है। देश में तकनीकी शब्दावली आयोग ने अपने स्थापना काल से हजारों तकनीकी शब्दावली बनाया है, इनके प्रयोग की अनिवार्यता पर देश की सर्वोच्च न्यायालय के आदेशों के बावजूद वे शब्द प्रचलन में नहीं आ पाए। बात वही है, कि माउस का विकास और नामकरण किस भाषा में हुआ, उसके बाद उसी भाषा में उसका प्रसार होगा। उदाहरण स्वरूप इन शब्दों को देखा जा सकता है- बीकर, राउंड बॉटम फ्लास्क, ट्राइकोनल फ्लास्क, जेंडल फ्लास्क, वेक्यूम पंप, विस्कोमीटर, वॉटर बाथ, थर्मोग्राविमेट्रिक, कीमोर्जाप्शिन, स्पेक्ट्रोफोटोमेट्रिक, क्रोमेटोग्राफिक जार/पेपर, पेट्री डिश, लिटमस पेपर, ट्रिपल बीम बैलेंस, थर्मामीटर, रिंग क्लैंप, पीपेट, ब्यूरेट, रिटार्ट, स्पेचुला, क्रूसिबल, वायर गॉज, इग्निशन ट्यूब, यू-ट्यूब, पियरशेप फ्लास्क, कैनुला, शकन फ्लास्क, लिबिग कंडेंशर, बुनशन बर्नर, फोरशेप, वर्नियर कैलिपर, माइक्रोमीटर स्क्रू गॉज, कंपास, स्पेक्ट्रोमीटर, लेंस, मिरर प्रिज्म, रेजीस्टेंस बॉक्स, एमीटर, बोल्टमीटर, रिहोस्टैट, ट्यूनिंग फोर्क्स, ट्रांज़िस्टर, स्प्रिंग बैलेंस, पुली, वेव मोशन एपरेटस, बैरोमीटर, क्रेब साइकिल, ग्लाइकोलीसिस, ल्यूकेमिया आदि।

इसके साथ विज्ञान के लेखन में अनेक ऐसे शब्द एवं पारिभाषिक हैं, जिनके लिए विशेष प्रकार के प्रतीकों का प्रयोग किया जाता है। रसायनविज्ञान में तो सभी तत्त्वों को अँग्रेजी के चिह्नित वर्णों के द्वारा दर्शाया जाता है, जैसे- सोडियम (Na),

पोटैशियम (K), एल्यूमीनियम (Al), हाइड्रोजन (H), नाइट्रोजन (N), आक्सीजन (O), कार्बन (C), मैग्निशियम (Mg), गोल्ड (Au), सिल्वर (Ag), प्लेटिनम (Pt), कॉपर (Cu), निकिल (Ni), कोबाल्ट (Co), आयरन (Fe), सल्फर (S), फास्फोरस (P), क्लोरीन (Cl), ब्रोमीन (Br), आयोडिन (I) इत्यादि। इसी प्रकार भौतिकविज्ञान में भी बहुत से शब्दों को एक विशेष प्रतीकों द्वारा प्रदर्शित करते हैं, जैसे- गुरुत्वाकर्षण (g), प्रतिरोध {Resistance} (R), बल (F), विस्कोसिटी {द्रव के परतों के बीच लगने वाला घर्षण बल} (μ), ओम (Ω), दाब (P), कार्य (W), घनत्व (D), प्लांक कोंस्टेंट (h), ऊर्जा (E), वेव लेंथ (^) विद्युत संचालन (σ) इत्यादि। विज्ञान को हिंदी में पढ़ाते समय इन सभी प्रतीकों को यथावत् ही पढ़ाया जाता है, क्योंकि इनके साम्यरूपी प्रतीक हिंदी में नहीं हैं। इसके साथ विज्ञान-शिक्षण में कई प्रकरण ऐसे भी होते हैं, जिन्हें बिना किसी चित्र या आरेख के द्वारा नहीं समझाया जा सकता, जैसे- भौतिकविज्ञान में किसी परिपथ का रेखा-चित्र, रसायनविज्ञान में किसी रासायनिक अनुक्रिया का रेखा-चित्र या जीव विज्ञान में किसी अंग का चित्र आदि। इन चित्रों या आरेखों में प्राय: पदों का नाम अँग्रेजी में ही होता है। इसके साथ खुद चित्रों या आरेखों का होना भी ई-पाठ के निर्माण में जटिलता पैदा करता है। कुछ उदाहरणों के द्वारा विज्ञान में इनकी अनिवार्यता को समझा जा सकता है-

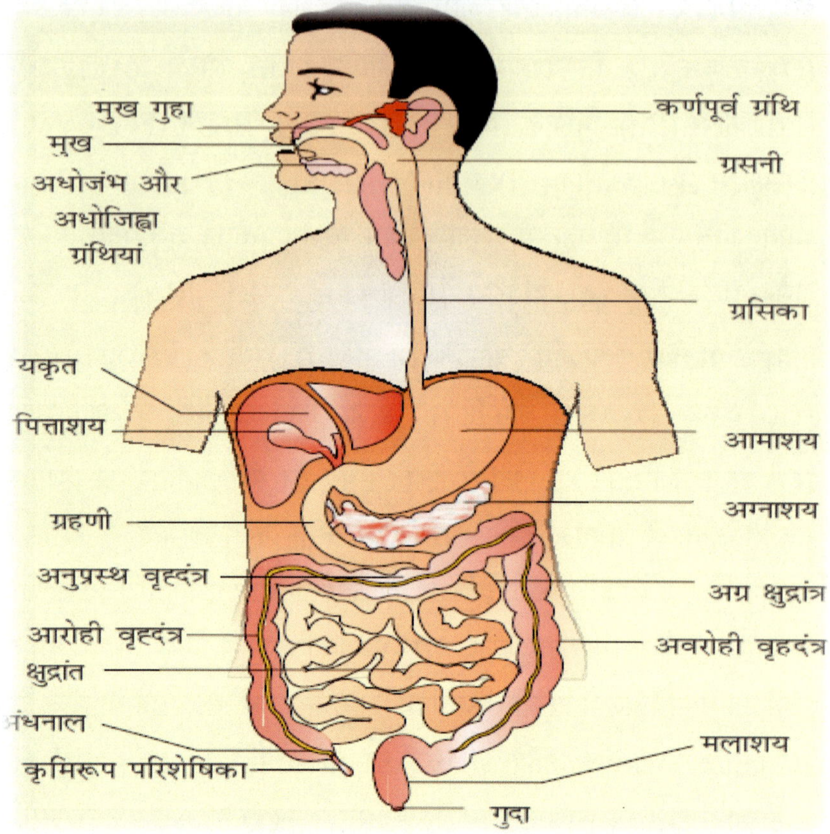

चित्र - 11: मानव का पाचन-तंत्र

उक्त चित्र मनुष्य के पाचन-तंत्र का है, जिसकी सहायता से जीवविज्ञान में मानव के शरीर और उसकी क्रिया-विधियों को समझाना आसान होता है। इसी प्रकार निम्न समीकरण को देखा जा सकता है, इसके अनुसार सोडियम सल्फाइट को हाइड्रोजन साइनाइड में मिलने पर सोडियम साईनाइड, पानी और सल्फर डाईआक्साइड बनता है, यथा-

$$Na_2SO_3\ (aq) + 2\ HCN\ (\ell) \longrightarrow 2\ NaCN\ (aq) + H_2O\ (\ell) + SO_2\ (g)$$

इसी प्रकार रासायनिक अनुक्रियाओं को रेखा-चित्र के माध्यम से भी प्रदर्शित किया जाना सुविधाजनक होता है। निम्न रेखा-चित्र को देखा जा सकता है, जिसमें बेंजलडिहाइड की क्रिया सोडियम बाई सल्फाइट से कराने पर एक आंतरिक उत्पाद बनता है, जिसकी क्रिया सोडियम साईनाइड से करने पर मेंडेलोनाइट्राइल बनता है, जिसका हाइड्रोलिसिस कराने पर मेंडेलोनाइट्राइलिक एसिड बनता है, यथा-

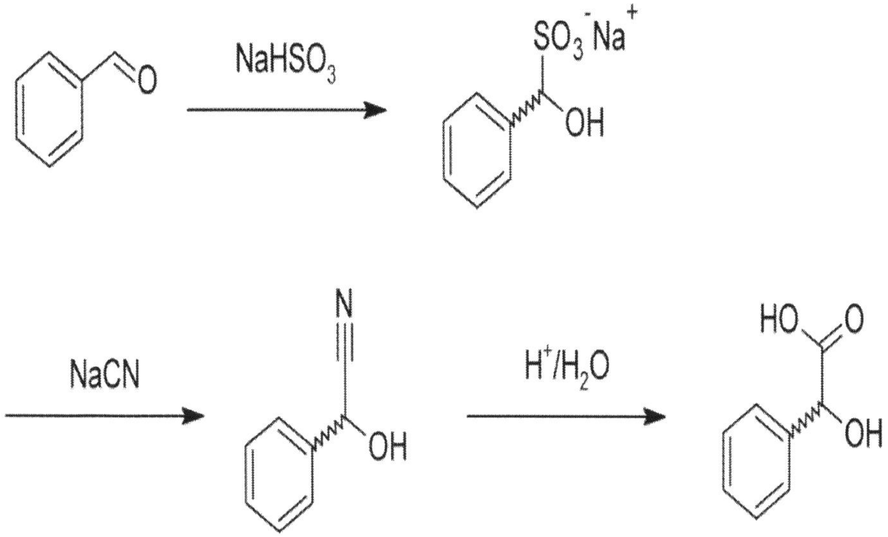

चित्र - 12 : रासायनिक अनुक्रिया

इसी प्रकार भौतिकविज्ञान के परिपथ को भी निम्नलिखित आरेख के माध्यम से समझना अनिवार्य है। इसमें बैटरी से धारा प्रवाहित होने की क्रिया को दर्शाया गया है, यथा-

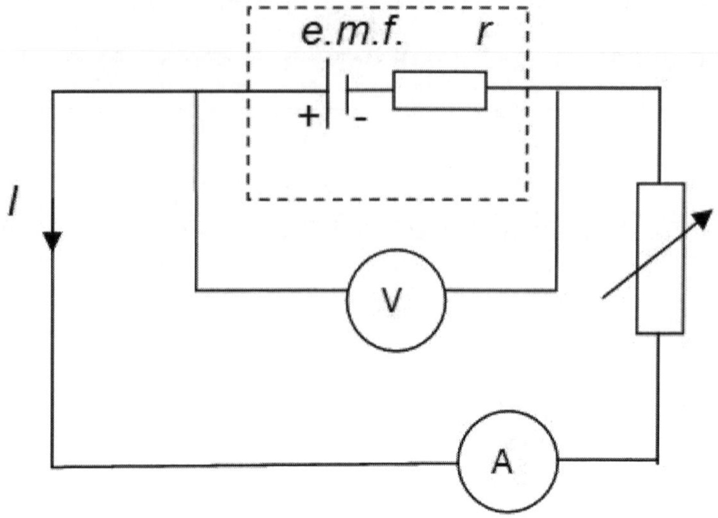

चित्र - 13: परिपथ

इंटरनेट और हिंदी का संबंध भी बहुत पुराना नहीं हुआ है। रोमन लिपि के परिवेश में देवनागरी को शामिल करना वैसे ही रहा है, जैसे अँग्रेजी में प्रचलित विज्ञान की शिक्षा के बरक्स हिंदी में इसके शिक्षण की बात हो रही है। एक समय के बाद टीटीएफ के आने से कंप्यूटर के दृश्य-पटल पर हिंदी दिखने तो लगी, लेकिन यह हिंदी किसी पाँच सितारा होटल के गेट पर खड़े सुरक्षाकर्मी की हैसियत से अलग की नहीं थी। बस आँखों के सामने हिंदी के अक्षर दिख जाते थे और हम खुशफहमी पालने का उदाहरण जुटा लेते थे। इस बात की संभावना हमेशा बनी रहती थी कि एक कंप्यूटर में टंकित सामग्री, दूसरे कंप्यूटर में नहीं दिखेगी, जब तक कि उसमें भी संबद्ध फॉन्ट मौजूद न हो। एक लंबे समय तक कंप्यूटर के सामान्य प्लेटफॉर्म पर हिंदी के लोग इन समस्याओं से जूझते रहे। ऐसे में इंटरनेट पर हिंदी सामग्री का खोजा जाना एक अतिरेक जैसा ही था। बहरहाल यूनिकोड के विकास के बाद रोमेनतर लिपियों की भाषाओं को इस जटिलता से मुक्ति मिलने लगी,

फलस्वरूप ब्लॉगिंग से लेकर सोशल मीडिया में हिंदी रचनात्मकता को स्थान मिलने लगा और आज इंटरनेट पर हिंदी में सामग्री के लिए उस तरह से रोने की आवश्यकता नहीं है, जितना दस साल पहले था। हालाँकि इस क्षेत्र में अभी बहुत कुछ किया जाना बाकी है।

हिंदी में विज्ञान-शिक्षण का होना ही अभी चुनौती लगती है, तो इसके माध्यम से विज्ञान लेखन और आगे बढ़कर उसका ई-पाठ विकसित किया जाना दोहरी चुनौती है। प्रथम तो हिंदी में विज्ञान का लेखन हो और दूसरी उसको इस प्रकार से लिखा जाय कि इंटरनेट आधारित प्लेटफॉर्म के माध्यमों से सरल, बोधगम्य, प्रामाणिक एवं सर्वाग्रही सामग्री उपलब्ध हो सके। ऐसी सामग्रियों की एक अलग चुनौती यह होती है कि मात्र अपने लेखकीय उपस्थिति के आधार पर एक ऐसी आभासी परिधि का निर्माण है, जिससे विज्ञान के जटिल शिक्षण के मूल परिवेश एवं प्रसंग को आत्मसात किया जा सके एवं उस परिवेश में डूबा जा सके। ऐसा परिवेश किसी कहानी या उपन्यास पढ़कर तो होना स्वीकार्य एवं सहज लगता है, लेकिन उसी तरह की सरसता विज्ञान के ई-पाठ में प्रस्तुत करना एक कठिन चुनौती है। सर्वप्रथम इसे यूनिकोड में होना चाहिए, ताकि सर्वत्र सहज दृष्टव्य हो। हालाँकि कि यह भी ध्यान रहे कि 'यूनिकोड' टीटीएफ के बरक्स डिस्क या सर्वर पर भंडारण के लिए अतिरिक्त स्थान घेरता है, क्योंकि इसका 16 बिट के रूप में भंडारण होता है, जो टीटीएफ से लगभग दोगुना होता है। इसका सीधा असर वेब-पृष्ठों के भंडारण की क्षमता पर पड़ता है और इसे इंटरनेट पर खुलने में भी अतिरिक्त समय लगता है। इसके साथ विज्ञान की सामग्री से अपेक्षा यह भी है कि उसमें चित्र, ऑडियो और वीडियो आदि की सामग्री शामिल हो और इसमें वेब-पृष्ठों को खुलने में लगने वाला समय और बढ़ जाता है। इसके साथ जैसाकि पहले ही विज्ञान-शिक्षण में अनिवार्य कुछ विशेष प्रतीकों की चर्चा की जा चुकी है, उन विशिष्ट अक्षर या प्रतीकों के साथ वेब-पृष्ठ का निर्माण भी एक कठिन काम होता है, क्योंकि रासायनिक नामों में लगे परिमाणात्मक चिह्न के सही स्थिति में न होने

पर अर्थ का अनर्थ भी हो सकता है। इस सबको शामिल करके बने वेब-पृष्ठ ब्राउज़र में खुलने में कई बार विशिष्ट प्रतीक या समीकरण नियत रूप में नहीं दिखते हैं या पृष्ठ की सीमा को प्रभावित करते हैं। इसके साथ ही विज्ञान के ई-पाठ के रूप में कुछ सामग्री को फ्लैश प्लेयर, पीडीएफ या अन्य अतिरिक्त सहायक प्रारूपों में तैयार किया जाना अपेक्षित होता है। ध्यान रहे कि ऐसी सामग्री को इंटरनेट पर खुलने से पहले संबद्ध अनुप्रयोग का कंप्यूटर में होना अपरिहार्य होता है, ताकि उनकी सहायता से वेब-पृष्ठ की सामग्री पाठकों के लिए सहजता से खुल सके।

विज्ञान का ई-पाठ आज सुदूर किसी जिज्ञासु, शिक्षक और छात्र के उपयोग के लिए बहुत उपयोगी हो सकता है। देश में विज्ञान का शोध एवं विकास अभी भी नियत लक्ष्यों से बहुत दूर है, तो यह अपेक्षा की जाती है कि वैज्ञानिक साहित्य का भरपूर प्रसार हो, ताकि देश के परिवेश में एक वैज्ञानिक सोच का विकास किया जा सके। वैज्ञानिक ई-पाठ का हिंदी में होने से पाठकीयता निश्चित रूप से बढ़ेगी, क्योंकि पारंपरिक पुस्तकालय के बरक्स ई-पाठ एक उपयोगी विधा है। आज देश में स्मार्ट-फोन आधारित नेटवर्क प्रणाली ने इंटरनेट को सहज और व्यापक बनाया है, तो इसमें वैज्ञानिक साहित्य के भी प्रसार की वृहत्तर संभावनाएँ बनतीं हैं। आवश्यकता इस बात की है कि प्रामाणिक और बोधगम्य ई-पाठ उपलब्ध हो। किसी जटिल वैज्ञानिक भाव को चित्र या वीडियो की सहायता से भी उपलब्ध कराया जा सकता है। यह भी व्यावहारिक होगा कि वैज्ञानिक एवं तकनीकी शब्दावली के जटिल और निहायत कृत्रिम तरह के अनुवाद से यथासंभव बचा जाए। गौरतलब है कि सदियों के वैज्ञानिक पिछड़ेपन की रिक्तता को महज उसके पारिभाषिक शब्दों के विकास के नाम पर भुलाया नहीं जा सकता है। इसके लिए मूल शोध और विकास की आवश्यकता होती है। इस प्रकरण में सबसे महत्त्वपूर्ण बात यह है कि विज्ञान को देश की भाषा में पढ़ाया एवं बढ़ाया जाय, क्योंकि देश में इतिहास के एक कालखंड के सूनेपन से आगे नई प्रतिभा का विकास हो। एक

बार कोई महत्त्वपूर्ण जनोपयोगी शोध या विकास हिंदी में आ जाएगा, तो दुनिया की मजबूरी होगी ही कि उसका अनुवाद अपनी भाषाओं में करे। आज बाजार आधारित शासकीय नीतियों वाला कोई देश या समाज 130 करोड़ के उपभोक्ता वाले देश की भाषाओं की अवहेलना नहीं कर सकता है। जहाँ तक यूनिकोड और इसके भंडारण का प्रश्न है, तो उच्च क्षमता वाले कंप्यूटरों के आने से आधुनिक वेब-पेज संपादित्र की उपलब्धता ने इस क्षेत्र में बहुत उम्मीद जगाई है और जैसे-जैसे इस क्षेत्र में लेखन बढ़ेगा और इंटरनेट के माध्यम से उसका प्रसार होगा, वैसे-वैसे हिंदी पारिभाषिकों और उनके मानकीकरण से जुड़ी जटिलताएँ भी मद्धिम पड़ने लगेंगी।

विज्ञान के शिक्षण के लिए ई-पाठ का निर्माण कठिन तो है, लेकिन एक लोकतांत्रिक देश की जवाबदेही वाला काम भी है। देश की प्रतिभा को उनकी मातृभाषाई पृष्ठभूमि पर शिक्षा देने की जिम्मेदारी का वहन सरकारों और उनकी संबद्ध संस्थाओं को ही करनी पड़ेगी। भूमंडलीकरण के समय में तीसरी दुनिया के देशों के समक्ष जो चुनौती है, उसके लिए न सिर्फ विज्ञान और स्थानीय तकनीकी को बढ़ावा देने के लिए अतिरिक्त मेहनत करनी पड़ेगी, बल्कि उसके माध्यम पर भी नए सिरे से विचार किए जाने की आवश्यकता है। भारत जैसे बहुभाषिक और समृद्ध अतीत वाले देश के लिए तो यह चुनौती और भी व्यापक है। एक युवा आबादी वाला देश आज 'प्रतिभा पलायन' का शिकार है। 'कान्वेंट' और 'पब्लिक' तरह के प्राथमिक और उच्च माध्यमिक स्तर के विद्यालयों ने अँग्रेजी को ऐसे थोपने का काम किया है, मानो अँग्रेजी न जानना एक अपराध है, उनका बस चले तो, न सिर्फ अपने छात्रों को बल्कि उनके अभिभावकों को भी अँग्रेजी सिखा दें, ताकि उनके 'पैरेंट्स मीट' में उनके विद्यालय का कथित परिवेश खराब न हो। ऐसे में उनसे यह अपेक्षा करना कि वे विज्ञान को स्थानीय भाषा में बढ़ावा देंगे, किसी तरह की ईमानदारी नहीं होगी। क्योंकि वे द्वितीयक स्तर की प्रतिभा का विकास करने और इनको शत प्रतिशत के अंकों वाले तराजू पर तौल कर थोक

भाव में आपूर्ति करना ही अपनी जिम्मेदारी समझ बैठे हैं और मध्यम वर्गीय समाज के मनो-मस्तिष्क में इस भाव को भी बैठा दिए हैं कि बिना अँग्रेजी के कुछ नहीं होने वाला है। अँग्रेजी का महत्त्व अपनी जगह है, लेकिन उसके विस्तार की जिम्मेदारी हमारी नहीं होनी चाहिए, हमारी निष्ठा हमारी जनभाषाओं और स्थानीय नई पीढ़ी में होनी चाहिए कि वह हिंदी में विज्ञान पढ़ने के बारे में सोचे और अपनी प्रतिभा का उच्चतम रूप निखारे, साथ ही देश और समाज के लिए विज्ञान और तकनीक के नवीन आविष्कारों को सामने लाए, ताकि इस क्षेत्र के शोध एवं विकास पर हमारी अपनी पहचान जुड़े सके।

खंड (ख)

गाँधी का भारत और भाषाएँ

महात्मा गाँधी आज के भारत की बुनियाद के केंद्रीय प्रस्तावक थे। पूरे स्वतंत्रता संघर्ष में वे न सिर्फ अँग्रेजों के विरुद्ध प्रतिरोध को लेकर सक्रिय थे, बल्कि इन सबके मध्य भावी भारत का एक खाँका लेकर काम कर रहे थे और समय के साथ इस खांके को अद्यतित भी करते रहे। देश, समाज, कृषि, अर्थव्यवस्था, शिक्षा, भाषा, रोजगार, उद्योग, स्वास्थ्य और जीवन-चर्या जैसे आज के भी ज्वलंत प्रश्न उनके सपने और इसको पूरा करने की जिद में शामिल थे। गाँधी मानते भी थे कि कोई 'देश एक दिन में नहीं बन जाया करते, बल्कि इसके बनने में वर्षों लग जाते हैं।' उनकी दृष्टि में देश की आजादी से बड़ी आवश्यकता उसके भविष्य के संचालन की क्षमता का विकास और तौर-तरीके थे। अपने उद्देश्य के प्रति इतना दृढ़ थे कि देश जब स्वतंत्र हुआ, तो उनके केंद्रीय नेतृत्व में मिली इस स्वतंत्रता के जश्न से परे स्वतंत्र भारत के सपने की अड़चनों को दूर करने में व्यस्त थे। यंग इंडिया (1931) में लिखते हैं कि '...मैं एक ऐसे भारत के लिए काम करूंगा, जहाँ निर्धनतम व्यक्ति भी यह महसूस कर सके कि यह उसका भारत है,... उस भारत में ऊँच-नीच का भेदभाव नहीं होगा और सभी समुदाय के लोग एक आदर्श सामंजस्य के साथ रहेंगे। ...औरतों को भी पुरुषों के समान अधिकार होंगे। ...व्यक्तिगत रूप से मुझे बाहरी या स्थानीय लोगों में विभेद से घृणा है। यही मेरे सपनों का भारत है... इससे कम मुझे किसी भी रूप में संतुष्टि नहीं मिलेगी।'

गाँधी के भाषाई प्रयोगों को यदि विवेचित किया जाय तो स्पष्ट होगा कि वे स्वतंत्र भारत की भाषा-नीति और भाषिक योजना को लेकर बहुत सजग थे। 21 जनवरी, 1918 को रवींद्रनाथ टैगोर को लिखे पत्र में वे सवाल उठाते हैं कि "क्या यह आवश्यक नहीं कि हमारे विद्यालयों और महाविद्यालयों में अधिकतम शिक्षा स्थानीय भाषाओं के माध्यम से दिया जाय?" हालाँकि इसी पत्र में हिंदी को देश

की संपर्क-भाषा की भूमिका पर भी आग्रह था, लेकिन उस समय देश में आम लोगों को एकजुट करने के लिए एक भाषा की आवश्यकता थी, जो सिर्फ हिंदी से हो सकती थी और वह आज भी है। यदि उस पर गाँधी हिंदी को लेकर कोई पहल किए थे तो वह समय की आवश्यकता थी, लेकिन महाविद्यालयों तक की शिक्षा स्थानीय भाषा में किए जाने की चिंता एक दूरदर्शी राजनेता की चिंता थी, जिसे शायद आज सौ वर्षों में अनेक चरणों के बीत जाने के बावजूद वर्तमान पीढ़ी के राजनेता और नौकरशाही समझने तक को तैयार नहीं है। बाद में 1937 में जब महात्मा गाँधी की अध्यक्षता में 'अखिल भारतीय शैक्षिक सम्मेलन' हुआ, तो उन्होंने शिक्षा विषयक अपने चिंतन 'वर्धा योजना' का जब प्रस्ताव रखा था, तो उसमें बच्चों के नि:शुल्क और अनिवार्य शिक्षा के साथ शिक्षा का माध्यम मातृभाषा हो, इस पर पूरा ज़ोर दिया था। इसके साथ जो महत्त्वपूर्ण था, वह यह कि 'शिक्षा हस्तशिल्प और उत्पादक कार्य केंद्रित हो।' अब यहाँ गाँधी के गाँव आधारित अर्थव्यवस्था के विचारों के वृहत्तर दायरे में स्थानीय भाषा, संस्कृति और रहन-सहन को विवेचित किया जाय, तो आज अल्पसंख्यक भाषा-संस्कृति पर आसन्न खतरे को एक सीमा तक रोका जा सकता था। जिससे शहरी विस्थापन कम होता और जनसंख्या के शहरी और ग्रामीण असंतुलन को रोका जा सकता था। ऐसे में एक तरफ आज की न सिर्फ भाषाई चिंता बल्कि शहरों की चरमराती ढाँचागत व्यवस्थाएं और प्राणघातक प्रदूषण, तो दूसरी तरह गांवों में विकास के अछूतेपन जैसी अनेक समस्याएँ अपना शिर ही न उठातीं।

बहरहाल भारत के स्वतंत्रता-संग्राम का एक बड़ा पक्ष भाषाई संघर्ष भी था और गाँधी जो इस संघर्ष के केंद्र में थे, भली-भांति इस तथ्य से परिचित थे। ध्यान रहे कि इस संघर्ष में एक तरफ ब्रिटिश इतिहासकार थामस बी. मैकाले की वह दृष्टि थी, जिसके अनुसार उसने 1835 में अपने शिक्षा-विषयक मसौदे में कहा है कि "ब्रिटिश सरकार तब तक भारत पर शासन नहीं कर पाएगी, जब तक कि वह भारत में एक ऐसे वर्ग का विकास नहीं कर पाएगी, जो अँग्रेजों और भारतीयों के

मध्य दुभाषिया का काम कर सकें, इस वर्ग का शरीर और खून तो भारतीय हो, लेकिन उसके स्वाद, विचार, नैतिकता और वैचारिकी में अँग्रेजी रची-बसी हो।" यह साम्राज्यवादी अधीनता का भाषाई दरवाजा था, जो आज तक बदस्तूर जारी है। हालाँकि जोसेफ लेलीवेल्ड (2011) के अनुसार आगे मैकाले ने इस नए अँग्रेजीमय वर्ग से यह भी अपेक्षा की थी कि "यह नव समाज स्थानीय भाषाओं को परिष्कृत करे ..... और समाज के व्यापक तबकों तक ज्ञान के प्रसार का इसे पहिया बनाए।" स्पष्ट है कि यह भाषा एवं ज्ञान के उच्चताबोध का परिणाम था, जिसमें अँग्रेजी सीखकर 'ज्ञानी' बना जा सकता था और ऐसे 'ज्ञानी' ब्रिटिश सरकार की स्थापना के लिए तो आवश्यक थे ही, साथ में स्थानीय भाषाओं में 'ज्ञान' पहुँचाने में सक्षम थे। दूसरी तरफ महात्मा गाँधी ने 1909 में लिखे 'हिन्द स्वराज' में स्वीकार किया है कि 'सारा हिंदुस्तान गुलामी में घिरा हुआ नहीं है। जिन्होंने पश्चिम की शिक्षा पाई है या इसके पाश में फँस गए हैं, वे ही गुलामी में घिरे हुए हैं।'

महात्मा गाँधी अपने जीवन में भाषा के प्रति हमेशा सजग थे, उस समय में जब संचार के इतने साधन नहीं थे, तब भी देश के वे एक ऐसे नेता थे, जिनकी आवाज पर लाखों लोग सड़क पर लाठी खाने के लिए तैयार रहते थे, तो यह अनायास नहीं, उसके पीछे गाँधी की देश की नब्ज की समझ और उसके प्रति नैतिक एवं सत्याग्रही सोच थी। जाहिर है कि यह सब कुछ बिना किसी ऐसी भाषा के संभव नहीं था, जो आम जन के संप्रेषण हेतु उपयोगी हो। एक तरफ तो वे देश को एक सूत्र में पिरोने के लिए हिंदुस्तानी के पक्षधर रहे है और अखिल भारतीय स्तर पर 'राष्ट्रभाषा प्रचार समिति' जैसे संगठनों की स्थापना की थी, तो खुद 'हिन्द-स्वराज' जो उनके विचारों का प्रमुख दस्तावेज़ है, को अपनी मातृभाषा गुजराती में लिखे थे। ध्यान रहे कि जिस समय में हिन्द-स्वराज का लेखन कर रहे थे, उस समय उनके लिए सबसे सुविधाजनक भाषा अँग्रेजी होती। लेकिन इन सबसे परे गाँधी ने गुजराती को चुना, क्योंकि वे जिस भारत की परिकल्पना कर रहे थे, उसमें

भारतीय सिर्फ उपभोक्ता नहीं, बल्कि एक जातीय और स्वतंत्रचेता मनुष्य थे। ऐसे में उनकी भाषा और संस्कृति उनके लिए महत्त्वपूर्ण थी। यह अनायास नहीं था कि देश की स्वतंत्रता की पूर्वसंध्या पर उन्होंने बीबीसी के पत्रकार को अपना संदेश यह कह कर देने से मना कर दिया था कि 'ब्रितानियों को बता दो कि गाँधी को अँग्रेजी नहीं आती।' स्पष्ट है कि उनके जीवन में अँग्रेजी के प्रयोग की आवश्यकता समाप्त हो चुकी थी और अब आजाद भारत का सपना था, जो सबसे बड़ा था, क्योंकि उनकी दृष्टि में स्वराज्य का मतलब सिर्फ उसमें काम करने वाले अधिकारियों और कर्मियों के शरीर का रंग बदल जाने तक सीमित नहीं था। गाँधी (1909) लिखते हैं कि 'आप बाघ (अँग्रेज) का स्वभाव तो चाहते हैं, लेकिन बाघ नहीं चाहते। मतलब यह हुआ कि आप हिंदुस्तान को अँग्रेज बनाना चाहते हैं और हिंदुस्तान जब अँग्रेज बन जाएगा, तब वह हिंदुस्तान नहीं कहा जाएगा, बल्कि सच्चा इंग्लिस्तान कहा जाएगा। यह मेरी कल्पना का स्वराज्य नहीं है।', स्वतंत्र भारत में गाँधी की आवश्यकता पहले से अधिक थी। यह देश का दुर्भाग्य था कि वे जिस सपने को लेकर स्वतंत्रता-संघर्ष का आह्वान किए थे, वे आज भी यथावत हैं, जहाँ तक भाषा का सवाल है, तो आज मातृभाषा शिक्षा और संरक्षण की चिंता करने की आवश्यकता पहले से अधिक है, क्योंकि तबके अंग्रेज़ तो शरीर के रूप में सामने थे, लेकिन आज वे खून बन कर हमारी रगों में दौड़ रहे हैं।

भाषा का लोकतंत्र एवं लोकतंत्र की भाषा

देश में भाषा को लेकर अलग-अलग रूपों में सरकार से विभिन्न अपेक्षाएँ उभर कर सामने आती रहतीं हैं, जिनमें पंजाबी एवं हिंदी के लेखक महीप सिंह द्वारा 'भाषा आयोग' की माँग एवं हिंदी के संपादक एवं लेखक प्रभाकर श्रोत्रिय द्वारा 'अनुवाद विश्वविद्यालय' की माँग महत्त्वपूर्ण थीं। इसी क्रम में वर्ष 2018 में स्वैच्छिक संगठन 'भारतीय भाषा मंच' ने देश की सभी भाषाओं को केंद्र में रखकर 'भारतीय भाषा विश्वविद्यालय' की माँग की थी। अपने बृहत्तर उद्देश्यों में ये सभी माँगे लगभग समान पृष्ठभूमि एवं एक जैसी चिंताओं पर केंद्रित है। जिनमें देश की बहुभाषिक एवं बहुसांस्कृतिक लोकवृत्ति को अक्षुण्ण बनाए रखने, सबमें पारगमन की सुविधा सरल बनाने तथा देश का संघीय ढाँचा मजबूत करने जैसी व्यापक चिंताएँ शामिल हैं। इस सूची में हिंदी के लेखक प्रो. अशोक चक्रधर की इस माँग को शामिल किया जाना जरूरी लगता है, जिसमें वे सरकारी कार्यप्रणाली जिसके अनुसार भाषा एवं भाषा-प्रौद्योगिकी से संबंधित निर्णयों में सरकार के चार मंत्रालयों की सहभागिता होती है, इससे संबंधित जटिलता से बचने के लिए उन्होंने एक अलग 'भाषा मंत्रालय' की वकालत की थी। यदि इन सभी माँगों को देखा जाय, तो इनमें देश के मौजूदा परिदृश्य में सकारात्मक हैं, क्योंकि इनमें न तो किसी क्षेत्रीय भाषा को अस्मिता निर्माण के नाम पर संवैधानिक दर्जा देने की माँग है और न ही किसी राजनीतिक तुष्टीकरण को बढ़ावा दिए जाने का संदर्भ। ये सब देश के संघीय ढाँचे एवं लोकतांत्रिक मूल्यों के अनुरूप ही हैं। लेकिन दुख इस बात का है कि इन अपेक्षाओं पर प्राय: सरकारें उदासीन रहतीं हैं।

बहरहाल भारत जैसे बहुभाषी, बहुजातीय एवं लोकतांत्रिक देश के नीति-निर्धारण में भाषाओं ने हमेशा निर्णायक भूमिका निभाई है। देश में स्वतंत्रता-प्राप्ति के बाद

राज्यों के एकीकरण से लेकर आज तक प्रशासन, राजनीति, शिक्षा, रोजगार, व्यापार एवं पर्यटन आदि सब में भाषाओं की केंद्रीय स्थिति रही है। इसका सबसे बड़ा कारण देश के इस विशाल भू-भाग का बहुभाषिक एवं बहुसांस्कृतिक होना है। इन सबके ऊपर देश का लोकतांत्रिक ढाँचा इस विविधता को बनाए रखने के लिए उस दबाव समूह की तरह कार्य करता है, जो किसी नीति-नियंता को हमेशा गैरज़रूरी समझ में आता है। यही कारण है कि देश में वोट माँगने की भाषा दूसरी और जनता को निर्णय सुनाने की भाषा दूसरी होती है। जब कोई नेता वोट माँगने जाता है, तब तक तो वह जनप्रतिनिधि होता है, लेकिन जब वह जीत जाता है, तो नीति-नियंता होता है और किसी भी नीति-नियंता के लिए आदर्श स्थिति तो यही होती है कि वह जिस भाषा में निर्णय सुनाए उसे सभी आसानी से समझ जाएँ। इसलिए वोट माँगते समय जो विविधता उसे जटिलता के रूप में दिखी है, निर्णय सुनाते समय इस जटिलता को समाप्त करना किसी भी नीति-नियंता की प्राथमिकता में शामिल होती है।

इस पूरे प्रकरण में बाजार की उपस्थिति भी महत्त्वपूर्ण है, क्योंकि कमोबेश बाजार की प्राथमिकताएँ भी वहीं हैं, जो नीति-नियंताओं की हैं। इसके लिए भी आदर्श स्थिति यही होगी कि उसके उपभोक्ता थोक के भाव में एक भाषी हों, किसी एक उत्पाद का एक भाषा में बनाया गया विज्ञापन देश के किसी भी कोने में समान रूप से अपना असर दिखाए और किसी उत्पाद के पैकिंग पर एक भाषा में लिखे संदेश से कश्मीर से लेकर केरल तक एवं गुजरात से लेकर असम तक काम चल जाए। साथ ही अपने ब्राण्ड के तौर पर निजी कंपनियाँ जिस फिल्मी नायक या क्रिकेट खिलाड़ी को प्रस्तुत करे, वह देश के पूरे भूगोल पर प्रभावकारी हो। यह सब तभी होगा, जब देश में एक भाषा एवं एक संस्कृति हो, क्योंकि किसी समाज की भाषा एवं संस्कृति उसकी चेतना-निर्माण करती हैं और यह ऐसे कैनवस की तरह होता है, जिस पर नया कुछ उकेरना बहुत आसान नहीं होता है, वर्षों लग जाते हैं इस

मन: स्थिति को बदलने में। आज बाजार के एजेंडे में देश की बहुभाषिकता को अलग-अलग माध्यमों से समाप्त करना शामिल है।

अब ऐसे समय में जब 'सरकार' बाजार एवं 'बाजार' सरकार के हितों के पूरक हो गए हों तब देश में ऐसी अपेक्षाएँ करना, जिनसे भाषाई एवं सांस्कृतिक विविधता को बढ़ावा मिले, एक कठिन माँग है। अत: विभिन्न लेखकों द्वारा सरकार से उक्त अपेक्षाएँ करना, उसको असहज स्थिति में डालना है। पिछले वर्षों में जिस तरह अकादमिक क्षेत्र में मानविकी को प्रबंधन एवं विज्ञान की तुलना में लगातार द्वितीयक सिद्ध किया जा रहा है, यह अकेले न तो सरकार का निर्णय है और न ही बाजार का, बल्कि यह बाजार एवं सरकार के जुगलबंदी का अद्भुत उदाहरण है। यह जुगलबंदी देश की भाषाओं के लिए सर्वाधिक घातक है। दरअसल सत्तायी एकरूपता का प्रयास भाषा को बाहर से प्रभावित करता है, लेकिन बाजारू एकरूपता के प्रयास से कोई भाषा अंदर से प्रभावित होती है। इस प्रकार सरकार एवं बाजार दोनों के हित सधते हैं और भाषा से स्थानीय प्रतिरोध की धार कुंद होती है और यही बाजार एवं सरकार दोनों के लिए आदर्श स्थिति होगी। अन्यथा क्या कारण है कि देश में सर्वाधिक उपेक्षित भाषाई संस्थान ही होते हैं? आलम यह है कि एक सौ इक्कीस करोड़ की आबादी में से इन संस्थानों का एक प्रमुख खोजने में सरकार को तीन-तीन, चार-चार साल लग जा रहे हैं? यही नहीं एक ही व्यक्ति से वर्षों तीन-तीन संस्थाओं के मुखिया के तौर पर कार्य करवाया जाता रहा है। दिल्ली, आगरा, हैदराबाद एवं मैसूर तक फैले इन भाषाई संस्थानों के प्रति ये रवैया सरकार की अगंभीरता एवं उपेक्षा की कहानी कहने के लिए पर्याप्त हैं। अन्यथा देश के नीति-नियंताओं को यह तो पता ही होगा कि बिना स्थायी मुखिया के कोई संस्थान दिशाहीन हो जाता है, प्राथमिकताएँ बदल जाती हैं और आंतरिक कार्य-प्रणाली बुरी तरह से प्रभावित होती है। अब सवाल यह है भाषा के नाम पर निर्मित देश के पहले के ही संस्थान घोर उपेक्षा के शिकार हैं तो यह कैसे अपेक्षा किया

जाय कि उक्त नए संस्थान अपना आकार ले सकेंगे और अपने उद्देश्यों में सफल होंगें?

भाषा स्वयं में एक लोकतांत्रिक परिणति होती है। विश्व के प्रत्येक शास्त्रीय भाषा को अपने समृद्धि के बावजूद अपना वजूद इसीलिए खोना पड़ा, क्योंकि लोक उसके साथ नहीं था। इतिहास के चरण में प्रत्येक बिगड़ी हुई भाषा को मानकता प्रदान करने का कार्य भी इसी लोक ने किया है। इसलिए कम से कम किसी लोकतांत्रिक देश के नीति-नियंताओं को इस स्थिति के प्रति सचेत रहना चाहिए। और ऐसी जनभावनाओं का सम्मान करना चाहिए और जहाँ तक बाजार का सवाल है, तो इसके प्रति सचेत रहने की ज़िम्मेदारी स्वयं जनसमूह की है। इसी में देश की मातृभाषाओं का अस्तित्त्व सुरक्षित रहेगा और इसी के साथ सुरक्षित रहेगी उनकी संस्कृति, उनका वजूद और अंतत: एक बहुलतावादी लोकतंत्र।

चुनाव-प्रचार एवं भाषाई मर्यादा

देश में विभिन्न चुनाव के प्रचार-अभियानों को अब अनेक कारणों के लिए याद किया जाने लगा है, जो धन-बल के अधिकतम प्रयोग के साथ अमर्यादित भाषा के प्रयोग की प्रयोगशाला बनते जा रहे हैं। निश्चित रूप से ये सब विश्व के सबसे बड़े लोकतंत्र पर कई सवाल छोड़ते हैं। क्या कारण है कि चुनाव इतनी व्यापक रणनीति और आक्रामक भाषा-प्रयोग की मिशाल बनते जा रहे हैं? क्या कारण है कि सभी दल अपना सब कुछ दाव पर लगाने के लिए आतुर रहते हैं? गौरतलब है कि इन्हीं चुनावों के नामांकन की प्रक्रिया में घोषित आय से स्पष्ट होता है प्राय: मंत्रियों एवं सांसदों की संपत्ति दो गुना से तीन गुना जाती है। दिलचस्प यह है कि इस पर कोई बात करने के लिए भी तैयार नहीं होता है। वरना वह कौन-सा तरीका है कि इतनी महँगाई के बावजूद इनकी संपत्ति में बेतहासा वृद्धि होती है। अपनों को उपकृत करने के साथ सत्ताई ऐश्वर्य के अनेक रूप हैं, जिनसे प्रत्यक्ष-अप्रत्यक्ष रूप से राजनीतिक दल और उनके निर्वाचित पदाधिकारी जुड़े होते हैं। स्पष्ट है कि आज की संसदीय राजनीति कोई समाज सेवा नहीं है, बल्कि सीधे लाभ-हानि का उपक्रम है, जहाँ किया जाने वाला सभी निवेश लाभ की प्रत्याशा में ही होने लगा है। वैसे भी चुनाव आयोग की निगरानी के बावजूद अपार पूँजी की सहभागिता के अपने निहित उद्देश्य तो होंगे ही। यदि यह राजनीति कहीं से समाज सेवा का माध्यम होती, तो इसमें इतनी वैमनस्यता, व्यक्तिगत घृणा और दुष्प्रचार नहीं होता, बल्कि 70 वर्षों से अधिक उम्र के प्रौढ़ लोकतंत्र में अपेक्षा तो यह की जाती है कि सभी नेता अपनी दलीय प्रतिबद्धता के बावजूद अंतत: देश के प्रति जिम्मेदार होते और अपने आचरण और व्यवहार से एक ऐसे आदर्श की स्थापना करते, जो सभी के लिए प्रेरणादायी होता।

बहरहाल 2014 के संसदीय चुनाव ने भाषाई मर्यादाओं को जिस तरह से तार-तार किया था, उसे चुनावी अभियानों के विद्रुपीकरण की पृष्ठभूमि माना जाना चाहिए। किसी राजनीतिक दल या दबाव समूह द्वारा अपने उद्देश्यों, नीतियों एवं कार्यक्रमों को अपने लक्षित वर्ग तक पहुँचाने के लिए विभिन्न माध्यमों द्वारा प्रचार किया जाता है। इस प्रचार में प्रयुक्त भाषणों के नारों और प्रतीकों का लक्ष्य यह होता है कि अधिकाधिक लोग भावनात्मक रूप से उससे जुड़ें। इस क्रम में राजनीतिक दलों की यह जिम्मेदारी बनती है कि वे इस बात पर ध्यान केंद्रित रखें कि देश और समाज में किसी प्रकार का घृणा या वैमनस्य न पैदा हो। प्रचार-अभियान का संचालन इस तरह से होना चाहिए कि स्वयं चुनाव-प्रक्रिया एक विकासशील समाज के सामने सकारात्मक संदेशों की वाहिका सिद्ध हो। लेकिन यह बदले हुए चुनावी उद्देश्यों का ही परिणाम है कि आज राजनीतिक दल अपने चुनावी धार में सर्वोत्तम से कम कुछ भी स्वीकार करने के लिए तैयार नहीं है। जिसमें येन-केन-प्रकारेण चुनाव जीतना ही लक्ष्य होता है और इस क्रम में लोकतंत्र के प्रति नेताओं की निहित जिम्मेदारी बहुत पीछे छूट जाती है। इसी का परिणाम है कि इस चुनाव में आपसी प्रतिद्वंदिता और स्वयं की सर्वोच्चता दिखाने के लिए सभी सीमाएँ तोड़ी गईं थी। गौरतलब है कि इस सबके प्रकटीकरण का माध्यम तो भाषा ही होती है, इसलिए इसका सीधा असर भाषाई प्रयोगों पर पड़ता है। ये कुछ बयान हैं, जो विभिन्न राजनीतिक दलों के नेताओं द्वारा मुखरित हुए हैं- "मोदी मूँछ के बाल हैं, जबकि राहुल पूँछ के।" (शिवराज सिंह चौहान), "मोदी नपुंसक हैं।" (सलमान खुर्शीद), "जो लोग पाकिस्तानपरस्त हैं, वही लोग मोदी को रोकना चाहते हैं।" (गिरिराज सिंह) "मुसलमानों को कम्यूनल होना पड़ेगा, वे अपनों को वोट नहीं देते।" (शाजिया इल्मी), "राहुल गाँधी हनीमून-पिकनिक मनाने दलितों के घर जाते हैं।" (रामदेव), "मोदी कुत्ते का छोटा भाई है।" (आजम खाँ), "मोदी को बोटी-बोटी कर दूंगा।" (इमरान मसूद), "मोदी इनकाउंटर मुख्यमंत्री हैं" (पी. चिदम्बरम), "मोदी जहर की खेती करते हैं।" (सोनिया गाँधी), "सिंघल बुड्ढे, पहले तुम पाँच

बच्चे पैदा करके दिखाओ।" (लालू प्रसाद यादव), "जब जेटली को पंजाबी नहीं आती, तो पंजाब से चुनाव कैसे लड़ सकते? (अमरिंदर सिंह), "मोदी का दिमाग खराब हो गया है।" (शरद पवार)। इसके साथ 'पप्पू', फेंकू, दामादजी, जीजाजी, गुंडा और गुंडी जैसे शब्दों का प्रयोग भी व्यापक स्तर पर हुआ था। इनमें से राजनीतिज्ञों की जो छवि मुखरित होती है, उनमें अगंभीर, गैर-जिम्मेदार, स्त्री-विरोधी, उन्मादी, सांप्रदायिक, दलित-विरोधी, बड़बोला, छुद्र मानसिकता एवं हिंसक होने के पर्याप्त संकेत हैं। यद्यपि इसमें से कुछ बयानों की पूरी शृंखला है, तो कुछ पर उपजे विवाद के बाद संबंधित व्यक्ति ने खेद जताने की रश्म अदायगी भी की है, लेकिन सवाल यह है कि ये बयान मस्तिष्क से मुँह तक आए कैसे? वह भी विभिन्न शीर्ष नेताओं द्वारा भी। ध्यान रहे कि इन बयानों में ऐसे नेताओं के बयान को शामिल नहीं किया गया है, जो सिर्फ चर्चा में बने रहने के लिए विवादित वक्तव्य जारी करते हैं। प्रख्यात भाषाविद सस्यूर ने कहा था कि भाषाई प्रयोग शतरंज के खेल जैसे होते हैं, जिस प्रकार शतरंज की पूरी नियमावली होती है, वह किसी व्यक्ति की भाषा-व्यवस्था होती है और उसमें से एक चाल का चलना भाषा-व्यवहार होता है। इस प्रकार यदि उक्त बयानों को शतरंज की एक चाल मानकर इसके पीछे की व्यवस्था के रूप में संबंधित नेताओं की मानसिकता का अंदाजा लगाया जाय, तो स्थिति की भयावहता को समझा जा सकता है। यद्यपि सभी बयानों के अपने संदर्भ हैं और उन सबमें प्रतिद्वंदी से बढ़त बनाना मुख्य उद्देश्य होता है। लेकिन इस क्रम में नेताओं की मन:स्थिति तो सार्वजनिक हो ही जाती है। ऐसा नहीं है कि ये सब अनायास ही ध्वनित हो जाता है। अमेरिकी प्रोफेसर जार्ज लकॉफ अपने निष्कर्षों के आधार पर ये बताते हैं कि राजनीतिज्ञ अपने भाषणों में एक ऐसा आभासी वृत्त बनाते हैं, जिसमें एक भी शब्द एक पूरे संदर्भ को श्रोताओं के मन-मस्तिष्क में पहुँचा देता है। तब यह कहना कि ऐसे बयान किसी जल्दबाजी या असावधानी के कारण सामने आ जाते हैं, बिलकुल स्वीकार्य नहीं हो सकता। अमरीकी राष्ट्रपति बराक ओबामा सन् 2008 के अपने

राष्ट्रपति के चुनाव-अभियान के निर्णायक भाषण की शुरुआत मार्टिन लूथर किंग के तकिया कलाम 'आई हैव ए ड्रीम' से किया था, इस प्रकार उन्होंने न सिर्फ मतदाताओं को भावनात्मक रूप से स्वयं को जोड़ा था, बल्कि प्रकारांतर से मार्टिन लूथर की पूरी विरासत पर अपना दावा भी किया। इधर चुनावों में नरेंद्र मोदी ने अपने प्रतिद्वंदी राहुल गाँधी को हमेशा सिर्फ 'शहजादा' कहकर ही संबोधित किया था। गौरतलब है कि भारतीय संदर्भ में कांग्रेस के राजतंत्रीय स्वरूप को सिर्फ एक शब्द के सहयोग से ही जनता के सम्मुख रखने का प्रयास किया था। ऐसे प्रयोग मोदी पहली बार नहीं कर रहे हैं, अपने 2001 के गुजरात विधानसभा-चुनाव के दौरान तत्कालीन पाकिस्तानी प्रमुख परवेज़ मुशर्रफ की अपने ऊपर की गई एक नकारात्मक टिप्पणी को इस तरह से पेश किया कि 'मोदी का विरोध का मतलब पाकिस्तान का समर्थन है।' इस प्रकार कांग्रेस सहित तमाम विरोधियों को सामने रखते हुए गुजरात की जनता से अपील की थी कि 'मोदी हारेगा तो जश्न पाकिस्तान में मनाया जाएगा।' मोदी अपने भाषणों में शब्दों के प्रयोग के प्रति हमेशा सुनियोजित होते थे। वर्तमान गत चुनाव में गिरिराज सिंह द्वारा जारी उक्त वक्तव्य तो मोदी के भाव को सिर्फ शब्द दे दिया गया है। इन बयानों को किस लोकतंत्र में स्वीकार किया जा सकता है, जिसमें चुनाव के विरोधी को देश का विरोधी घोषित कर दिया जाय। इस क्रम में हैरान करने वाला बयान, तो योग गुरु के नाम से प्रचारित रामदेव का है, वरना जिस योग में मन, कर्म एवं वचन पर नियंत्रण रखने की शिक्षा दी जाती हो, उसके गुरु द्वारा इस तरह का बयान न सिर्फ उनकी कुंठा को दर्शाता है, बल्कि दलितों की पूरी उपस्थिति को न्यूनतम दायरे में सीमित करता है। यह पूरा प्रकरण यह बताने के लिए पर्याप्त है कि रामदेव का योग दरअसल शुद्ध बाजार है, जिसमें सत्ताई संरक्षण पाने के लिए दलीय व्यवस्था में अपनी पक्षधरता सिद्ध करनी पड़ रही है। अच्छा होता कि रामदेव एक योगी स्वामी विवेकानंद से कुछ सीख पाते, जिन्होंने विश्व मंच पर अपने संबोधन "भाइयों एवं बहनों" से देश की ख्याति बढ़ाई थी।

इन भाषाई प्रयोगों की संवेदनशीलता से सभी बखूबी परिचित हैं। यही कारण है आज टेलीविजन की अंधाधुंध खबरों और बहसों ने जिस तरह का माहौल तैयार किया है, उसमें राजनीतिक दल छोटे-छोटे मसलों पर भी रणनीति बनाते हैं और उसी के अनुरूप उनके प्रवक्ताओं को प्रशिक्षण भी दिया जाता है। इस लिए इसमें कोई संदेह नहीं कि हर वक्तव्य पूरी तैयारी से जारी किए जाते हैं और उनके प्रभावों का आँकलन किया जाता है। बयानों के हानि-लाभ की चिंता भी खूब होती है, यही कारण है कि 'हर-हर मोदी, घर-घर मोदी' जैसे भाजपाई नारे में आभासी शिव के अपमान के बोध से शंकराचार्य को इस नारे को वापस लेने के लिए हस्तक्षेप करना पड़ा था।

हालाँकि खबरों की रफ्तार और टीआरपी की प्रतिस्पर्धा ने भी इस प्रवृत्ति का विस्तार किया है, समाचार जब बुलेट की रफ्तार से चलेगा, तो घायल होने की संभावना तो बढ़ ही जाती है। इसमें कुछ न हो तो भी मीडिया ने ऐसा वातावरण तो बना ही दिया है, जिसमें 'मीडिया ने बयान को तोड़-मरोड़कर पेश किया है।' जैसे स्पष्टीकरण की खपत बढ़ गई है और कई बार अपने दोष को मीडिया के ऊपर आसानी से मढ़ दिया जाता है।

कुल मिलाकर राजनीतिक दल एवं उनके नेताओं की असंवेदनशीलता एवं गैर-जिम्मेदारी के बोध तथा मीडिया चैनल एवं उनके संपादकों की खबरों को सनसनी बनाने की प्रवृत्ति एवं असावधानी के बोध ने लोकतंत्र को जहाँ छोड़ा है, वहाँ से पीछे जाने का रास्ता खोजा जाना चाहिए और सबको अपने हिस्से की जिम्मेदारी स्वयं समझनी चाहिए। इसमें जितना सत्य यह है कि बिना राजनीतिक दल एवं मीडिया के लोकतंत्र की कल्पना नहीं की जा सकती, उससे बड़ा सत्य यह है कि ये दोनों ही राजनीतिक अभिव्यक्ति की भाषा के गिरते स्तर के लिए जिम्मेदार हैं। विश्व के सबसे बड़े लोकतंत्र होने के कारण देश में इस बात का प्रयास होना चाहिए कि पूरे विश्व के सामने लोकतंत्र का आदर्श प्रस्तुत किया जा सके, एक ऐसा लोकतंत्र

जिसके बारे में पूर्व प्रधानमंत्री अटल बिहारी वाजपेयी ने लोकतंत्र को व्याख्यायित करते हुए कहा था कि "लोकतंत्र वह है, जहाँ प्रचार बिना घृणा के और सरकार बिना हिंसा के बने।"

भाषिक प्रतीकों में समाज

साहित्य यदि 'समाज का दर्पण' है, तो भाषा उस दर्पण की आत्मा होती है, जिसके आधार पर समाज के वर्तमान के साथ उसके अतीत को समग्रता में विवेचित किया जा सकता है। समाज की आंतरिक संरचना भाषिक प्रयोगों में इस तरह से रची-बसी होती है कि उसका प्रभाव भाषिक संरचना में बना रहता है और उसके प्रतीक समकालीन प्रयोग की भाषा में भी वर्षों बाद अवशेष की तरह सामने आते रहते हैं। यद्यपि ऐसे में जब विखंडनवाद के रास्ते प्रतीकों और उनसे जुड़े अर्थ के संबंधों पर एक लंबी बहस हो चुकी हो, तब देश में उस पर इस समय बात करना इसलिए भी आवश्यक है, क्योंकि वर्तमान समय में भाषिक प्रतीकों के बहाने समाज में निहित उस भावना पर बात हो सके, जो आज भी गैर-बराबरी के विभिन्न धरातलों को मजबूत कर रही है, जबकि ऐसे प्रयोगों के उदाहरण भाषिक चयन के फलस्वरूप प्रयुक्त मुहावरों एवं रूपकों के माध्यम से समाज में लगातार प्रयोग में हैं। गौरतलब है कि लोकोक्तियाँ, मुहावरे और इन जैसे अनेक शैलीगत या व्यक्तिगत भाषिक प्रयोग महज कुछ दिन या कुछ सालों के परिणाम नहीं होते, बल्कि सदियों के प्रयोगों और मान्यताओं से सिंचित और पोषित होते हैं और उसी तरह एक दिन में उनसे मुक्ति पाना भी आसान नहीं होता। यही कारण है कि समाज के प्रयोगों में 'हमने कोई चूड़ियाँ नहीं पहनी है' जैसे प्रयोग आसानी से मिल जाते हैं। समाज के नेतृत्व का दावा करने वाली आज की लोकप्रिय राजनीति में किसी महिला नेता को भी अपने विरोधी को चूड़ी का उपहार देते हुए देखा जा सकता है, वह भी सिर्फ इसलिए कि विरोधी पुरुष नेता को जेंडरगत रूपकों के माध्यम से नीचा दिखाया जा सके। यह सही है कि समाज में चूड़ी सिर्फ महिलाएँ पहनतीं हैं, लेकिन यह कहाँ तक सही है कि महिलाएँ पुरुषों से कमतर होती हैं। क्या हमारे इतिहास की वीरांगनाएँ चूड़ी नहीं पहनती रही होंगी? क्या सिर्फ चूड़ी पहनने मात्र से यह तय हो जाएगा कि वे हाथ बेलन उठाएंगे या तलवार? क्या बेलन और तलवार को जेंडरगत पहचान से जोड़ना उचित है? दरअसल यही भारतीय समाज का वह स्याह पक्ष है, जिससे

आसानी से सिद्ध होता है कि हम सब पितृसत्तात्मक रहे हैं और यदि उक्त प्रयोग करते हैं, तो हम उसी विरासत को सींच रहे होते हैं। ऐसा नहीं है कि पुरुष चूड़ी नहीं पहनते, लेकिन उसे 'चूड़ी' स्वीकार नहीं करते, बल्कि उसे जेंडरगत पहचान से निकालकर उसका पुल्लिंग रूप 'चूड़ा' कहते हैं, ताकि गहने से स्त्रीगत पहचान मिटाई जा सके। इस क्रम में चूड़ी और कंगन के संबंध को भी समझा जा सकता है। इनमें एक साम्य तो यह है कि दोनों स्त्रियों के पहनावे हैं, लेकिन वैषम्य यह है कि कंगन अपनी बनावट में चूड़ी से मजबूत होता है, इसलिए न सिर्फ वह पुल्लिंग शब्द है, बल्कि कभी कमजोर दर्शाने की अभिव्यक्ति के साथ नहीं आता है। बल्कि 'हाथ कंगन को आरसी क्या' में यह विश्वसनीयता का संदर्भ लिए हुए है। हमारी भाषाओं में ऐसे सैकड़ों शब्द मिल जाएँगे, जिनमें उनकी लिंगगत पहचान में स्त्रीलिंग और पुल्लिंग के मध्य के विभाजन का तर्क सिर्फ यह होता है कि स्त्रीलिंग वाले शब्द तुलनात्मक रूप से कमजोर, छोटा, लचीला जैसे लोक-व्याप्ति के न्यूनतर क्षमता वाले भावबोध के शब्द होते हैं, जबकि पुल्लिंग वाले शब्दों का अर्थबोध यह बताता है कि ये शब्द स्त्रीलिंग वाले शब्दों की तुलना में मजबूत, बड़ा, कठोर और उपयोगी जैसी अतिरिक्त क्षमता को अभिव्यक्त करने वाले शब्द होते हैं, जैसे- खेत-क्यारी, पेड़-लता, डाल-डाली, थाल-थाली, दरवाजा-खिड़की, पुल-पुलिया, मेज-कुर्सी आदि। हालाँकि इसमें हाथी और मूँछ जैसे कुछ शब्द अपवाद भी हैं, क्योंकि हाथी की विशालता के बरक्स 'हाथी' शब्द अपने प्रकृति में स्त्रीलिंग जैसा प्रतीत होता है, जबकि पुरुष के पौरुष की प्रतीक 'मूँछ' वास्तव में स्त्रीलिंग होती है। चाहे 'मूँछ की लाज' बचाने की कितनी भी कीमत क्यों न हो।

भारतीय समाज के व्यापक तबके में सत्ताई घृणा का जेंडर और जाति एक का बड़ा आधार रहा है, इसलिए भाषा में इसकी छाप स्पष्ट दिखाई देती है। लोकोक्तियों और मुहावरों में प्रयोग इसके प्रमाण हैं, जैसे- 'पैसा ही पुरुषत्व और पुरुषत्व ही पैसा है' में सत्ता का एक मजबूत आधार 'पैसा' की तुलना 'पुरुषत्व' से की गई है और ऐसे में यहाँ 'स्त्रीत्व' के लिए स्थान नहीं होगा। इसी तरह 'कहाँ राजा भोज, कहाँ गंगू तेली' में 'गंगू' की ऐसी स्थिति की

जिम्मेदार उसकी जाति है, कोई स्वतंत्र व्यक्तित्व नहीं। दूसरे राजा के सामने खड़ा होने से वह सिर्फ दया का पात्र हो सकता है। वैसे भी राजवंश में तो राजा के सामने कोई प्रजा खड़ी नहीं हो सकती थी, तो 'गंगू तेली' तो अनिवार्यत: राजा के सामने खड़ा होने लायक नहीं रहा होगा। आगे बढ़ने पर 'चोरी-चमारी' जैसे प्रयोग आसानी से मिल जाते हैं, जिसमें एक अपराध को जातिगत प्रवृत्ति के समतुल्य बताया जाता है। इस क्रम में इतिहास, मिथकों या लोक-प्रयोगों के अनेक पात्र या प्रसंग भी सामने आते हैं, जिनकी छवि को या तो एक खास ढाँचे में बंद कर दिया गया है या किसी के प्रति दुराग्रह का भाव अभिव्यक्त होता है, जैसे- कुंभकरण, विभीषण, नारद, जयचंद, धोबी का कुत्ता, विधवा-विलाप, अंधा राजा आदि प्रयोग न सिर्फ कभी सत्ताई पृष्ठभूमि की दृष्टि से गढ़े गए, बल्कि आज भी इनके प्रयोग से एक समानांतर संदेश संप्रेषित होता है। हालाँकि इसके गढ़ने में निश्चित रूप से सत्ताई भागीदारी रही है, लेकिन इनके प्रयोग वर्तमान समाज में भी होते हैं, जिनमें इनके मूल अर्थ-छवि से अनभिज्ञ किसी प्रयोगकर्ता की स्थिति को तो समझा जा सकता है, लेकिन ये प्रयोग आज के लोकतंत्र में विभिन्न राजनीतिक दलों के नेताओं से मुँह से सुनना नि:संदेह चिंता पैदा करने वाला है।

प्रथमतया किसी व्यक्ति, स्थान या वस्तु के नामकरण की प्रक्रिया सहज दिखती है और वास्तव में इसे सरल होनी भी चाहिए। लेकिन ऐसा संभव नहीं हो पाता है, क्योंकि मनुष्य का मानसिक विकास जिस प्रक्रिया के तहत होता है, उसमें सामाजिक, सांस्कृतिक, ऐतिहासिक, राजनीतिक एवं मनोवैज्ञानिक परिघटनाएँ लगातार गतिशील रहती हैं। इसलिए किसी नामकरण की प्रक्रिया में भी एक निहित उद्देश्य कार्य कर रहा होता है। निर्मल वर्मा जब कह रहे होते हैं कि सत्य एवं सातत्य के स्रोत भाषा में होते हैं, तो वे दरअसल इन्हीं प्रक्रियाओं की तरफ संकेत कर रहे होते हैं। इसमें भाषाई प्रयोग की जो सरणी बनती है वह अपने समाज और संस्कृति को प्रतिबिंबित करती है। हालाँकि कई बार किसी नामकरण की प्रक्रिया में सादृश्यता का बोध भी काम करता रहता है, जैसे कंप्यूटर का एक सहयोगी उत्पाद 'माउस' के नामकरण में सादृश्यता का ही भाव है, अन्यथा कंप्यूटर और चूहे का क्या संबंध हो सकता

है। इसी क्रम में व्यक्ति के नाम के रूप में लंबू-कालू जैसे नाम व्यवहार में आ जाते हैं। कई नाम उपयोगिता या कार्य-पद्धति के आधार पर रखे जाते हैं जैसे- कलकुलेटर, बस स्टेशन और हवाई जहाज आदि। निश्चित रूप से ऐसे शब्दों का कोई सांस्कृतिक आधार नहीं होता है और इसकी व्यापकता अँग्रेजी मूल के शब्दों में अधिक मिलती है। वर्तमान समय में व्यक्ति के नामों जैसे- पिंटू, डुलडुल, बंटी एवं पम्मी जैसे शब्दों का शायद ही कोई अर्थपरक मूल होता होगा, लेकिन ऐसे नामों के मूल अँग्रेजी के प्रभाव को सहज महसूस किया जा सकता है। इन किंचित आधुनिक संदर्भों को छोड़ दें, तो हमारा समाज और इसके नामकरण की प्रक्रिया में ऐसे तत्त्व मौजूद हैं, जिनका अर्थपरक संदर्भ किसी खास छोर तक जाता है। उसकी ग्राह्यता या अग्राह्यता की अपनी बहसें हो सकती है, लेकिन उन तक पहुँचने के लिए आवश्यक है कि उन पर बात-चित हो।

प्रमुख भाषाविद सस्यूर द्वारा दी गई संकल्पना में 'संकेतक' निष्पक्ष हो सकता है, लेकिन 'संकेतित' की व्याप्ति समाज की गतिकी एवं पारिस्थितिकी से अनवरत जुड़ी रहती है। भारत के वृहत्तर लोक-जीवन की महत्तम आकांक्षा 'मोक्ष' की प्राप्ति रही है और उसका एक व्यापक संबंध भगवान के स्मरण से माना जाता रहा है, यही कारण है कि बहुधा परिवार में बच्चों का नाम देवी-देवताओं के नामों पर रखा जाता रहा है। राम, कृष्ण, विष्णु, शिव, दुर्गा एवं काली जैसे सैकड़ों नाम देश के लाखों लोगों के नामों के हिस्से में पाये जा सकते हैं, उनके भी जो आस्तिक हैं और उनके भी जो नास्तिक हैं, क्योंकि नाम रखने का काम पिछली पीढ़ी का होता है और जब तक व्यक्ति चैतन्य होता है, तब तक परिवार द्वारा दिए गए एक प्रतीक के रूप में एक शब्द उसके साथ रूढ़ हो जाता है। लोक मान्यता में किसी रामबहादुर या दुर्गावती के संबोधन के तात्कालिक संदर्भों से परे एक स्थाई उद्देश्य जुड़ा होता है और वह है मोक्ष की प्राप्ति। इसलिए नामकरण की यह प्रवृत्ति सिर्फ व्यक्ति के नाम में ही नहीं वरन स्थान के नाम में भी जुड़ी होती है और यही एक बड़ा कारण है कि देश में यदि कोई एक नाम सबसे अधिक होगा, तो उनमें 'रामपुर' का नाम अवश्य होगा। नामकरण का एक संदर्भ इतिहास की घटनाओं और पात्रों से

भी जुड़ा होता है। इसमें यदि स्थान नाम में 'रामपुर' की व्याप्ति है, तो शिवाजी, अकबर, हुमायूँ, शाहजहाँ, औरंगजेब और पृथ्वीराज के नाम पर भी सड़क या नगर मिल जाएँगे। इस क्रम आगे बढ़ने पर गाँधी, नेहरू, अंबेडकर एवं सुभाष आदि के नाम पर भी बहुत कुछ मिल जाएगा। स्वतंत्रता के बाद भी अनेक चौक-चौराहे सत्ताधारी दल के नेताओं के नाम पर देखने को मिल जाते हैं और तमाम पुराने नामों के बदलने का उपक्रम अपनी सुविधा के अनुसार चलता रहता है। बहरहाल प्रो. वृषभ प्रसाद जैन लिखते हैं कि "प्रतीक का प्रयोग ऐसे ही अनायास नहीं किया जाता है, बल्कि प्रतीक के प्रयोग के मूल में रचनाकार का एक उद्देश्य निरंतर बना रहता है।" ऐसे रचनाकार बहुत चालाक होते हैं, जो अनायास ही इतिहास के अंग बन या बना दिए जाते हैं और हमको और आपको समझा देते हैं कि 'नाम में क्या रखा है?'

सत्ता अपने लिए एक परिधि बनाती है और इसके अंदर एक उच्चता का बोध बनाए रखने के लिए लगातार न सिर्फ परिधि को मजबूत बनाती है, बल्कि उसमें नए मूल्यबोध स्थापित करती रहती है। चूँकि देश में सत्ता के केंद्र में सवर्ण जातियाँ और पुरुष रहे हैं, इसलिए भाषाई संरचना पर इसका प्रभाव दिखना स्वाभाविक ही है। जैसे- परिवार में पति को पत्नी का स्वामी माना गया और इसी की सादृश्यता में राष्ट्र का स्वामी को 'राष्ट्रपति' शब्द दिया गया।। वैसे भी सत्ता के नियामक पदनाम प्राय: पुरुष केंद्रित ही मिलते हैं, जैसे- चेयरमैन, स्पीकर, अध्यक्ष, सभापति एवं मंत्री आदि। यद्यपि आज यह स्वीकार किया जाना चाहिए कि लोकतंत्र परिपक्व हो रहा है, जहाँ वंचित तबको के लोग भी अब शीर्षस्थ पदों पर पहुँच रहे हैं, लेकिन भाषाई संरचना इस परिपाटी के इतिहास को अपने साथ बचाकर रखी है। इसलिए महिला होने के बावजूद वह 'पति' ही बनी रहती है। हालाँकि एक तर्क यह भी दिया जाता है कि पद-नामों का कोई जेंडर नहीं होता। यदि कुछ समय के लिए इस तर्क को सही भी मान लिया जाए, तो सवाल यह उठता है कि ये पद-नाम अनिवार्य रूप से पुरूषवाचक ही क्यों हैं? असल में व्यवस्था-निर्माण के समय संभवत: यह सोचा भी नहीं गया होगा कि कोई महिला भी कभी इन पदों पर आ सकती है। ध्यान रहे कि लोक-प्रयोग की व्याप्ति इतनी सरल और

निष्कलंक है कि वंचितों को वास्तव में जब उनका स्थान मिल जाएगा, तब शायद भाषा में उसको स्थान मिल जाए, अन्यथा इतिहास की गलतियाँ वर्तमान में भाषा के साथ सामने आती रहेंगी।

हिंदी की राजनीति एवं राजनीति की हिंदी

देश में कई बार किसी सरल विषय पर भी जब चुनावी राजनीति का हस्तक्षेप होता है, तो वह अनायास ही जटिल हो जाता है। पक्ष-प्रतिपक्ष के तर्क-कुतर्क तथा दावों-प्रतिदावों के बीच वह और भी उलझता ही जाता है। हिंदी हमेशा से ऐसी राजनीति की शिकार रही है। तमिलनाडु हमेशा से हिंदी-विरोध का नेतृत्व किया है, लेकिन वहीं से अब समाचार यह भी आते हैं कि अभिभावक वहाँ के विद्यालयों के प्रबंधन पर इस बात का दबाव बना रहें हैं कि उनके बच्चों को हिंदी भी पढ़ाया जाय, ताकि उनके रोजगार की संभावना तमिलनाडु से बाहर भी बने। इससे वहाँ के राजनीतिक दलों को सबक लेना चाहिए। हो सकता है कि आज ऐसे अभिभावकों की संख्या कम हो, लेकिन भविष्य में ऐसी माँगों का विस्तार ही होगा, क्योंकि भाषा की वास्तविक नियंता आम जनता होती है और बाजार का हिंदी के पक्ष में खड़ा होना, दरअसल इस सच्चाई को स्वीकार करना है। बहरहाल हिंदी की अपनी एक चाल है और उस पर इस तरह के विरोधों से बहुत प्रभाव भी नहीं पड़ता। ऐसा भी नहीं है कि हिंदी की इस चाल में उन लोगों का भी कोई सीधा योगदान है, जो इसको अपनी निजी संपत्ति समझते हैं, बल्कि आज हिंदी की इस बेफिक्र चाल का आधार उसकी व्यापक स्वीकार्यता एवं बहुभाषिक जनसंपर्क की अपरिहार्यता है तथा आज इसका तेजी से उभरता बाजार है। हिंदी के विरोध एवं स्वीकार्यता के संदर्भ को बताते हुए मुझे एक संदर्भ याद आता है। दरअसल आठ-दस साल पहले बंगलोर स्थित एक आधुनिक बहुमंजिली पुस्तकों की दुकान में मैं हिंदी का एक उपन्यास खरीदने गया था, शहर के मिजाज एवं माँग के अनुसार नीचे से 6 मंजिल तक कंप्यूटरविज्ञान एवं अन्य विषयों की मोटी-मोटी अँग्रेजी की पुस्तकें और दुकान के अँग्रेजी भाषी कर्मी उपलब्ध थे। एक-एक मंजिल ऊपर चढ़ते, पूछते एवं कर्मियों से उपेक्षित होते हुए मैं आगे बढ़ा। अंतिम मंजिल पर

स्थित हिंदी की किताबों में से पूरी तरह खोजने के बाद विक्रेता से बड़े साहस से पूछा कि प्रेमचंद का उपन्यास 'निर्मला' है, यहाँ भी जबाब में 'ना' और भाव में उपेक्षा ही थी। लेकिन इन सब के बीच उसी दुकान में केंद्रीय ध्वनि के रूप में जो ध्वनि थी, वह दुकान की व्यवस्था के अनुरूप बज रहे हिंदी के गानों की थी। पता नहीं हमारा राजनीतिक समूह इससे सबक क्यों नहीं लेता। वर्ष 2012 में जब वैश्विक मंदी के साथ देश में अनेक उद्योग बंद हो रहे थे, तो अग्निपथ, हाउसफुल-2, राउड़ी राठौड़, एक था टाइगर, बर्फी, बोल बच्चन, दबंग-2, सन ऑफ सरदार और 'जब तक है जान' जैसी नौ हिंदी फिल्में ऐसी थीं, जिन्होंने 100 करोड़ से अधिक की कमाई की थीं। क्या इसके पक्ष या विपक्ष को ये नेता प्रभावित कर सकते थे? स्पष्ट है कि हिंदी ने जिस तरह से बाजार के माध्यम से निर्विवाद आगे का रास्ता अपनाया है, वह अन्यत्र दुर्लभ है।

किसी भाषा के प्रभाव को बलात न बढ़ाया जा सकता है और न ही घटाया जा सकता है, बल्कि प्रत्येक भाषाई बदलाव स्वाभाविक रूप से समय के साथ समाज द्वारा स्वीकृत होते जाते हैं। आज हिंदी का बाजार इसी प्रक्रिया को समृद्ध कर रहा है। बाजार द्वारा तैयार अनेक शब्द जितनी आसानी से हिंदी में स्वीकृत हो जाते हैं, उतनी आसानी से ये सरकारें नहीं कर पातीं हैं। जादू की झप्पी, राबचिक, दबंग, खोखा एवं बाबा जी का ठुल्लू जैसे अनेक प्रयोग अपनी नई अर्थवत्ता के साथ आसानी से स्वीकार्य हो रहे हैं। 'चेन्नई एक्सप्रेस' जैसी फिल्म ने न सिर्फ भरपूर कमाई की, बल्कि हिंदी-तमिल के राजनीतिक खटास को कम ही किया था। इन सबके बावजूद हमारा राजनीतिक नेतृत्व इसको स्वीकार करने को तैयार नहीं है। क्योंकि यदि करुणानिधि अपने समय में इसको स्वीकार कर लिए होते, तो उनकी राजनीतिक जमीन खतरे में पड़ जाती। जिस भाषाई अस्मिता को उन जैसे लोगों ने अपनी राजनीतिक अस्मिता बना रखी है, उसमें सब कुछ अतिरेक के रूप में ही प्रस्तुत किया जाता है। ये वही करुणानिधि हैं, जिन्होंने कभी शंकराचार्य द्वारा संस्कृत को देवताओं की भाषा बताने के प्रतिवाद में कहा था कि 'तमिनाडु के जो

देवता तमिल नहीं जानते, वे तमिलनाडु छोड़कर चले जाएँ।' देवताओं का तो पता नहीं, लेकिन ठीक उसी के बाद करुणानिधि ने दिल्ली जाने के लिए जिस दल से हाथ मिलाया था, उसका उत्थान ही 'हिंदी, हिंदू एवं हिंदुस्तान' के नारे के साथ हुआ था।

सच तो यह है कि हिंदी ने अपना रास्ता स्वयं बनाया है और इस रास्ते की जिस किसी ने सवारी की है, उसको लाभ ही हुआ है। एक लंबे समय तक नरेंद्र मोदी जैसे बहु-उपेक्षित नेता को गाँधीनगर से दिल्ली आने में इस रास्ते का कम योगदान नहीं है। एन. टी. रामाराव, देवगौड़ा एवं सोनिया गाँधी जैसे अनेक नेताओं ने इस सवारी के लिए ही हिंदी सीखी थी। इस प्रकार अखिल भारतीय पहुँच के लिए हिंदी एक मजबूरी है। महात्मा गाँधी से लेकर आज तक के जिस किसी नेता को अपनी अखिल भारतीय पहुँच की आवश्यकता हुई है, उसने हिंदी को अपनाया और आगे बढ़े, लेकिन इस क्रम पीछे छूटी तो वह स्वयं हिंदी ही है, अन्यथा वह कौन से कारण हैं कि जिस भाषा के माध्यम से देश स्वतंत्र हुआ, उसमें इतने वर्षों बाद भी उसका प्रशासन नहीं चल पाता? जाहिर है कि इस बाबत निष्ठा एवं नेतृत्व-क्षमता की कमी रही है। आखिर ऐसा क्यों है कि जिस धारदार एवं धुआंधार हिंदी के बल पर नरेंद्र मोदी प्रधानमंत्री बने, लेकिन उनकी प्राथमिकता वाले क्षेत्र सोशल मीडिया में उनके संदेश अँग्रेजी में आते हैं?

यद्यपि यह भी सही है कि भारत जैसे बहुभाषी समाज में कोई भाषा थोपी नहीं जानी चाहिए और किसी लोकतांत्रिक समाज में तो लोकांक्षा के विपरीत कोई भाषा थोपी भी नहीं जा सकती, लेकिन जहाँ तक हिंदी का सवाल है, इसे कभी थोपा गया भी नहीं है, बल्कि देश की संपर्क-भाषा के रूप अपने लचीले स्वभाव के कारण हमेशा इसे सहज स्वीकार किया गया है और इस पर किसी को आपत्ति भी नहीं होनी चाहिए। वैसे बहस का विषय तो यह भी होना चाहिए कि जनगणना आयोग के आँकड़ों देश की जिस आबादी को हिंदी मातृभाषी के रूप में दिखाया

जाता है, वाकई उनकी मातृभाषा हिंदी है? संभवत: नहीं। क्योंकि ऐसा होता तो भोजपूरी, अवधी, मगधी, राजस्थानी, बुन्देली आदि की अलग पहचान की माँग नहीं होती। यदि इस तथ्य में यह भी जोड़ दिया जाय कि भाषा एवं बोली का जो संबंध बताया जाता है, वह दरअसल भाषाओं के संबंधों को किसी अधिक्रमिकता के आधार पर देखने की आदत कारण होता है, जबकि सत्य तो यह है कि बोली जैसी कोई संकल्पना नहीं है, जो है सब भाषा ही है। उसमें कोई छोटी हो सकती है, किसी में लिखित साहित्य का अभाव भी हो सकता है। एक भाषा-परिवार और समान व्याकरणिक व्यवस्था के कारण ही देश में हिंदी में भाषा-बोली वाला तर्क अपना स्थान भी बना पाता है। सत्य यही है कि भोजपूरी भी एक भाषा है और हिंदी भी एक भाषा है। इसी क्रम में उन 49 से अधिक भाषाओं को भी देखा जाना चाहिए, जिसे हिंदी की बोली के रूप में दर्ज किया जाता है। बहरहाल इस आधार पर जो हिंदी पट्टी के नाम से चिह्नित प्रदेश हैं, वहाँ भी हिंदी स्वीकार की गई एवं अलग से सीखी गई भाषा है, मातृभाषा नहीं।

इधर जिस तरह से प्रधानमंत्री मोदी के वैश्विक भाषणों को मीडिया ने रिपोर्टिंग की है, उससे हिंदी के साम्राज्यवादी होने का अनायास ही भ्रम बन जाता है। जो सही नहीं है। सच्चाई यह है कि जिस समुदाय को वे संबोधित करते हैं, वे पहले से वहाँ हैं और मोदी जी के वहाँ से वापस आने के बाद भी वहीं रहेंगे और जाहिर है कि वे भारतीय मूल के लोग हैं, तो उनके आपसी संवाद की भाषाओं में से एक हिंदी भी होती होगी। वैसे भी किसी भाषा का विकास या विस्तार महज इसलिए नहीं हो सकता कि उसके प्रधानमंत्री अपने विदेशी दौरों में हिंदी का प्रयोग करता है, बल्कि यह इस बात पर निर्भर करता है कि उस भाषा के प्रयोग-क्षेत्रों का कितना विकास हुआ है, उसमें उपलब्ध साहित्य की मात्रा एवं गुणवत्ता कैसी है? अब यह किसी से छिपा नहीं है कि हिंदी इस मामले में कमजोर है और सीमित प्रयोग-क्षेत्रों तक ही सीमित है आज भी इसे अपने अंतर्वस्तु को लेकर बहुधा प्रसंगों में अँग्रेजी की ओर देखना पड़ता है। इधर जिस प्रकार यह बाजार के कंधे पर सवार हो रही है, उससे

इसके आंतरिक स्थानीय चेतनाओं की अभिव्यक्ति को सबसे अधिक खतरा है, क्योंकि किसी लोकतांत्रिक सरकार और बाजार का भाषाई प्रेम इसकी संख्या बल पर निर्भर करता है, जो वास्तव में एक काम-चलाऊँ उपक्रम होता है। इससे हिंदी का जो विकास हो पाता है, वह प्रत्युत्पाद के रूप में। प्रत्युत्पाद वाला विकास स्थाई नहीं हो सकता। हिंदी के लिए यदि कुछ स्थाई रहा है, तो इसका काम-चलाऊँ रूप में उपयोग की प्रवृत्ति। इससे इतर तो यह हमेशा से सत्ताई उपेक्षा, दोहन और एक तबके की घृणा की भाषा रही है। लेकिन इन सबके बीच इसका सबसे मजबूत पक्ष यह है कि इसने कभी अपनी ओर से अभिजातीय चरित्र पर दावा नहीं किया है और आमजन के दु:ख-दर्द से रूबरू रही है। कोई भाषा किसी बहुभाषिक परिक्षेत्र में जब तक आमजन के दु:ख-दर्द को अभिव्यक्त करती रहेगी, स्थानीय भाषाओं की सहचरी बनी रहेगी, तब तक साम्राज्यवादी हो ही नहीं सकती।

किसी भाषा का स्थायी विकास एवं विस्तार उसमें निहित अंतर्वस्तु एवं उसकी संप्रेषणीयता पर निर्भर करता है, इसमें सत्ताई संरक्षण मिल जाए, तो विस्तार में गति मिल जाती है। ध्यान रहे कि टेलीफोन के आविष्कारकर्ता ग्राहम बेल ने पहली बार इसका प्रयोग किया था, तो 'सुनिए' के भाव के लिए फ्रेंच के 'हलाउ' शब्द का प्रयोग किया था, बाद में आंशिक परिवर्तन के बाद अँग्रेजी में यह 'हैलो' हो गया और आज तक यह फोन के प्रयोग की अपरोक्ष शर्त के रूप में सर्वत्र व्याप्त है। इसी प्रकार कंप्यूटर के विकास ने अपने साथ अनेक अँग्रेजी के शब्द लाए, जो उसी रूप में सभी समाज में स्वीकृत हो गए। आज जो लोग स्वयं को हिंदी का पक्षधर दिखाना चाह रहे हैं, उन्हें इस क्षेत्र पर काम करना चाहिए, ताकि हिंदी में उस परिदृश्य का विकास हो सके, जहाँ इसको इसके फिल्मों की तरह ही स्वीकार करने के लिए किसी सरकारी आदेश या दंड के प्रावधान की आवश्यकता न हो, बल्कि वह सहज एवं निर्विवाद हो। इस तरह से जिस भाषा का विकास होगा वह स्थायी होगा एवं भाषा अपने समाज की अभिव्यक्ति का सही मायनों के माध्यम

होगी, अन्यथा मात्र बाजार के भरोसे किसी भाषा का विकास तो होगा, लेकिन अभिव्यक्ति की क्षमता में कमी आएगी। बाजार का हित तो अपने लाभ में है और प्रत्युत्पाद के रूप में हिंदी का विकास हो रहा है, लेकिन सरकार जब निष्ठा से इस संदर्भ में काम करेगी, तो उसका लाभ भाषा को मिल सकता है। गौरतलब है कुछ जिम्मेदारी तो हिंदी समाज की भी बनती है कि कुछ तो ऐसा करें कि बंगलोर की उस पुस्तक की दुकान के पहले मंजिल पर भी हिंदी की पुस्तक मिल जाए और विक्रेता ग्राहक को हेय दृष्टि से भी न देखे।

भारतीय राष्ट्रवाद और भाषाएँ

प्रसिद्ध विचारक बेनेडिक्ट एंडरसन ने राष्ट्र को एक 'कल्पित समुदाय' बताया था, जहाँ व्यक्ति अपनी पहचान को इस राष्ट्रीयता की परिधि में दूसरों से जोड़ता है। इसमें एंडरसन भाषा को एक प्रमुख प्रतीक बताते हैं, जिससे इस 'समुदाय' की 'कल्पना' संभव हो पाती है। अर्थात् कोई भाषा अपने समाज को जोड़ती है और वही उसकी राष्ट्रीय पहचान भी होती है। निर्मल वर्मा ने भी एक प्रसंग में स्वीकार किया है कि 'भाषा अपने समाज को एक घेरे में रखती है।' खैर इसके बाद ही कोई राष्ट्र एक प्रशासनिक इकाई के रूप में स्वयं को सँवारता एवं सहेजता है और इस क्रम में भौगोलिक सीमा के रेखांकन के साथ प्रशासनिक तंत्र वहाँ झण्डा, राष्ट्रभाषा, राष्ट्रगान तथा सांस्कृतिक प्रतीकों को केंद्र में रखकर अपने समाज को जोड़ने का उपक्रम करता है।

भारतीय 'राष्ट्रवाद' स्वतंत्रता-संघर्षों की उपज है। स्वतंत्रता-आंदोलनों में सामान्य सहभागिता से लेकर आत्म-बलिदान तक के पीछे प्राय: राष्ट्रवाद की भावना ही प्रेरक होती थी। तत्कालीन स्वतंत्रता-संघर्ष के नेताओं द्वारा राष्ट्रीय एकीकरण के उद्देश्य से इस भावना को नियोजित ढंग से पोषित भी किया जाता रहा। इसमें 'तुम मुझे खून दो, मैं तुम्हें आजादी दूँगा' से लेकर 'कोई एक गाल पर थप्पड़ मारे, तो दूसरा गाल भी उसके सामने कर दो' जैसे स्वर समानांतर रूप से अंतर्ध्वनित थे। स्वदेशीकरण से लेकर एकीकरण की प्रक्रिया के बरक्स किसी विदेशी शक्ति का होना भी राष्ट्रीय भावना के विकास में सहयोगी थी। देश में स्थानीय अस्मिताई प्रतीकों में पारस्परिक विभेद के बावजूद केंद्रीय स्तर पर एक राष्ट्रीय भावना विकसित होती थी। हालाँकि तत्कालीन समाज में बौद्धिक स्तर पर राष्ट्रीय एकता की एक माध्यम संपर्क-भाषा के रूप में अँग्रेजी भी थी। लेकिन स्वतंत्रता-आंदोलन

की व्यापकता एवं स्वदेशीकरण की स्थिति में राष्ट्रीय प्रतीकों के चयन में महात्मा गाँधी ने हिंदी को एक संपर्क-भाषा 'हिंदुस्तानी' के रूप में आगे बढ़ाया। अँग्रेजी दासता और सघन बहुभाषिक समाज के बीच गाँधी ने सन् 1919 में जालंधर में कांग्रेस के मंच से घोषित किया कि 'अब से कांग्रेस के सभी कार्यक्रम देश के एक तिहाई से अधिक आबादी के समझ सकने वाली भाषा 'हिंदी' में होंगे।' इसके क्रियान्वयन हेतु तत्समय कांग्रेस-सदस्यों को हिंदी सिखाने के लिए देश के विभिन्न प्रांतों में हिंदी-शिक्षक भेजे गए। भारतीय राष्ट्रवाद की एक बड़ी दुविधा इसके प्रतिफलन को लेकर थी, जहाँ कुछ असहमतियाँ भी मुखर रहीं। इसके पीछे भारतीय वैविध्य के निर्णायक घटक जैसे जाति, धर्म, भाषा एवं क्षेत्र आदि थे। यही कारण है कि महात्मा गाँधी और अंबेडकर के 'राष्ट्रवाद' की सोच में उद्देश्यगत अंतर था। इन सबके बावजूद तत्कालीन परिदृश्य में भाषाई पक्षों का प्रतिनिधित्व सही से नहीं हो पाया। यद्यपि भारत, पाकिस्तान एवं बांग्लादेश के पारस्परिक विभाजन के पीछे हिंदी, उर्दू एवं बांग्ला के परस्पर संघर्ष से भी इनकार नहीं किया जा सकता।

बहरहाल स्वतंत्रता-प्राप्ति के बाद राष्ट्र को एक भावनात्मक मानचित्र समझ लिया गया और राष्ट्रवाद को देश की समकालीन राजनीति में सक्रिय दल ही अपने हिसाब से व्याख्यायित, अनुप्राणित एवं प्रसारित करते रहे। लोकतांत्रिक सरकारें बनीं, लेकिन देश की आंतरिक चुनौतियों को किसी स्वतंत्र लोकतांत्रिक देश की तरह नहीं लिया गया। इसमें राष्ट्रवाद को महज एक सत्ताई उपक्रम बना लिया गया। यहाँ तक कि एक समय 'इंडिया इज इंदिरा एंड इंदिरा इज इंडिया' तक की प्रतिध्वनि भी देश में व्याप्त रही। एक स्वतंत्र राष्ट्र के रूप में किसी स्थानीय समाजों की अपेक्षाओं के मध्य 'राज्यों के संघ' के रूप में भी देश के अनेक महत्त्वपूर्ण प्रश्नों की उपेक्षा की गई, जो आज तक जारी है। इस क्रम में देश की राष्ट्रभाषा एवं राजभाषा का सवाल भी है। देश की बाह्य परिधि के मध्य 1600 सौ से अधिक आंतरिक भाषाई सीमाएँ भी हैं। ये सीमाएँ मुखरित न हों, इससे बचने के लिए

2007 में भारतीय भाषा संस्थान, मैसूर द्वारा प्रस्तावित 'भारतीय भाषाओं का नया सर्वेक्षण (एनएलएसआई)' के प्रस्ताव को व्यापक सहमति के बावजूद तत्कालीन गृह मंत्रालय ने खारिज कर दिया था। इस शक के पीछे एक लंबी स्थानीय उपेक्षा ही थी। गौरतलब है कि देश में आज तक भाषाओं की वास्तविक स्थिति जानने की कोई व्यवस्था नहीं है। आज भी एक मात्र स्रोत लगभग सौ साल पुराने ग्रियर्सन के नेतृत्व में संपन्न भाषा-सर्वेक्षण पर आश्रित होना पड़ता है। इसका नुकसान यह हुआ कि देश में भाषाओं को लेकर कोई स्पष्ट एवं दूरदर्शी नीति नहीं है। कुशल भाषिक योजना के अभाव में राष्ट्रभाषा की दावेदार हिंदी को एक बड़े भू-भाग को हिंदी-पट्टी के नाम से चस्पा कर दिया गया, जिससे इस व्यापक क्षेत्र की आबादी की द्वितीयक भाषा हिंदी को मातृभाषा बताकर न सिर्फ उनको व्यापक परिक्षेत्र में वास्तविक मातृभाषाओं से दूर कर दिया गया, बल्कि द्वितीयक क्षमता का नागरिक भी बने रहने को मजबूर किया गया। इससे हिंदी का नुकसान यह हुआ कि देश के दूसरे क्षेत्रों में इसे शक की दृष्टि से देखा जाने लगा और आज देश में ही इससे भयाक्रांत लोगों की संख्या भी कम नहीं है। इतना ही नहीं यहाँ दूसरे स्तर की 49 से अधिक भाषाओं को हिंदी की बोलियाँ बताकर इनकी अस्मिता को ऐसे लोगों के भरोसे छोड़ दिया गया, जो भाषाओं को माध्यम बना कर, इसके हित से अधिक तुष्टीकरण को बढ़ावा देते हैं। हिंदी को इसके भौगोलिक पहचान के बिना भी द्वितीय भाषा के रूप में व्यवस्थित किया जा सकता था, तब देश की अखिल भारतीय पहचान इसमें शामिल हो सकती थी। इस स्थिति में यह देश की सभी भाषाओं से शब्द स्वीकार कर पाती और वर्तमान से बेहतर देश की संपर्क-भाषा बन सकती थी। दूसरी स्थानीय भाषाओं के उभार को हिंदी के लिए खतरे की तरह नहीं देखा जाता। हिंदी का लोकतांत्रिक चरित्र और मजबूत होता जाता। देश की स्थानीय भाषाओं में भी बिना किसी हीन भावना के साहित्य विकसित हो पाता और न जाने कितने 'हलधर नाग' उभरते और पूरा देश इसका जश्न मनाता।

सवाल यह है कि यदि कोई राष्ट्र अपने नागरिकों के प्रति जवाबदेह है, तो वह अपनी स्थानीय सांस्कृतिक समृद्धि, पहचान और सौंदर्य की अवहेलना कैसे कर सकता है? बिना स्थानीयता के किसी केंद्र की कल्पना संभव है? हजारी प्रसाद द्विवेदी ने चेताया था कि "भारतीय जनता की विविध साधनाओं की सबसे सुंदर परिणति को ही भारतीय संस्कृति कहा जा सकता है।" अब सवाल किया जाना चाहिए कि भारतीय 'राष्ट्र' का जो मुखर चेहरा है, उसमें स्थानीयताओं को कितना स्थान मिला है? यह अनायास नहीं है कि भारतीय राष्ट्र एक ऐसे मुहाने पर आ चुका है, जहाँ स्थानीयताओं की उपेक्षा का खामियाजा यहाँ के रहन-सहन एवं जीवन पर पड़ रहा है।

यह बहुस्वीकृत तथ्य है कि भारतीय राष्ट्रवाद अँग्रेजी ज्ञान की बुनियाद पर अर्जित एक भावना है। इस प्रकार यह अपने मूल में ही पश्चिम की नकल है। अमेरिका में एक कहावत प्रचलित है कि 'यदि कोई द्विभाषी या बहुभाषी है, तो उसकी नागरिकता पर संदेह किया जा सकता है, लेकिन यदि कोई एक भाषीय है, तो वह अमेरिकी ही होगा।' असल में किसी भाषा-भाषी में जब उच्चता का बोध आ जाता है, तो वह दूसरी भाषा नहीं सीखना चाहता है। जबकि भारतीय परिस्थिति ऐसी नहीं है। 2001 में परवेज़ हुदभाय को दिए एक साक्षात्कार में अमेरिकी भाषाविद चामस्की ने कहा था कि "यदि आप भारत में किसी टैक्सी चालक से बात करें, तो संभव है कि वह 5 अलग-अलग भाषाएँ जानता हो, वह बचपन से अपने गली-मुहल्लों में ये भाषाएँ सीख जाता है। इस प्रकार वे लोग किसी अमेरिकी से ज्यादा सभ्य होते हैं, क्योंकि अमेरिकी सिर्फ एक भाषा जानता है।" अब यह दोष तो भारतीय 'राष्ट्र' के कर्णधारों का है कि वे देश की जानता को इस मायने में लगातार असभ्य बना रहे हैं। आजादी के 7 दशकों के बावजूद राजभाषा के सवाल को अँग्रेजी से मुक्त नहीं कराया जा सका है। हिंदी की राष्ट्रीय व्यापकता को हम बाजार के कंधे पर भी देखकर प्रफुल्लित हो लेते हैं और इसकी लोकप्रियता को हिंदी फिल्मी गानों के भरोसे छोड़ दिए हैं, दूसरी तरफ एक बड़े

तबके को हिंदी के कथित वर्चस्व से डर लगता है। इन सबसे अलग सांस्कृतिक समृद्धि की मिशाल जनजातीय भाषाई समाज रोजगार की लालच में अपनी भाषाओं से मुँह बिचकाने लगा है। किसी राष्ट्र के निर्माण में राष्ट्रभाषा यदि आवश्यक है, तो वहाँ की स्थानीयता को निष्प्राण होने से बचाना भी उसी राष्ट्र की चिंता होनी चाहिए, जहाँ तक राष्ट्रभाषा का सवाल है तो वरीष्ठ भाषाविद प्रो. उदयनारायण सिंह कहते हैं कि "भारत एक राष्ट्र है, इसलिए इसकी एक ही राष्ट्रभाषा हो, यह एक पुराना तर्क है। एक विविधता वाले राष्ट्र की तुलना सामान्य देशों से नहीं की जा सकती। आज के वैश्विक अनुभवों के आधार पर भी इस तर्क को अमान्य कर देना चाहिए, क्योंकि विश्व के कई देश हैं, जहाँ एकाधिक भाषाएँ राष्ट्रभाषा के रूप में कार्य कर रही हैं। इस प्रकार कई राष्ट्रभाषाओं की माँग भारत में भी स्वाभाविक ही है।"

फ्रांस में प्रचलित एक कहावत के अनुसार "स्वाभाविक रूप से फ्रेंच-भाषी होने के कारण आप फ्रांस के नागरिक हैं.... उस पूरे क्षेत्र पर आपका अधिकार है, जहाँ तक फ्रेंच बोली जाती है।" इस तर्क पर देखा जाए, तो भारतीय राष्ट्र की सीमा का विस्तार सिनेमा और पारगमन के फलस्वरूप व्यापक भी हुआ है, लेकिन इस व्यापकता में सांस्कृतिक विस्तार से अधिक पूँजी का वर्चस्व है। ऐसा राष्ट्र किसी काम का नहीं, जो सांस्कृतिक रूप से खोखला हो और इसमें आम जनता का उपयोग राष्ट्र-निर्माण में महज किसी शुष्क ईंट की तरह हुआ हो।

आज किसी राष्ट्र-राज्य की चिरपरिचित भौतिक सीमाएँ तमाम चाक-चौबन्दी के बावजूद अतिक्रमित हो रहीं हैं। संचार और यातायात की सुविधाओं के फलस्वरूप एक ऐसे वर्चुअल विश्व का निर्माण हो रहा है, जहाँ 'कल्पित समुदाय' के दायरा के बढ़ने और घटने का एक बड़ा कारण संबंधित भाषा की उपयोगिता पर निर्भर है, ऐसे में देश की जनजातीय भाषाओं एक बड़ा समाज अपनी ही

भाषाओं से मुँह मोड़ रहा है। जो किसी देश, समाज और मनुष्यता के लिए खतरे की घंटी है।

भाषाओं से खेलती सत्ताएँ

सत्ता की एक अपनी भाषा होती है, जो ध्वनित हुए बिना भी अधिक प्रभावशाली होती है, कभी-कभी इसका अर्थ तुरंत स्पष्ट हो जाता है, लेकिन कई बार तो इसकी शब्द-संरचना मात्र तक पहुँच पाने में वर्षों लग जाते हैं। वैसे भी अपने चरित्र के अनुरूप सत्ताएँ अर्थ की अस्पष्टता को हमेशा अपने पक्ष में ही व्याख्यायित करती हैं। नौकरशाही, न्यायपालिका, राजनीतिक नेतृत्व और बाजार एवं आम-जन के मध्य के संवाद में लक्षणा एवं व्यंजना के द्वंद्व का नुकसान हमेशा आम जन को ही उठाना पड़ता है और भाषा का वर्गीय चरित्र तो आम-जन के हित में कभी हो ही नहीं सकता। इन सब में सुखद सिर्फ यह है कि भाषाएँ मूलत: एक लोकतांत्रिक उत्पाद होती हैं, इसलिए किसी लोकतांत्रिक शासन पद्धति में इसकी अवहेलना नहीं की जा सकती है। इसीलिए लोकाभिमुख कुछ सत्ताई वर्ग आम जन तक पहुँच सकने वाली भाषा से स्वयं को दूर नहीं कर पाते और कर्मणा न सही वाचा रूप में आम-भाषा से अपने को जोड़े रखते हैं, जिसका उत्तम प्रयोग राजनीतिक दलों की रैलियों एवं बाजार के विज्ञापनों में होता है। इस प्रकार भाषाएँ भी सत्ता-प्राप्ति का एक सक्षम साधन बन जाती हैं, जिसे बहुत ही चालाकी से अंजाम तक पहुँचाया जाता है। हाँ, यह जरूर है कि भारत जैसे बहुभाषिक देश में भाषाई-सत्ता की लोक-सापेक्ष भी अधिक्रमिता बनती है, इसीलिए बहुभाषिक विश्व में अँग्रेजी और भारत में हिंदी जैसी भाषाएँ अपने प्रभाव को स्थापित कर पा रही हैं। इससे आगे बढ़कर यह भी देखना होगा कि अँग्रेजी के बड़े पैरोकार भी आज हिंदी की उभरती जनसांख्यिकीय क्षमता से इनकार नहीं कर पा रहे हैं। बहरहाल यह स्पष्ट है कि इतिहास में भाषाई सत्ता को प्रभावित करने वाले चाहे जो भी कारक रहे हों, लेकिन डेविड ग्रडोल जैसों की मानें तो "भविष्य में भाषा को प्रभावित करने में जनसांख्यिकी की भूमिका सबसे महत्त्वपूर्ण होगी।" यह अनायास नहीं है कि विश्व

के सबसे शक्तिशाली राष्ट्राध्यक्ष 'बराक ओबामा' अपने भारत के दौरे में देश के लोगों का अभिवादन हिंदी में किया था। इस तरह के हिंदी में अभिवादन खुद अमेरिका में भी शीर्ष राजनेताओं द्वारा समय-समय पर सुनने को मिल जाते हैं। अभी इंग्लैंड के संसदीय चुनाव में भी अनिवासी भारतीय मतदाताओं को प्रभावित करने के लिए हिंदी में तैयार गानों का प्रयोग किया गया है।

बहरहाल यह पूरा मामला इतना सरल भी नहीं है, जितना प्रथम दृष्टया दिखता है। क्योंकि धर्म के नाम पर बँटे पाकिस्तान को भाषा के नाम पर एक और बँटवारे का दंश झेलना पड़ा था। इसका ताजा उदाहरण भारत में भी देखा जा सकता हैं, जहाँ कभी भाषाई एकता के नाम पर आंध्रप्रदेश का गठन हुआ था, जिसके आंदोलन में पोट्टी श्रीरामल्लू जैसों का आत्म-बलिदान भी शामिल था, लेकिन उसी आंध्रप्रदेश को आज नए कारणों से तेलंगाना के रूप में एक विभाजन स्वीकार करना पड़ा है। जाहिर भाषा आज इस पूरी प्रक्रिया से बाहर थी। दरअसल यह एक प्रक्रिया होती है, जिसमें अस्मिता के निर्माण में भाषाओं को माध्यम बना लिया जाता है। भाषाएँ व्यक्ति की भावना के सबसे समीप होती हैं। यही कारण है कि ओबामा को उक्त दौरे में ही भारतीय प्रधानमंत्री नरेंद्र मोदी को गुजराती में 'केम छो' से हाल-चाल पूछना पड़ा। संभवत: एक लंबे समय तक समय-समय पर आलोचनाओं और वीजा न देने की खटास को हिंदी में 'नमस्ते' कहकर दूर नहीं किया जा सकता था, इसके लिए उनको भारत की राजभाषा 'हिंदी' से आगे जाकर मोदी की मातृभाषा 'गुजराती' के माध्यम से उनकी संवेदना को छू लेने का प्रयास करना पड़ा। देश भर के उपभोक्ताओं को हिंदी में 'नमस्ते', लेकिन इन उपभोक्ताओं के नीति-निर्माताओं के प्रतिनिधि भारतीय प्रधानमंत्री से बात करने की शुरुआत गुजराती में करने जैसी पहलों का विदेश-नीति में पूरी तैयारी करनी होती है और जब यह प्रयोग किसी वैश्विक शक्ति को करना पड़ रहा हो, तो इसके महत्त्व को समझा जा सकता है। यह भावनात्मकता का ही परिणाम है कि गत यूपीए सरकार के मुख्य रणनीतिकार पी० चिदंबरम ने संसद में दलीय प्रतिबद्धता से ऊपर उठकर भोजपूरी को आठवीं

अनुसूची में शामिल करने की सांसदों के दबाव को भोजपूरी में मात्र एक वाक्य- 'हम राउर सब को भावना समझत बानीं।' कहकर समाप्त कर दिया था। मूलत: तमिल-भाषी चिदंबरम मुश्किल से कभी हिंदी बोलते होंगें, लेकिन भोजपूरी के सांसद स्तरीय प्रतिरोध को भोजपूरी में समाप्त करना आसान होगा, यह वे जानते हैं। सत्ताई वर्ग द्वारा भाषाओं के अपने हित में स्वीकार या अस्वीकार करना कोई नई बात नहीं है, बल्कि बहुभाषिक एवं लोकतांत्रिक भारत में तो यह खेल वर्षों से चल रहा है। लेकिन इधर हाल में इस प्रवृत्ति में तेजी आई है और सरकारों के स्तर पर अनेक ऐसे निर्णय हुए हैं, जिनका कोई तार्किक आधार नहीं है, बल्कि महज तुष्टीकरण की राजनीति या कुछ स्वार्थी तत्त्वों का पोषण ही इन निर्णयों का मूल आधार रहा है।

ऐसे में जब भूमंडलीकरण नामक दावानल देश की छोटी-छोटी भाषाओं, संस्कृतियों एवं सभ्यताओं को निगलने के लिए आतुर हो, तो सरकारों द्वारा भाषाओं से खेलना, न सिर्फ उनकी संवेदनहीनता को दर्शाता है, बल्कि एक बहुलतावादी धरोहर वाले राष्ट्र के प्रति गैर-जिम्मेदारी की ओर भी संकेत करता है। वरना क्या कारण है कि देश की अल्पसंख्यक या जनजातीय भाषाओं के संरक्षण एवं संवर्धन के प्रति कोई ठोस तैयारी नहीं दिखती है। इसके विपरीत तुष्टीकरण वाली अनेक पहल प्राय: देखने को मिल जाती है, जिनको किसी भी रूप में तार्किक नहीं ठहराया जा सकता है। देश में राष्ट्रभाषा एवं राजभाषा से इतर सरकार द्वारा पोषित अनेक होड़ एक साथ चल रही है। इसमें एक तरफ तो आठवीं अनुसूची में शामिल होने की होड़ है, तो दूसरी ओर अब शास्त्रीयता का दर्जा पाने की अनावश्यक होड़ चल पड़ी है। जब पहली बार तत्कालीन यूपीए सरकार ने इस होड़ की शुरुआत की थी, तो इसके लिए भाषाविदों की दो सदस्यी समिति बनीं थी, जिसके सदस्य डा. बी. एच. कृष्णमूर्ति एवं भारतीय भाषा संस्थान, मैसूर के तत्कालीन निदेशक प्रो॰ उदयनारायण सिंह थे। इस पूरी प्रक्रिया पर निराशा जाहिर करते हुए प्रो॰ सिंह अपने हाल के एक साक्षात्कार में बताते हैं कि "हमने किसी

भाषा के शास्त्रीय होने की प्राथमिक शर्त यह रखी थी कि वह दो हजार साल पुरानी हो और इस आधार पर पहली भाषा 'संस्कृत' का नाम सुझाया गया था, लेकिन सरकार ने न सिर्फ हम लोगों पर दबाव बनाने के लिए इस समिति में 4-5 दूसरे लोगों को शामिल किया, बल्कि कैबिनेट नोट के द्वारा दो हजार साल पुरानी वाली शर्त को एक हजार साल कर दिया गया और संस्कृत की बजाय तमिल को सर्वोच्च शास्त्रीय भाषा का दर्जा दिया गया।" इस प्रकार एक लोक-लुभावन परंपरा बनी, जिसकी तारतम्यता तमिल (2004) के बाद संस्कृत (2005) तेलुगु (2008) कन्नड़ (2008) मलयालम (2013) एवं उड़िया (2014) तक जारी है। इस पूरे प्रकरण को धूमिल के शब्दों में कहें तो सरकारें भाषाओं से 'खेलती' हैं। इसी गलत बुनियाद के आधार पर गत सरकार ने अपने 10 वर्ष के कार्यकाल में इस खेल को खूब खेला और उड़िया को शास्त्रीयता के दर्जे की घोषणा ऐन चुनाव से पहले किया गया। इसमें यदि तमिल के 'शास्त्रीय' होने के पीछे तत्कालीन गठबंधन के सहयोगी द्रमुक को खुश करना था, तो उड़िया के 'शास्त्रीय' होने के पीछे बीजू जनता दल से गठबंधन की संभावना खोजने के रूप में देखे जाने से शायद ही कोई इनकार करे। हर भाषा किसी देश की सामाजिक एवं सांस्कृतिक धरोहर है, उसका संवर्धन होना चाहिए, लेकिन उसके लिए एक अलग कोटि बनाने की क्या आवश्यकता है, वह भी निराधार। क्या इसके आधार पर कल बंगाली, मराठी, पंजाबी आदि के शास्त्रीयता की माँग नहीं उठेगी? तब यह कितनी बड़ी विसंगति होगी कि देश में जो मुखर माँग उन भाषाओं के पक्ष में होनी चाहिए, जो संकट-ग्रस्त हैं, अल्पसंख्यक हैं, जिसमें जीवन का संकट है और जिन मातृभाषाओं के मूल बोलने वालों की अगली पीढ़ी भी इससे बचने लगी है। ऐसी भाषाओं के पक्ष में काम करने से इतर राजनीतिक नेतृत्व के लक्ष्य में वे भाषाएँ होती हैं, जो वोट-बटोरू हों। इसी का परिणाम है कि आज आठवीं अनुसूची में शामिल होने या शास्त्रीय दर्जा पाने की माँग करने या करवाने तो मिल जाते हैं, लेकिन उन भाषाओं के पक्ष में ध्यान नहीं जाता है, जिनके अस्तित्व पर ही संकट

की छाया दिनोंदिन गहरी होती जा रही है। इसमें दोष इन दूरस्थ भाषाओं का नहीं है और न ही इनकी संस्कृति किसी मामले में कथित शास्त्रीय भाषाओं से निम्नतर है, बल्कि इन भाषाओं की उपेक्षा के पीछे मूल कारण यह है कि इनके बोलने वालों की संख्या कम हैं, जिससे सरकारों का भविष्य या वर्तमान व्यापक रूप से प्रभावित नहीं हो सकता। इस पूरी प्रक्रिया का असर यह है कि आज इन अल्पसंख्यक भाषाओं के मातृभाषी भी रोजगार या अन्य सुविधाओं के न होने की स्थिति में इनको लेकर उदासीन हैं।

भारतीय संदर्भों में भाषा को लेकर नीतिगत अनिर्णय या द्वंद्व की स्थिति हमेशा से रही है, लोक सेवा आयोग जैसी शीर्ष संस्थाओं की परीक्षाओं से लेकर शिक्षण के माध्यम के रूप में प्रयुक्त भाषाओं हेतु कोई स्पष्ट दीर्घकालिक नीति नहीं है। कई बार किसी तात्कालिक माँगों को शांत करने के लिए निर्णय ले लिए जाते हैं, लेकिन उनमें प्राय: दूरदर्शिता, ठोस कार्य-योजना एवं दृढ़ इच्छा-शक्ति का अभाव होता है, जिसका अप्रत्यक्ष लाभ हमेशा अँग्रेजी या बड़ी भाषाओं को मिला है। यह प्रशासन की उपेक्षा का ही परिणाम है कि अभी तक अनुत्तरित राष्ट्र-भाषा या राजभाषा से जुड़े सवालों से इतर अनेक नए सवाल उभर कर सामने आए हैं, जिनको न सुनना भाषा संबंधी पुरानी उदासीनताओं से अधिक महँगा पड़ सकता है, क्योंकि इन सवालों के पीछे राष्ट्र की अवधारणा, प्रशासन के संचालन से आगे जाकर जीवन का संकट है, लोक-संस्कृति का संकट है और इस प्रकार यह एक स्वस्थ लोकतंत्र का संकट है। इसलिए अपेक्षा की जानी चाहिए कि तुष्टीकरण की राजनीति से इतर भारतीय बहुभाषिकता को संरक्षित एवं संवर्धित करने की दिशा में ठोस कार्य-योजना बने और इस पर प्रभावी अमल भी हो।

अनुवाद एवं गीतांजलि

एक विधा के रूप में 'अनुवाद' और एक कृति या संकलन के रूप में 'गीतांजलि' का परस्पर संबंध रहा है। अनुवाद के कारण ही गीतांजलि का यह रूप 'गीतांजलि : सांग आफरिंग्स' मिलता है। गौरतलब है कि मूल बांग्ला में लिखित 'गीतांजलि' में 157 गीत थे, जो सितंबर, 1910 में प्रकाशित हुई थी, इसके बाद नवंबर, 1912 में अँग्रेजी में अनूदित एवं 103 गीतों का संकलन 'गीतांजलि : सांग आफरिंग्स' का प्रकाशन इंडिया सोसाइटी से हुआ था। गीतांजलि के अँग्रेजी संस्करण के लिए रवीन्द्रनाथ टैगोर ने बांग्ला मूल 'गीतांजलि' से केवल 53 गीत ही लिए थे, जबकि शेष 50 गीत उनकी दूसरी रचनाओं जैसे कल्पना (1), नैवेद्य (15), स्मरण (1), शिशु (3), उत्सर्ग (1), खेया (11), अचलायतन (1), गीतिमाल्य (16) एवं चैताली (1) से लिए गए थे। जाहिर है नोबेल पुरस्कार 'गीतांजलि : सांग आफरिंग्स' (1912) के लिए ही मिला था, 'गीतांजलि' (1910) के लिए नहीं। नोबेल का नाम जुड़ने के बाद देश-विदेश की हिंदी-सहित विभिन्न भाषाओं में इसका अनुवाद हुआ और बांग्ला वाली मूल गीतांजलि विश्व-पटल पर बहस और प्रसिद्धि की धारा से अपेक्षाकृत पीछे छूट गई। हालाँकि बाद में देश के अंदर कुछ दूसरी भारतीय भाषाओं में गीतांजलि का गद्य और पद्य रूपों में भी अनुवाद हुआ, जिनमें देवनागरी में किया गया लिप्यंतरण भी शामिल है। समग्रता में देखें तो गीतांजलि का अकेले हिंदी में 35 से अधिक अनुवाद हुआ है। साथ ही अनेक संदर्भ ऐसे भी हैं, जिसमें बहुत से जिज्ञासु लोग सिर्फ गीतांजलि के आस्वाद के लिए बांग्ला सीखे हैं। चूँकि टैगोर ने स्वयं मूल 'गीतांजलि' से शेष 104 कविताओं का अनुवाद कभी किया ही नहीं, इसलिए हिंदी तथा विश्व के अन्य कविता-प्रेमी इसके रसास्वादन से वंचित थे। अब इस अभाव की पूर्ति की सम्भावना दिखाई देती है।

प्रसिद्ध कवि, कथाकार, नाटककार, चित्रकार एवं शिक्षाशास्त्री रवीन्द्रनाथ टैगोर के निधन के पचहत्तरवें वर्ष के अवसर पर उनके जीवन एवं रचनाओं पर नए सिरे से कुछ संदर्भ जुड़े हैं। इसमें एक संदर्भ बांग्ला गीतांजलि का अँग्रेजी अनुवाद को लेकर है, जिसके अनुसार प्रो० उदय नारायण सिंह द्वारा अनुदित एवं व्याख्यायित कृति 'द ओरिजिनल गीतांजलि' अनावरित हुई। इसका भारतीय संस्करण अभी अगस्त, 2016 में 'ई-लेखन' ने किया, हालाँकि मूल का प्रकाशन यूरोप में एंडोरा से 2015 में एनिमा विवा मल्टीलिंग्वा द्वारा किया गया था। इसमें कुल 157 बांग्ला गीतों के पद्यानुवाद के साथ विस्तृत रूप से व्याख्याएँ भी दी गईं हैं। चूँकि अनुवादक स्वयं एक कवि भी हैं ओर रवीन्द्र-विशेषज्ञ हैं, इसलिए अनुवाद में लयात्मकता और कृति में कविता का स्वाभाविक प्रवाह निखर कर सामने आया है। जिसमें प्रेम, प्रकृति और संवेदना को उसके मुखरित स्वर के साथ देखा जा सकता है। ध्यान रहे कि 'गीतांजलि : सांग्स आफरिंग' का पश्चिम में कुछ टिप्पणियाँ इसके प्रवाह को लेकर भी हुई है। इसके फ्रेंच अनुवाद की भूमिका में नोबेल प्राप्त आन्द्रेज़ीद लिखते हैं कि "टैगोर 'गीतांजलि : सांग्स आफरिंग' के पतलेपन को दूर करने के लिए दूसरी रचनाओं से कविताओं के चयन में जल्दी में दिखते हैं या शायद प्रकाशक के इस दबाव में रहे हों कि इस संग्रह को बड़ा करना है। लेकिन इन सबके परिणाम स्वरूप वे इसे तितर-बितर ही छोड़ देते हैं।"

ध्यातव्य है कि स्वयं अनुवाद में भी अर्थ के स्थानांतरण की समस्या हमेशा से रही है। इसे खुद रवींद्रनाथ ठाकुर ने अपनी भतीजी इंदिरा देवी को लिखे पत्र में स्वीकार किया है कि गीतांजलि की पश्चिम में इस तरह के स्वीकार्यता की उम्मीद उन्हें नहीं थी। यहाँ यह भी जोड़ दिया जाना चाहिए कि कवि ने यह अनुवाद अनमने ढंग से विभिन्न यात्राओं या बीमारी के दौरान किया था और जाहिर है कि इसका स्रोत भी एक न होकर अनेक दूसरी रचनाएँ थीं। इन सबके बावजूद 'गीतांजलि : सांग्स आफरिंग' के नोबेल पुरस्कार के निर्णायक एवं खुद इस पुरस्कार के विजेता रहे वेर्नर वॉन हाइडेंस्टम ने लिखा था कि वे पिछले 20 से अधिक वर्षों में टैगोर की

रचना के स्तर की कोई गीति-काव्य नहीं देखा है। 'द डेली मेल' ने तत्कालीन एक लेख में इसकी भूमिका लिखने वाले प्रसिद्ध अँग्रेजी कवि डबल्यू०बी० येट्स को उद्धृत करते हुए लिखा था कि 'मैं अपने जीवन में ऐसे किसी को नहीं जानता, जिसने अँग्रेजी भाषा में टैगोर की रचना के बराबर कुछ भी किया हो।' गौरतलब है कि यह सब कुछ उस कृति के बारे में कहा गया है, जो 'गीतांजलि' के बनिस्पत एक तरह की द्वितीयक उत्पाद ही थी, जिसमें चयन से लेकर अनुवाद की स्थिति में आने वाले स्वाभाविक अवरोधों का होना स्वाभाविक है। साथ ही औपनिवेशिक समय में भारतियों के अँग्रेजी के ज्ञान और उसकी स्वीकार्यता की मानसिकता की सीमा भी। इन सब सीमाओं से परे टैगोर की गीतांजलि से जुड़ी मूल थाती, तो बांग्ला में लिखित ही थी, जो व्यापक प्रसिद्धि से परे ही रही है। आज भी अमर्त्य सेन 'टैगोर एंड हिज इंडिया' में यह कहने की स्थिति में हैं कि 'कोई भी जो टैगोर की बांग्ला रचनाओं से परिचित होगा, वह उनके किसी भी अनुवाद से संतुष्ट नहीं हो सकता है, चाहे यह येट्स के साथ मिलकर ही किया गया ही क्यों न हो।' ऐसे में यह तो स्वीकार ही किया जाना चाहिए कि अपने कलेवर में एक रचना के तौर पर 'गीतांजलि : सांग्स आफरिंग' से बेहतर मूल 'गीतांजलि' ही होगी। यह प्रकारांतर से एक बहुस्वीकृत तथ्य है कि टैगोर की दूसरी कई रचनाएँ पुरस्कृत गीतांजलि से बेहतर हैं। यद्यपि किसी लेखक को किसी पुरस्कार से परे उसकी जनस्वीकृति से मूल्यांकित किया जाना चाहिए और टैगोर को इस मामले में किसी को शिकायत नहीं होनी चाहिए। भारत के वैश्विक सांस्कृतिक दूत और बंगाल की संस्कृति के नियामक रहे टैगोर के लेखन में कला मूल चिंता रही है। एक दूरदर्शी शिल्पी, सर्वाग्रही विचारक आदि रूपों में वे व्यक्ति नहीं, बल्कि एक मुकम्मल संस्थान थे। वैसे भी यह किसी व्यक्तित्व की विराटता का ही परिचायक है कि उसके पाठ के कई अंतर्पाठ संभव हो।

अनुवाद सिर्फ दो भाषाओं, संस्कृतियों एवं जीवन-वृत्तियों का मिलन-स्थल ही नहीं, वरन् आत्म का विस्तार भी होता है। अभिव्यक्ति का ऐसा आयाम जो

पारभाषिक एवं अंतर-सांस्कृतिक पटल तक पहुँचे। यह भी सच है कि अनुवाद के सामयिक एवं सत्ताई संदर्भ भी होते हैं, जो कई बार सायास भी होते हैं, जो कुटिल मंशाओं को तृप्त करते रहे हैं। बहरहाल बहुभाषिक विश्व एवं सपाट होते भूगोल में अनुवाद की भूमिका महज एक काम-चलाऊँ पुल की होती जा रही है। वैसे भी आज मीडिया से लेकर प्रशासन के कार्यों में अनुवाद को महज एक तात्कालिक उपक्रम बना दिया है, जो एक विधा के रूप में अनुवाद के साथ न्याय नहीं होगा। इसके साथ अनुवाद की भी अपनी निजी प्रतिबद्धता होती है, जिसे समय और काल के संदर्भों से आसानी से अलगाया नहीं जा सकता। 'लेखक की मृत्यु' की पश्चिम की घोषणाओं के बावजूद बहुत आसान नहीं होता है कि स्रोत और लक्ष्य भाषाओं के मध्य से अनुवादक को बाहर निकाल दिया जाय। यही कारण है कि आज अनुवाद के मूल्यांकन की नवीन दृष्टियाँ सामने आयीं हैं, जिनमें आज की प्रभावी अस्मिताएँ भी हैं। ध्यान रहे कि अनुवाद ने भारत को इसके औपनिवेशिक काल में भी खूब छला था और आज भी सरकारी मशीनरी इसे महज अपनी सुविधा की दृष्टि से देखती एवं संरक्षित करती है। बहुभाषिक देश में सभी स्थानीय भाषाओं को भी महत्त्व दिए जाने की आवश्यकता है। जहाँ तक गीतांजलि के अनुवाद का सवाल है, तो इसे स्पष्ट रूप से स्वीकार किया जाना चाहिए कि तत्कालीन अँग्रेजी अनुवाद एवं संकलन के माध्यम से एक कृति के रूप इसके साथ न्याय नहीं हुआ था, ऐसे में जब प्रो. उदय नारायण द्वारा अनुदित कृति 'द ओरिजिनल गीतांजलि' लगभग सौ सालों बाद आई है, तो उम्मीद है कि पश्चिम जगत गीतांजलि और टैगोर को नए सिरे से देखेगा इसी क्रम में अब फ्रांसीसी, स्पेनिश तथा चीनी में भी 'द ओरिजिनल गीतांजलि' (2016) का अनुवाद किया जा रहा है।

जन-माध्यम एवं जनतंत्र की चिंताएँ

इसमें कोई संदेह नहीं है कि आज इंटरनेट समाज के लिए एक प्रभावी एवं सुविधाजनक साधन है। यदि इसका सकारात्मक उपयोग हो, तो निश्चित रूप से भविष्य में सुखद परिणाम मिलेंगें और समाज की अनेक समस्याओं को इसके माध्यम से संबोधित किया जा सकता है। लेकिन यहाँ सवाल देश के उन सामाजिक हकीकतों पर है, जहाँ उचित जागरुकता के अभाव एवं आर्थिक गैर-बराबरी के कारण इंटरनेट ही अपनी नकारात्मक परिणति के साथ प्रस्तुत हो रहा है। एक तरफ तो यह ढेर सारे भ्रम एवं अफवाहों के त्वरित प्रसार का सायास माध्यम बन रहा है, तो वहीं देश के वंचित वर्ग के लोगों में हीनता एवं अवसाद का कारण भी बन रहा है। इंटरनेट ने जिस मीडिया को आधार प्रदान किया है, उसका व्यापक बाजार है और यही कारण है कि फेसबुक, ट्वीटर एवं इन्स्टाग्राम जैसे 'सोशल मीडिया' के साथ पारंपरिक जन-संचार माध्यम जैसे- रेडियो, दूरदर्शन एवं मुद्रित माध्यम भी अपनी उपस्थिति इंटरनेट पर वेबसाईट एवं एप्प के माध्यम से तेजी से कर रहे हैं। इस क्रम में देश में सैकड़ों नई समाचार वेबसाईटें भी आई हैं, जिनकी उपस्थिति मात्र इंटरनेट पर ही है। इस नव-माध्यम के बारे में सबसे सकारात्मक यह रहा है कि पारंपरिक मीडिया की वर्गीय उच्चता से मुक्त यह देश के मध्यमवर्गीय स्वतंत्रता का पोषक बन कर उभरी है। इनके अतिरिक्त सार्वजनिक क्षेत्र से लेकर निजी क्षेत्र की अनेक सुविधाएँ इंटरनेट पर उपलब्ध हैं, जिससे इंटरनेट का भविष्य भी उज्ज्वल है। लेकिन यहाँ सवाल उसके अंतर्वस्तु की वैधता एवं सत्यता का है। अब यह सिर्फ जन-शिकायतों के प्रसार एवं पारस्परिक विचार विनियमन का साधन ही नहीं है, बल्कि इससे उपजे बाजार ने इसे सच्चाई और पत्रकारीय आदर्शों से दूर भी कर रही है। आज कोई 'समाचार वेबसाईट' मूल तथ्यों से परे बहुपयोगी समाचार सिर्फ इसलिए दे सकती है कि उसके वेबसाईट को

अधिक से अधिक लोग खोलें, जिस पर उसका पूरा बाजार निर्भर होता है। इस क्रम में संबंधित समाचार से प्रभावितों पर क्या प्रभाव पड़ता है, इसकी चिंता उस समाचार-वेबसाईट को कतई नहीं दिखती है। ये समूह भारत-पाकिस्तान के मध्य युद्ध झूठी खबरें सिर्फ इसलिए फैला देते हैं, ताकि उनका बाजार बढ़ सके। किसी तटस्थ निगरानी तंत्र के अभाव में इनमें कई बार सामाजिक सद्भाव की दृष्टि से भी खतरनाक सामग्री सामाजिक जिम्मेदारी से परे सहज प्रस्तुत की जा रही है और उनका प्रसार कराया जाता है, जिसे कई बार अनजान या भावुक इंटरनेट प्रयोक्ता सच मान कर स्वीकार कर लेते हैं। ऐसे वेबसाईट के मालिक निर्भीक भाव से ऐसा इसलिए भी कर पाते हैं कि ये किसी मुद्रित सामग्री की अस्थायित्व की अपेक्षा वेब-पता (यूआरएल) में कुछ मामूली संपादन के साथ आपत्तिजनक सामग्री को बदल या हटा सकते हैं। अमेरिकी रक्षा सचिव रहे डोनाल्ड रम्सफेल्ड ने 2006 में ही चेताया था कि 'एक झूठ दुनिया में कई बार अपने बल पर आधे रास्ते में ही सच में परिवर्तित हो जाता है, लेकिन यही झूठ 'प्रौद्योगिकी' के सहयोग से दोगुना सच हो जाता है।' गौरतलब है कि यह स्थिति गोयबल्स के प्रचार सिद्धांत से अधिक घातक है, क्योंकि उस समय रेडियो ही प्रचार का सबसे प्रभावशाली माध्यम थी, जबकि आज के जन-माध्यम मोबाईल के रूप में लोगों की हथेली में सहज उपलब्ध हैं।

'जनसंचार-माध्यम' लोकतंत्र रूपी शरीर में धमनी और उसमें निहित विचार खून के समान होते हैं। शरीर के लिए शुद्ध खून की वैसे ही आवश्यकता होती है, जैसे लोकतंत्र में निष्पक्ष विचार की। यदि में इसमें कहीं प्रदूषण आता है, तो खतरा पूरे लोकतंत्र पर होगा और वर्तमान समय में इस प्रदूषण की आहट बड़ी शिद्दत से महसूस की जा सकती है। आज जनसंचार-माध्यमों में सच और झूठ के मध्य इतनी बातें अपना स्थान बना चुकी हैं कि संदेह की मात्रा निरंतर व्यापक होती जा रही है और कई बार तो विश्वसनीयता का संकट इतना व्यापक हो जाता है कि उसमें निहित किंचित सत्य भी झूठ-तंत्र के आड़े आ जाता है। आज मार्शल मैक्लूहान

का 'माध्यम ही संदेश है' का सिद्धांत तेजी से फलित होता दिखाई दे रहा है। क्योंकि वर्तमान समय में सोशल मीडिया ही पारंपरिक मीडिया का स्रोत बनती जा रही है, यहीं की घटनाएँ, संदेश और वीडियो पारंपरिक मीडिया में भी अपना स्थान तेजी से घेर रहे हैं। मीडिया समूहों के लिए आसान भी है कि ट्वीटर, फेसबुक और विभिन्न वेबसाईटों से सामग्री लेकर आसानी से परोसा जाए और क्षेत्र में निकलने की पीड़ा से बचा जा सके। स्थिति यह हो गई है कि चीन के किसी सड़क की दुर्घटना का यदि सीसीटीवी फुटेज मिल जाए, तो देश के दुर्गम क्षेत्रों की बड़ी से बड़ी मानवीय घटना या दुर्घटनाएँ इस लिए पीछे छूट जा रही हैं कि उनका वीडियो उपलब्ध नहीं होता है। इस पूरे व्यवहार में आज समाचार चैनल तेजी से मनोरंजन के रूप में परिवर्तित हो रहे हैं। 24 घंटे चलने वाले ये टीवी चैनल आज लोकतंत्र के चौथे स्तंभ के रूप में कितने प्रभावी हैं, इस पर गंभीरता से विचार करने का समय आ चुका है। देश के 'सूचना प्रसारण मंत्रालय' के अनुसार अप्रैल, 2016 तक कुल निजी सेटेलाइट चैनलों की संख्या 885 में से 401 सिर्फ समाचार चैनल हैं, जबकि शेष 484 में मनोरंजन, खेल, धर्म आदि सब आते हैं। स्पष्ट है कि आज समाचार एक उद्योग बन चुका है और पत्रकारिता व्यवसाय।

सोशल मीडिया के उभार एवं इसके निर्बाध प्रयोग ने लोकतंत्र को एक नई उम्मीद दी थी, लेकिन आज इसे भी बड़ी तेजी से भ्रामक एवं अविश्वसनीय बनाने का दुष्चक्र चल रहा है। विभिन्न सॉफ्टवेयरों के सहयोग से ऑडियो, वीडियो एवं तश्वीरों को अपने निजी एजेंडे के अनुसार संपादित करके परोसा जा रहा है, जिससे तटस्थ मानस-निर्माण की प्रक्रिया को गहरा धक्का लग रहा है। निश्चित रूप से एक ऐसा तबका है, जो सोशल मीडिया के उपयोग से अर्जित लोकतांत्रिक अभिव्यक्तियों की आजादी का पक्षधर नहीं है और इसे या तो अपने अनुसार उपयोग करने का इच्छुक है या इसे बदनाम करके छोड़ देना चाह रहा है।

सरकार की तरफ से कहा जा चुका है कि देश की सवा सौ करोड़ से अधिक आबादी में से 103 करोड़ लोगों के पास मोबाईल है, जिसमें 27 करोड़ के पास स्मार्टफोन है। यह भी सच है कि इसकी संख्या में निरंतर बढ़ोत्तरी ही हो रही है। लेकिन जिनके पास इंटरनेट और स्मार्टफोन नहीं है, वे भी इसी देश के नागरिक हैं और इस लोकतंत्र में उनका भी वही स्थान है, जो इन धनाढ्य तबकों का है। आज विचारणीय है कि सवा सौ करोड़ आबादी वाले देश में कार्यपालिका एवं मीडिया की चिंता में स्मार्टफोन धारकों और इससे वंचित आबादी की भागीदारी का अनुपात कितना है। आज सार्वजनिक कार्यक्रमों से लेकर भविष्य की योजनाओं के केंद्र में बहुधा यही तबका मुख्य है। मीडिया के लिए भी सब कुछ यहीं से गुजर कर निकलता है। हालत यह है कि ओडिशा के दाना मांझी इसमें स्थान तब बना पाते हैं, जब वे अपनी पत्नी के शव को लेकर 12 किलोमीटर तक पैदल चलते हैं, वह भी अधिकांशत: एक 'इवेंट' की तरह। यदि यह प्रकरण देश में 70 वर्षों के लोकतांत्रिक सरकारों की विफलता है, तो यह विफलता मीडिया पर भी उतना ही है और यह सिर्फ उस घटना की सहज उपलब्ध वीडियो दिखाकर अपनी ज़िम्मेदारी से मुँह नहीं मोड़ सकती, बल्कि इसे इन घटनाओं के कारणों और संभावित निवारणों तक भी बहुत पहले ही पहुँचना चाहिए था।

आज लोकतंत्र पर चारों तरफ से खतरा बढ़ रहा है। पूँजी से लेकर सत्ताई तंत्र सब अपने अनुसार एक देश और समाज को गढ़ना चाह रहे हैं, जहाँ देश की जनता सिर्फ मूक उपभोक्ता या शासित बन कर रहे। ऐसे में पूरी उम्मीद मीडिया से ही रही है और इसने अनेक अवसरों पर इन उम्मीदों को पूरा करने का प्रयास भी किया है, लेकिन आज के मीडिया की पक्षधरता भी लोकतंत्र से अधिक सत्ताओं की तरफ तेजी से मुड़ रही है। इसके अतिरिक्त भी वह अपनी परिणति में प्राय: आबादी के कुछ तबकों की चिंताओं तक ही सिमटती दिखाई दे रही है और देश के पिछड़े, जनजातीय एवं सुदूर क्षेत्रों के लोगों का जीवन और उनके दर्द से बहुत दूर हो चुकी है। आज स्थिति ऐसी बन रही है, जहाँ रोटी जुटाने के संघर्ष में जुटे जन के लिए

मोबाईल और अब इंटरनेट का न होना उसे द्वितीयक नागरिक बना रहा है और जहाँ उसका मूल संघर्ष और बढ़ता जा रहा है और इस संघर्ष में आज की मीडिया उसे दुत्कार कर आगे बढ़ जा रही है। इस लिए सरकार और लोकतंत्र की प्रहरी मीडिया दोनों को विचार करना चाहिए कि नेटिजन से आगे भी एक समाज है और उसे छोड़ना दरअसल अपने मूल कर्तव्यों से विमुख होना है।

भाषा और न्यायपालिका

एनजीटी अर्थात् 'राष्ट्रीय हरित अधिकरण' के हाल के वर्षों की सक्रियता ने व्यापक लोगों का ध्यान अपनी ओर आकर्षित किया है। दिल्ली के प्रदूषण के मामलों से लेकर देश के दूसरे ऐसे प्रसंगों में इसकी सहभागिता ने एनजीटी की प्रासंगिकता को स्थापित किया है। इसकी स्थापना के उद्देश्य के लिए संसद के पटल पर रखे 'एनजीटी विधेयक 2009' में इस बात पर ज़ोर दिया गया था कि पर्यावरण की सुरक्षा तथा जंगल एवं अन्य प्राकृतिक संसाधनों के संरक्षण से जुड़े मामलों के शीघ्र एवं प्रभावी निपटारे के साथ ही ऐसे मामलों में लोगों एवं संपत्तियों के हितों की रक्षा इस अधिकरण के माध्यम से संभव हो सके। इसकी स्थापना के पीछे संविधान द्वारा देश के नागरिकों की स्वतंत्रता विषयक अधिकार के अनुच्छेद 21 से प्रेरणा ली गई थी, जिसके अनुसार देश के नागरिकों को प्राण एवं दैहिक स्वतंत्रता के सरंक्षण का अधिकार मिलता है। लेकिन हाल में हिंदी में दायर की गई एक याचिका को भ्रम बताते हुए इस हरित अधिकरण ने साफ किया कि 2011 एनजीटी (चलन व प्रक्रिया) नियमों के प्रावधान 33 के अनुसार अधिकरण के काम केवल अँग्रेजी में ही होंगे। इससे स्पष्ट होता है कि यदि कोई अपनी याचिका अँग्रेजी में तैयार नहीं करता है, तो उसे न्याय नहीं मिलेगा। इसका तात्पर्य यह भी है कि किसी सामान्य नागरिक को देश में स्वाभाविक प्राकृतिक जीवन को बचाए रखने के लिए अँग्रेजी का ज्ञान आवश्यक है। यदि उसके आस-पास के परिवेश में निहित जल, हवा एवं हरियाली पर कोई संकट आए, तो उसे सबसे पहले अँग्रेजी सीखना चाहिए, भले ही रातों-रात बुल्डोजर उसके परिवेश के रास्ते उसके जीवन को ही क्यों न रौंद जाए।

वर्गीय उच्चता के आधार पर संग्रहित अधिकारों के संरक्षण की चिंता शासन एवं समाज की एक सच्चाई है। इस उच्चता की एक आभासी परिधि होती है, जिसकी दीवाल को लगातार मजबूत करना कुलीन तबका या पेशेवर लोग प्राय: अपनी जिम्मेदारी मानते रहे हैं, ताकि इस किले को हरसंभव अभेद्य बनाया जा सके। देश में लोकतंत्र के नियंता के रूप में कार्यरत विधायिका, कार्यपालिका एवं न्यायपालिका की आंतरिक संरचना में यह एक सामान्य प्रवृत्ति है। विधायिका चूँकि आम जनता के सामने चुनावों में एक समय याचक की भूमिका में होती है, इसलिए इसमें संदर्भ के अनुरूप कुछ लचीलापन मिल सकता है, लेकिन लोकतंत्र के शेष दो प्रमुख एवं स्थायी स्तंभ यानि कार्यपालिका एवं न्यायपालिका जिन आधारों पर अपनी उच्चता की परिधि बनाते हैं, उनमें भाषा भी एक प्रमुख साधन है। सर्वोच्च न्यायालय के सेवानिवृत्त न्यायाधीश एवं अट्ठारहवें विधि आयोग के अध्यक्ष ए॰ आर॰ लक्ष्मणन ने दिसंबर, 2008 में तत्कालीन विधि मंत्रालय को सौंपे अपने प्रतिवेदन में सर्वोच्च न्यायालय की एक अनिवार्य भाषा के रूप में हिंदी के शामिल होने की संभावना को नकारते हुए कहा था कि न्यायालयों में बहस और इससे जुड़ा साहित्य अँग्रेजी में उपलब्ध है, इसलिए उच्च स्तरीय न्यायधीशों को अपनी इच्छानुसार निर्णय देने के लिए स्वतंत्र होना चाहिए। साथ ही अखिल भारतीय स्तर पर स्थानांतरण की दृष्टि से न्यायाधीशों को किसी नई भाषा में निर्णय देने के लिए बाध्य नहीं किया जा सकता और न ही यह अपेक्षा की जा सकती है कि वह स्थानांतरण की दशा में निर्णय देने के लिए कोई नई भाषा सीखे। आगे वे स्पष्ट कहते हैं कि "चूँकि सभी नागरिक एवं न्यायालयों को सर्वोच्च न्यायालय द्वारा निर्धारित नियमों को समझने का अधिकार है, ऐसे में यह सराहनीय है कि आज के समय में वह एक भाषा सिर्फ अँग्रेजी है।" गौरतलब है कि देश में न्यायालय में प्रयुक्त होने वाली अँग्रेजी में व्यवहार करने वाली आबादी का औसत किसी भी रूप में दस प्रतिशत से अधिक नहीं है। ध्यान रहे कि सन् 2009 में जारी सन् 2001 के जनसंख्या के आंकड़ों में मातृभाषी के रूप में अँग्रेजी भाषियों की

संख्या 0.2 प्रतिशत थी, जबकि हिंदी 41, बंगाली 8, तेलुगु 7, मराठी 7, तमिल 6, उर्दू 5, गुजराती 4 एवं कन्नड़ 4 प्रतिशत लोगों की मातृभाषा थी। यदि इस स्तर पर तुलना किया जाए, तो अँग्रेजी देश की कोंकणी और डोंगरी जैसी भाषाओं की मातृभाषी संख्या से भी कम है। यह सही है कि द्वितीय एवं तृतीय भाषा के रूप में अँग्रेजी का विस्तार अधिक है, लेकिन यह भी ध्यान रहे किसी भाषा के द्वितीय एवं तृतीय भाषा के रूप में विस्तार स्वाभाविक या स्वैछिक नहीं होता है। अँग्रेजी विरासत की तारतम्यता को स्वतंत्र लोकतंत्र में नए सिरे जरूर मूल्यांकित किया जाना चाहिए था। यदि ऐसा नहीं हो सका, तो यह देश के शासकों की विफलता मानी जानी चाहिए। देश के कुछ उच्च न्यायालयों में कुछ व्यक्तिगत रुचि एवं प्रसंग के अनुसार स्थानीय भाषा का प्रयोग संभव हो पाता है, लेकिन एक व्यापक प्रणाली के रूप में ऐसा होना अभी भी दूर की कौड़ी सिद्ध हो रही है।

बहरहाल देश के विभिन्न न्यायालयों में स्थानीय भाषाओं के लागू होने की माँग पुरानी है, गत कुछ वर्षों में यह माँग कई स्तरों पर बढ़ी है। अभी हाल के वर्षों में तमिलनाडु के 'मद्रास उच्च न्यायालय' में आधिकारिक भाषा के रूप में तमिल की माँग को लेकर वहाँ के वकीलों ने व्यापक प्रतिरोध किया था। लेकिन सर्वोच्च न्यायालय के तत्कालीन मुख्य न्यायाधीश ने उस पूरी माँग को इस सवाल के साथ खारिज कर दिया था कि कोई स्थानीय भाषा किसी न्यायालय की आधिकारिक भाषा कैसे हो सकती है? हालाँकि मद्रास उच्च न्यायालय के ही मुख्य न्यायधीश रह चुके सेवानिवृत्त जस्टिस मारकण्डेय काटजू ने वहाँ के वकीलों की माँगों का संवैधानिक प्रावधानों के आलोक में समर्थन किया था। गौरतलब है कि संविधान के अनुच्छेद 348 (2) में कहा गया है कि संबंधित राज्य का राज्यपाल राष्ट्रपति की पूर्वानुमति से हिंदी या अन्य प्रमुख स्थानीय भाषा को उच्च न्यायालयों में आधिकारिक प्रयोग की इजाजत दे सकता है। इसके बाद राजभाषा अधिनियम 1963 (संशोधित 1967) के भाग 7 के माध्यम से इसका विस्तार करते हुए अनुवाद की भी व्यवस्था करने की बात की गई है। लेकिन यहाँ सवाल संविधान

के प्रावधानों से अधिक सत्ताई मंशा का है। यदि असल में ऐसी मंशा होती तो कितने प्रावधान बन चुके होते या संवैधानिक संशोधन हो चुके होते।

किसी लोकतंत्र में न्यायालयों को भी जनता के प्रति जबाबदेह होना चाहिए। अनेक संदर्भों से न्यायपालिका से उम्मीद भी बढ़ती है, लेकिन अट्ठारहवें विधि आयोग की अनुशंसाओं में पूरा ध्यान न्यायाधीशों की सुविधाओं का रखा गया है और सर्वोच्च न्यायालय में हिंदी राजभाषा के सवाल को नकार दिया गया और पुन: अँग्रेजी की स्थिति यथावत् है। यहाँ यह देखना दुखद है कि देश की बहुसंख्यक आबादी अपनी बात न्यायालयों एवं न्यायाधिकरणों के समक्ष अपनी भाषा में नहीं रख सकती है। क्या देश की जनता को न्याय पाने के अधिकार से वंचित करने जैसा नहीं है? भाषाई जटिलताओं के कारण ही सामान्य शिक्षित लोग भी न्यायिक प्रक्रिया में खुद की शिकायत या बचाव नहीं कर पाते है, इसके लिए आज महँगे वकीलों का सहयोग लेना पड़ता है, जो उनकी शिकायत को किस तरह और किस प्राथमिकता से न्यायालय के समक्ष प्रस्तुत करता है, इसकी जानकारी खुद शिकायतकर्ता को नहीं हो पाती है और निर्णय के रूप में उसे 'जीवन' मिली की 'मौत' इसकी सूचना भी उसे किसी दूसरे से मिलती है। इस पूरे प्रकरण का निहितार्थ आज यह है कि एक आम आदमी भाषाई दुरूहता या धन के अभाव में उच्च न्यायालयों तक पहुँचने के लिए सोच भी नहीं पाता और अन्याय को स्वीकार कर लेता है। देश के तमाम नियम एवं फैसले आम जनता के लिए ही होते हैं, लेकिन यह कैसी बिडंबना है कि ये सब उसकी भाषा में उपलब्ध नहीं होते हैं। आज न्यायालयों में अँग्रेजी के वर्चस्व के कारण आम जनता न्याय पाने एवं आम पृष्ठभूमि का वकील वकालत करने की उम्मीद छोड़ देते हैं। 'राष्ट्रीय हरित अधिकरण' ने जिस परिनियम को यह बताने के लिए स्पष्ट किया है कि हिंदी में लिखित शिकायत स्वीकार्य नहीं है। ऐसे नियम बनाने वाले कौन हैं? क्या देश में स्थानीय जल, जंगल एवं जमीन की रक्षा के लिए अँग्रेजी की अनिवार्यता उचित है? अधिकरण को यह भी सोचना चाहिए कि देश का कोई जनजातीय समूह अपने

आस-पास के जंगलों को बचाने के लिए आसानी से अपनी बात रख सके और यही अधिकरण का मूल उद्देश्य भी है, अन्यथा न सिर्फ अधिकरण अपने मूल कर्तव्यों के निर्वहन में असफल होगा, बल्कि देश की अधिसंख्य जनता को मौलिक अधिकारों से वंचित होना पड़ेगा। ऐसे में जब देश के प्राकृतिक संसाधनों पर चतुर्दिक हमला हो रहा है, तो राष्ट्रीय हरित अधिकरण' को अधिक सजग होने की आवश्यकता है और यह काम सिर्फ अँग्रेजी में नहीं संभव होगा।

भाषा-संरक्षण एवं देवनागरी लिपि

यद्यपि भाषाई संकट-ग्रस्तता एक वैश्विक समस्या है, लेकिन भारत इससे सबसे अधिक शिकार देशों में शामिल है। वृहत्तर भूगोल, विषम आर्थिक परिस्थितियाँ, दुर्गम यातायात के साधन एवं सूचना-क्रांति की अँग्रेजी केंद्रीयता ने देश की भाषाई विविधता एवं सांस्कृतिक समृद्धि के प्रवाह को बनाए रखने को अधिक चुनौतीपूर्ण बनाया है। इस क्रम में अनेक स्थानीय भाषाओं की किसी अपनी लिपि का न होना भी भाषाई-संरक्षण के प्रयासों में एक अवरोध है। देश की हजारों भाषाओं के लिए उपलब्ध लिपियों की बहुलता भी व्यावहारिक धरातल पर एक अवरोध के रूप में ही सामने आ रही है। हालाँकि भाषाई मानवाधिकार के लिए आदर्श स्थिति यही है कि हर भाषा की एक सर्वस्वीकृत लिपि हो, जो उस भाषा की सभी ध्वनियों को अभिव्यक्त कर सकने में समर्थ हो और उसी के अनुरूप उसमें लेखन एवं अद्यतन टंकण की सुविधा उपलब्ध हो। लेकिन वास्तव में ऐसा हो नहीं पा रहा है। आज कुछ ऐसी भाषाएँ हैं, जिनकी लिपि के विकास के लिए लोग व्यक्तिगत स्तर पर प्रयत्नशील हैं, लेकिन ऐसे छिट-पुट प्रयास समुद्र पर बन रहे किसी पुल में 'गिलहरी के प्रयास' जैसे ही हैं और जाहिर है वर्तमान समय को न तो किसी गिलहरी की चिंता है और न ही उसके प्रयास को स्वीकार करने की संवेदना। बल्कि आज के पुल निर्माण के साधनों में कितनी गिलहरियाँ दब-कुचल जाती हैं, उनकी कोई गणना भी नहीं होती है। जिस तेजी से भाषाई परिवेश बदल रहे हैं और एक व्यापक समाज की स्थानीय भाषाओं के प्रति उदासीनता बढ़ रही है, उसमें भाषा-संरक्षण के ठोस उपायों के बारे में सोचने की आवश्यकता है।

आम जन में यह भ्रम भी समानांतर काम करता है कि भाषा एवं लिपि का अन्योन्याश्रित संबंध है, जबकि आधुनिक भाषाविज्ञान के आरंभिक विद्वान

ब्लूमफील्ड (1933) ने ही स्पष्ट कर दिया था कि "लेखन भाषा नहीं होती, बल्कि ये माध्यम किसी भाषा को सुरक्षित रखने के दर्शनीय चिह्न मात्र होते हैं।" तात्पर्य यह है कि भाषा अलग और लिपि अलग होती है। लिपि की आवश्यकता किसी भाषा को लिखने के क्रम में पड़ती है। आज की अनेक लोकप्रिय भाषाएँ जैसे अँग्रेजी एवं हिंदी उधार की लिपियों के साथ ही खड़ी हैं। इसी क्रम मैथिली और भोजपूरी जैसी भाषाएँ क्रमश: तिरहुत और कैथी लिपियाँ छोड़कर देवनागरी के साथ खड़ी हैं और आज इनके संवर्धन के तर्कों में लिपि शामिल नहीं है। भाषा को अपने समाज का प्रतिनिधि होना चाहिए और लिपि को अपने भाषा की। यह भी सही है कि किसी भाषा की पूरी ध्वनि-व्यवस्था संबंधित वर्णमाला तक सीमित नहीं होती है, बल्कि भाषाएँ उस लिपि और लेखन-व्यवस्था में स्वयं को समायोजित भी करती हैं। अँग्रेजी का उदाहरण हम सबके सामने है, जिसमें कुल 42 ध्वनियों को रोमन के 26 वर्णों के माध्यम से ही अभिव्यक्त किया जाता है। किसी व्यक्ति की दैनिक आवश्यकताएँ जैसे- रोटी, कपड़ा एवं मकान की तरह भाषा भी आवश्यक है, लेकिन अंतर यह है कि भाषा के लिए रोज उपक्रम नहीं करना पड़ता है, एक बार सीख लेने पर शब्दावली जोड़-जोड़ कर हम अपने बढ़ते जीवन-चक्र में भाषा को साधते रहते हैं। इस मायने में वे लोग सौभाग्यशाली हैं, जिनको परंपरा से एक भाषा और लिपि मिली हुई है, लेकिन यहाँ चिंता उनकी है, जिन भाषाओं की कोई लिपि नहीं है।

बहरहाल देश में विशेषकर पूर्वोत्तर भारत की असंख्य भाषाओं की आज तक कोई अपनी लिपि विकसित नहीं हो पाई है। कुछ जागरूक लोगों ने भाषाई एवं जातीय अस्मिता के संरक्षण के नाम पर लिपि का विकास तो किया है, लेकिन उसे तत्समाज से सर्वस्वीकार्यता नहीं मिली है। मिशनरियों के प्रभाव से इन भाषाओं पर रोमन का भी प्रभाव रहा है। इसमें असंतोष यह होता है कि यहाँ बहुसंख्य तानी भाषाएँ हैं, जिनमें एक ही लिखित शब्द के उच्चारण के आरोह-अवरोह के भेद से

तीन या इससे भी अधिक अर्थ संप्रेषित होते हैं। ऐसे में रोमन लिपि इन भाषाओं को संपूर्णता नहीं दे पा रही है। 'भारतीय भाषा मंच' के संयोजक और प्रसिद्ध भाषाविद प्रो. वृषभ प्रसाद जैन जोर देकर कहते हैं कि "इन भाषाओं में 'ङ' ध्वनि की बाहुल्यता है और इन्हें सहज ढंग से रोमन में अभिव्यक्त नहीं किया जा सकता।" इसके साथ देश की कोंकणी, कश्मीरी, संथाली जैसी भाषाएँ भी हैं, जो एकाधिक लिपियों में लिखी जाती हैं। ध्यान रहे कि ये सभी ऐसी भाषाएँ हैं, जिनको बोलने वालों की आबादी कम एवं विभिन्न क्षेत्रों में बिखरी हुई भी है। ऐसे में इन पर विलुप्ति के खतरे का एक कारण इनका भौगोलिक एवं लिपिगत स्तर पर एकत्र न होना भी है। इन समाजों के लोग खुद भी संवाद के स्तर पर मुख्य धारा के समाजों से कटे हुए महसूस करते हैं। ऐसे में वे भाषाएँ जिनकी अभी तक कोई लिपि न विकसित हो पाई हो, उनके लिए उनकी भाषाई एवं जातीय पहचान की समग्रता के साथ देवनागरी को अपनाया जाना एक व्यावहारिक समाधान की तरह है, जिससे न सिर्फ ऐसी भाषाओं को एक स्थाई एवं लोकप्रिय लिपि मिलेगी, बल्कि उनको इसी बहाने वृहत्तर भाषी समाजों से जुड़ने का आधार मिलेगा। देवनागरी पहले से अवधी, कश्मीरी, कोंकणी, छत्तीसगढ़ी, डोगरी, नेपाली, पालि, प्राकृत, बोडो, भीली, भोजपूरी, मराठी, मागधी, मुंडारी, मैथिली, राजस्थानी, संथाली, संस्कृत, सिंधी, हरियाणवी और हिंदी आदि अनेक भाषाओं के लेखन की लिपि है। इसमें यूनिकोड के मापांकन तक की प्रक्रिया हो चुकी है और भाषाई विशिष्टता की माँग के अनुसार अतिरिक्त ध्वनि-प्रतीकों के लेखन की व्यवस्था भी उपलब्ध है, जैसे- भोजपूरी की ध्वनि 'ऽ' और मराठी की ध्वनि 'ळ' आदि। इसके वैज्ञानिक एवं लचीले स्वभाव के भरोसे इस बात की पूरी संभावना है कि तानी भाषाओं के लिए भी आवश्यक कुछ वर्ण अलग से विकसित किए जा सकते हैं और यह तुलनात्मक रूप से रोमन से बेहतर सिद्ध होंगे। हालाँकि इस क्रम में कुछ प्रारंभिक असुविधा होगी, लेकिन यह भाषाओं के प्रति आसन्न खतरों से होने वाली असुविधाओं से कम ही होगी। यह भी समझने की आवश्यकता है कि महज

किसी भाषा में उसकी सर्वस्वीकार्य लिपि के होने मात्र से उस भाषा का भविष्य नहीं सुनिश्चित किया जा सकता है। लेकिन यह प्रक्रिया भाषाई-संरक्षण में एक प्रभावी कारण हो सकती है। देवनागरी के होने से अन्य लाभ यह भी है कि इसमें अनेक सूचना-प्रौद्योगिकीय सुविधाएँ जैसे- फॉन्ट, कुंजी-पटल, टंकण-टूल, फॉन्ट-परिवर्तक, ओसीआर आदि उपलब्ध हैं, जिसका लाभ इन छोटी-छोटी भाषाओं को आरंभ से ही मिलने लगेगा।

ऐसे में जब भूमंडलीकरण का अघोषित संरक्षक अमेरिका नई राष्ट्रवादी चेतना के साथ अपनी नीतियाँ निर्धारित करने में व्यस्त हो, तो एक सवाल बनता है कि क्या उसके उदारीकरण की पहल महज शेष दुनिया के देशों पर अपनी भाषा, संस्कृति और सभ्यताई प्रतीकों को थोपने भर पर केंद्रित थी? दुनिया जिस तेजी से सपाट हो रही है, उसमें सबसे अधिक लाभ किसका हुआ है? भाषाई संकट-ग्रस्तता एवं इनके संरक्षण के क्रम में अँग्रेजी एवं रोमन स्थाई मुद्दे हैं, जो सभी भारतीय भाषाओं एवं उनकी लिपियों को प्रतिस्थापित करने पर उतारू हैं। इस क्रम में अंतत: ये वैश्विक बाजार के प्रतिनिधि के रूप में खड़े दिखते हैं। आज अँग्रेजी का ज्ञान आवश्यक है, लेकिन यह देश की स्थानीय भाषाओं को समाप्त करके नहीं होना चाहिए, बल्कि इनमें स्थानीय परिवेश के अनुरूप वे सभी सुविधाएँ उपलब्ध होनी चाहिए, जिससे आने वाली पीढ़ियों को इन भाषाओं से जोड़े रखा जा सके।

भाषाएँ किसी देश या समाज की अस्मिता की पहचान के साथ उसकी धरोहर भी होती हैं। हर व्यक्ति के लिए भाषा उसकी नित्य की आवश्यकता है, लेकिन हम इनके प्रति लगातार उदासीन होते जा रहे हैं। गौरतलब है कि किसी भाषा की सुरक्षा उसको संग्रहालय में रखने से नहीं, बल्कि समाज के विविध संदर्भों में बने रहने से है। ऐसे में देवनागरी को अपनाया जाना भी कोई स्थाई समाधान नहीं है, लेकिन संरक्षण एवं संवर्धन के प्रति मौजूदा विकल्पहीन धरातल के पर एक ठोस पहल जरूर है।

अल्पसंख्यक भाषाएँ एवं राष्ट्रीय भाषा और शिक्षा नीति

बहुलतावाद भारत की पहचान के साथ इसकी धरोहर भी है। एक राष्ट्र के रूप में भारत की तुलना पश्चिमी देशों के बहुधा एकरूपी ढाँचे से नहीं किया जा सकता है। कला, संस्कृति, भाषा, रहन-सहन, खान-पान एवं व्रत-त्योहार आदि की भारतीय सामाजिक संरचना में अंतर्गुथित स्थान एवं पारस्परिक महत्त्व है। यहाँ भाषाएँ अपने समाज के सामाजिक, आर्थिक, नृजातीय एवं राजनीतिक सरोकारों से सीधे जुड़ी हुई होती हैं। देश में समग्रता के आधार पर भाषा-नीति कभी रही ही नहीं है। राजभाषा के सवालों से टकराने एवं त्रिभाषा-सूत्र (1968) के अंतर्द्वंद्व से अलग प्राय: तुष्टिकरण की ही नीति रही है, जो भारत जैसे लोकतांत्रिक देश में आसानी से अपना जगह बना लेती है। इसीलिए संविधान की आठवीं अनुसूची में स्थान पाने की होड़ से लेकर भाषाओं के शास्त्रीयता के दर्जे तक के निर्णयों के तात्कालिक आधार ही रहे हैं। कोई पूर्णकालिक न तो भाषा-नीति रही है और न ही शिक्षा-नीति नहीं। समग्र नीति के अभाव में आज देश की अधिकतर भाषाओं पर विलुप्त होने का संकट मंडरा रहा है। जबकि दूरस्थ एवं अल्पसंख्यक समाजों के शिक्षा से वंचित होने के साथ, मुख्यधारा के समाजों में अभी भी उपयोगी शिक्षा की बनी हुई माँग ने देश की नीतिगत रिक्तता पर सवाल खड़ा किया है।

भाषा नीति

भारतीय लोकतंत्र में भाषाएँ सिर्फ अभिव्यक्ति का माध्यम भर नहीं, बल्कि चुनावी गुणा-गणित के भी केंद्र में होती हैं, इसलिए संप्रेषण से आगे तक की भूमिका के निर्वाह के लिए कुछ लोग भाषाओं को चुनते हैं और इस रूप में भाषाएँ वोट बटोरने का सरल माध्यम भी बन जाती हैं। इसीलिए यह देखना महत्त्वपूर्ण होगा कि

स्वतंत्रता-प्राप्ति के बाद से ही जब-जब कुछ दबाव-समूह अपनी बात मनवाने में सफल हुए हैं, तब-तब सत्ता पोषित भाषाई निर्णय सामने आ जाते हैं। इसको समझने के लिए अग्रांकित दो तालिकाओं को देखना महत्त्वपूर्ण होगा। इसमें सर्वप्रथम देश में उन महत्त्वपूर्ण संस्थाओं या अभिकरणों की सूची दी जा रही है, जो भाषा-केंद्रित हैं, यथा-

क्र. सं.	संस्था का नाम	संबद्ध मंत्रालय	कार्य-स्थल
1.	केंद्रीय हिंदी प्रशिक्षण संस्थान	गृह मंत्रालय	नई दिल्ली
2.	केंद्रीय अनुवाद ब्यूरो	गृह मंत्रालय	नई दिल्ली
3.	संसदीय राजभाषा समिति	गृह मंत्रालय	नई दिल्ली
4.	तकनीकी शब्दावली आयोग	मानव संसाधन विकास मंत्रालय	नई दिल्ली
5.	केंद्रीय हिंदी निदेशालय	मानव संसाधन विकास मंत्रालय	नई दिल्ली
6.	भारतीय भाषा संस्थान	मानव संसाधन विकास मंत्रालय	मैसुरू पुणे (मुख्यालय), पटियाला, भुवनेश्वर, गुवाहाटी, सोलेन एवं लखनऊ
7.	केंद्रीय हिंदी संस्थान	मानव संसाधन विकास मंत्रालय	आगरा (मुख्यालय) दिल्ली, हैदराबाद, गुवाहाटी, शिलांग, मैसुरू, दीमापुर एवं अहमदाबाद
8.	केंद्रीय शास्त्रीय तमिल संस्थान	मानव संसाधन विकास मंत्रालय	चेन्नई
9.	महर्षि संदीपनी राष्ट्रीय वेद विद्या प्रतिष्ठान	मानव संसाधन विकास मंत्रालय	उज्जैन
10.	राष्ट्रीय संस्कृत संस्थान	मानव संसाधन विकास मंत्रालय	नई दिल्ली
11.	राष्ट्रीय संस्कृत विद्यापीठ	मानव संसाधन विकास मंत्रालय	तिरुपति, आन्ध्रप्रदेश

12.	श्री लाल बहादुर शास्त्री राष्ट्रीय संस्कृत विद्यापीठ	मानव संसाधन विकास मंत्रालय	नई दिल्ली
13.	राष्ट्रीय सिंधी भाषा संवर्धन परिषद	मानव संसाधन विकास मंत्रालय	वडोदरा
14.	राष्ट्रीय उर्दू भाषा संवर्धन परिषद	मानव संसाधन विकास मंत्रालय	नई दिल्ली
15.	महात्मा गाँधी अंतरराष्ट्रीय हिंदी विश्वविद्यालय	मानव संसाधन विकास मंत्रालय	वर्धा (मुख्यालय) कोलकाता एवं इलाहाबाद
16.	अँग्रेजी एवं विदेशी भाषा विश्वविद्यालय	मानव संसाधन विकास मंत्रालय	हैदराबाद (मुख्यालय) लखनऊ एवं शिलांग
17.	मौलाना आजाद नेशनल उर्दू यूनिवर्सिटी	मानव संसाधन विकास मंत्रालय	हैदराबाद (मुख्यालय) लखनऊ, बडगाम नई दिल्ली, बंगलुरु, पटना, मुंबई, भोपाल, दरभंगा, श्रीनगर, रांची, कोलकाता
18.	विश्व हिंदी सम्मेलन	विदेश मंत्रालय	नई दिल्ली
19.	राजभाषा आयोग	विधि मंत्रालय	नई दिल्ली

उक्त तालिका में भाषाई संस्थानों के साथ राजभाषा के सवालों को लेकर बने अनेक अभिकरणों को भी देखा जा सकता है और इन सबके बावजूद राजभाषा की स्थिति की भी समीक्षा की जा सकती है कि क्यों आज भी इस संदर्भ में अँग्रेजी का वर्चस्व है, जबकि हिंदी के नाम पर एकाधिक संस्थान हैं। बहरहाल नीचे की तालिका में भाषाओं के दर्जे की सूची है, जो समय-समय पर सरकारों द्वारा दिए गए हैं-

क्र. सं.	**भाषाएँ**	**आधिकारिक दर्जा**	**संबद्ध मंत्रालय**	**वर्ष**
1.	असमिया, उर्दू, ओड़िया, कन्नड़, कश्मीरी, गुजराती,	आठवीं अनुसूची	गृह मंत्रालय	संविधान के साथ 14

	तमिल, तेलुगु, पंजाबी, बंगाली, मराठी, मलयालम, संस्कृत एवं हिंदी			भाषाएँ
2.	सिंधी	आठवीं अनुसूची	गृह मंत्रालय	1967 में एक भाषा
3.	कोंकणी, नेपाली एवं मणिपुरी	आठवीं अनुसूची	गृह मंत्रालय	1992 में तीन भाषाएँ
4.	डोगरी, बोड़ो, मैथिली एवं संथाली	आठवीं अनुसूची	गृह मंत्रालय	2004 में चार भाषाएँ
5.	अंगिका, बंजारा, बज्जिका, भोजपूरी, भोटी, भोटिया, बुंदेली, छत्तीसगढ़ी, धत्की, अंग्रेज़ी, गढ़वाली, गोंडी, गोजरी, हो, कच्छी, कामतापुरी, कार्बी, खासी, कोडावा, ककबरक, कुमाऊँनी, कुराक, कुरमाली, लेप्चा, लिंबू, मिज़ो, मगही, मुंडारी, नागपुरी, निकोबारी, हिमाचली, पालि, राजस्थानी, कोशली / सम्बलपुरी, शौरसेनी, सराइकी, टेनयीडी एवं तुलू	आठवीं अनुसूची	गृह मंत्रालय	गृह मंत्रालय के अनुसार प्रतीक्षारत 38 भाषाएँ (समय निर्धारित नहीं हैं।)
6.	तमिल	शास्त्रीय भाषा	संस्कृति मंत्रालय	2004
7.	संस्कृत	शास्त्रीय भाषा	संस्कृति मंत्रालय	2005
8.	तेलुगु एवं कन्नड़	शास्त्रीय भाषा	संस्कृति मंत्रालय	2008
9.	मलयालम	शास्त्रीय भाषा	संस्कृति मंत्रालय	2013
10.	ओड़िया	शास्त्रीय भाषा	संस्कृति मंत्रालय	2014

उक्त दोनों तालिकाओं को देखने के बाद इस बात का अंदाजा लगाया जा सकता है कि देश में भाषा को लेकर कोई स्पष्ट एवं दीर्घकालिक नीति नहीं रही है। अकेली हिंदी को देखने के लिए कई मंत्रालय मेहनत करते हैं, लेकिन आज भी हिंदी का सबसे प्रभावशाली स्वरूप फिल्मों के माध्यम से सामने आता है और इसके लिए कोई सरकार मेहनत नहीं करती है। सरकारी मेहनत को समझने के लिए उन प्रसंगों को याद करना होगा, जिनमें विदेश में होने वाले एक रश्मी विश्व हिंदी सम्मेलन में कुछ दिवंगत साहित्यकारों को निमंत्रण भेजा गया था। बहरहाल आज समग्र भाषा-नीति के अभाव में देश की अधिकतर भाषाओं पर विलुप्त होने का संकट मंडरा रहा है। इसमें दुःखद यह है कि इन संकटग्रस्त भाषाओं की गणना या विश्लेषण पर चर्चा देश के प्रशासनिक तंत्र के कारण नहीं हुई, बल्कि 2009 में युनेस्को (UNESCO) द्वारा देश की 197 भाषाओं को संकटग्रस्तता का दर्जा देने के बाद इस पर हलचल हुई। हालाँकि व्यवस्थित रूप से इन भाषाओं एवं संस्कृतियों के संरक्षण एवं संवर्धन हेतु अभी भी कुछ विशेष नहीं हुआ है।

गौरतलब है कि भाषाई प्रक्रियाओं में बहुसंख्यक तबका लोकतांत्रिक क्षमता के आधार पर जब अपना पक्ष मजबूती से रख रहा होता है, उसी लोकतंत्र में अल्पसंख्यक भाषा-भाषी उपेक्षा एवं हीनता के शिकार हो रहे होते हैं और धीरे-धीरे अपनी भाषाओं को उपेक्षित करते हुए, वृहत्तर भाषाओं की ओर चले जाते हैं। यह भी प्रशासनिक संवेदनहीनता का ही असर है कि स्थानीय समाजों को उनकी अपनी भाषा में न्यूनतम सुविधाएँ भी नहीं मिल पाती, इसलिए एक कथित आधुनिक और बेहतर जीवन के आकर्षण में अपनी नृजातीय एवं सांस्कृतिक रूप से समृद्ध से समृद्ध भाषा छोड़कर, वे आगे बढ़ जाते हैं।

यह लोकतंत्र का दोष रहा है कि उसे भीड़ पसंद होती है, चूँकि संकटग्रस्त भाषा-संस्कृति का समाज खुद ही अल्पसंख्यक है, इसलिए वह कोई दबाव समूह भी

नहीं बन पाता है और उनकी आकांक्षाएँ दबी की दबी रह जाती हैं। जबकि बहुसंख्यक भाषाएँ सिर्फ अभिव्यक्ति की माध्यम नहीं मुकम्मल वोट-बैंक बन जाती हैं। हालाँकि हमारा राजनीतिक नेतृत्व इसे भी बहुत सतही स्तर पर ही लेता है और काम-चलाऊँ तरीके से भाषाई प्रसंगों को निपटाता है। यह सब कुछ होने की संभावना नीतिगत रिक्तता की स्थिति में हमेशा बनी रहती है। फलस्वरूप देश में एक तरफ तो होड़ आठवीं अनुसूची में भाषाओं को शामिल करने की मची है, तो वहीं शास्त्रीयता का दर्जा पाने की भी। इस क्रम में न तो कोई तर्क है और न ही कोई नीति। इसीलिए भाषाओं के मुद्दों को देखने के लिए सरकार के चार से पाँच मंत्रालय शामिल हैं। यह भी देखना हास्यास्पद ही है कि शास्त्रीयता के दर्जे में भाषाओं की शास्त्रीयता से अधिक तत्संबंधी निर्णयों की तात्कालिकता मुखर होती है, अन्यथा संस्कृत से पहले तमिल शास्त्रीय नहीं होती और अब तक की शास्त्रीय भाषाओं में बंगाली का भी नाम होता। इसी प्रकार यह भी देखा जा सकता है कि अब तक जिन 22 भाषाओं को आठवीं अनुसूची में स्थान मिला है उसमें 'अवधी' नहीं है और गृह मंत्रालय के अनुसार भविष्य में जिन भाषाओं को यह दर्जा दिया जा सकता है, उक्त तालिका में दिए उन 38 भाषाओं की सूची में भी इसका नाम नहीं है। अब सवाल यह उठता है कि देश की किसी भाषा में वह कौन से गुण होने चाहिए, जिससे उसे आठवीं अनुसूची नामक संवैधानिक संरक्षण मिल जाए और ऐसी कौन-सी क्षमता 'अवधी' में नहीं है?

शिक्षा-नीति

भारतीय प्रशासनिक ढाँचे को समझने के लिए इसके औपनिवेशिक विरासत की अवहेलना नहीं की जा सकती। इसलिए भारतीय शिक्षा-नीति का इतिहास मैकाले के प्रस्तावों से कभी मुक्त नहीं हो पाएगा। इसलिए देश की स्थानीयता की उपेक्षा शिक्षा-नीति में भी लगातार हुई है। स्वतंत्रता के बाद भी एक मुकम्मल शिक्षा-नीति का अभाव रहा है। यदि इसमें मूल्यांकन किया जाय, तो स्पष्टत: यह परिलक्षित

होता है कि तात्कालिकता की शिकार न सिर्फ भाषा-नीति बल्कि शिक्षा-नीति भी रही है। इसीलिए देश के अकादमिक जगत में नीतिगत विसंगतियाँ आज भी एक बड़ी चुनौती है। परिणामस्वरूप साक्षरता दर, उच्च शिक्षा में आम जन की भागीदारी को देखा जा सकता है। आज भी यह आसानी से उदाहरण मिल जाता है कि अभियांत्रिकी की उपाधि के बावजूद छात्र बेरोजगार रहता है और पी-एच०डी० की उपाधि के बाद भी न्यूनतम अर्हता वाले पदों के आवेदक होता होता है। देश के कुछ प्रमुख शैक्षिक-सुधार की पहलों को निम्नवत् देखा जा सकता है-

क्र.सं.	पहल	वर्ष
1.	संस्कृत आयोग	57-1956
2.	कोठारी आयोग	66-1964
3.	राष्ट्रीय शिक्षा नीति	1968
4.	राष्ट्रीय शिक्षा नीति	1986
5.	राष्ट्रीय पाठ्यचर्या की रूपरेखा	2005
6.	सच्चर समिति	2006
7.	राष्ट्रीय ज्ञान आयोग	2006
8.	नई शिक्षा नीति	प्रक्रियाधीन

ऐसा भी नहीं है कि देश में कम से कम शिक्षा-नीति के लिए कदम न उठाए गए हों, लेकिन ये सारे निर्णय दीर्घकालिक न होकर तात्कालिक और समग्र न होकर टुकड़ों-टुकड़ों में रहे हैं। यही कारण है कि प्राथमिक शिक्षा, बाल शिक्षा, महिला शिक्षा, तकनीकी शिक्षा, वैज्ञानिक शिक्षा, कंप्यूटर शिक्षा एवं अल्पसंख्यक शिक्षा आदि विषयों अपर अलग-अलग विचार किए और समाधान सुझाए गए हैं। सच्चर समिति ने मुसलमानों और उर्दू शिक्षा की चिंता की है, तो संस्कृत के लिए अलग से आयोग और समिति मिल जाएँगे। यह देश की शिक्षा-नीति और विश्वविद्यालयों पर बहुत बड़ा प्रश्न है कि आदिवासियों के लिए अलग से 'इंदिरा

गाँधी राष्ट्रीय जनजातीय विश्वविद्यालय' 2007 में खोलना पड़ा। इसका सीधा-सा मतलब है कि उससे पहले के विश्वविद्यालय आदिवासियों को उच्च शिक्षा देने में विफल थे। बहरहाल कोठारी आयोग (1964-66), राष्ट्रीय शिक्षा नीति (1968, 1986) एवं राष्ट्रीय पाठ्यचर्या की रूपरेखा (2005) आदि में भाषाओं को शैक्षिक परिदृश्य में समायोजित करने के सुझाव दिए भी गए हैं, लेकिन उनके कार्यान्वयन की दिशा तो अब तक निर्धारित नहीं है। यही कारण है कि आज तक समाज के सभी तबकों को उचित ढंग से शिक्षा से नहीं जोड़ा जा सका है। ध्यातव्य है कि ऐश रिपोर्ट (2014-15) में कहा गया था कि 31.9 प्रतिशत प्राथमिक एवं 62.4 प्रतिशत स्कूल स्तरीय जनजातीय बच्चे पढ़ाई बीच में ही छोड़ देते हैं। इसके अनेक कारण हो सकते हैं, लेकिन इनमें माध्यम भाषा की समस्या निःसंदेह सबसे बड़ी है। ऐसे में अल्पसंख्यक भाषाओं के संरक्षण के संदर्भ में शिक्षा-नीति पर भी भरपूर बहस की गुंजाइश बाकी है। इस क्रम में प्रस्तावित 'नई शिक्षा नीति 2016' जिसमें प्राथमिक स्तर तक स्थानीय भाषाओं को माध्यम बनाने एवं संचार-प्रौद्योगिकी में इनकी सहभागिता जैसे सुझावों का स्वागत होना चाहिए, लेकिन वह भी अपनी पूर्णता में पाँच साल के कार्यकाल के बावजूद सार्वजनिक नहीं हो पाई।

शिक्षा समाज की रीढ़ होती है इसलिए इसकी उपेक्षा करके न तो कोई समाज विकास कर सकता है और न ही कोई देश। समाज के विकसित होने के मायने महज भौतिकता का संग्रहण और दोहन नहीं होता, बल्कि मानवीय मूल्यों का विकास होना भी आवश्यक है, जहाँ बिना हिंसा या विद्वेष के सभी नागरिकों के समान अधिकार की रक्षा हो और बिना किसी भेद-भाव के सह-अस्तित्व की भावना को मजबूत बनाया जा सके। शिक्षा से मशीन, तकनीक, उद्योग आदि सब बने, लेकिन सबसे पहले एक बेहतर मनुष्य और समाज बने, जो इन तकनीकों सकारात्मक उपयोग कर सके। भारत में इसकी और आवश्यकता इसलिए थी कि यहाँ सैकड़ों सालों की जमींदारी और विदेशी गुलामी से जकड़ा हुआ समाज आजादी के बाद विरासत में मिला था। जहाँ वंचितों का शोषण व्यवस्थागत था।

इससे मुक्ति के लिए अंबेडकर ने भी शिक्षा को ही सबसे महत्त्वपूर्ण साधन बताया था, जिससे इन ढाँचागत शोषण प्रक्रियाओं की पहचान संभव हो सके। यह देश की बिडंबना ही है कि स्वतंत्रता-प्राप्ति के 70 वर्षों के बाद भी आज जो हमने शिक्षा का ढाँचा विकसित किया है, वह मूल आवश्यकताओं से बहुत दूर है।

किसी अकादमिक परिसर में अपनी समकालीन पीढ़ी के सबसे बौद्धिक लोग रहते हैं, यदि उनमें भी सामान्य समाज की बुराइयाँ बनी हुई हों, तो वहाँ शिक्षा का मूल्य तो प्रश्नांकित होगा ही, साथ में पूरे शैक्षिक तंत्र पर सवाल होना चाहिए, जहाँ से निकले नागरिकों में अपने मूलभूत दायित्वों का बोध न हो। यदि स्वतंत्रता-प्राप्ति के 60 साल के बाद भी अलग से जनजातीय विश्वविद्यालय बनाने की आवश्यकता बनी रहती है, जैसाकि अमरकंटक में बना था, तो यह उससे पहले के सभी विश्वविद्यालयों पर सवाल है कि वहाँ इन समाजों की उपेक्षा हुई। यह इसके बावजूद हुआ कि जनजातीय समूहों के लिए प्रवेश से लेकर वहाँ नौकरियों में आरक्षण था। आदर्श स्थिति तो यह होती कि कम से कम शैक्षिक जगत में बिना किसी आरक्षण के सामाजिक न्याय और बराबरी की सुविधाएँ देने के लिए अतिरिक्त कानून की आवश्यकता नहीं होती। कानून एक तरह का बंधन है और इसकी आवश्यकता तब होती है, जब स्वत: जागरूकता न हो, विवेक की कमी हो या सायास किए जाने का प्रयास हो। उदाहरण के लिए यदि सड़क पर बाईं ओर चलने का नियम बना है, तो यह इसलिए कि सभी पथिकों को इस पर बाध्य किया जाए अन्यथा सजा भी होती है । इस कानून और सजा के भय से लोग बाईं तरफ चलते हैं और दुर्घटना या सड़क के अवरोधों से निकलते हैं। इसमें हमेशा एक कानून का दबाव रहता है। अब ऐसा दबाव सड़क या बाजार में तो ठीक है, जहाँ हर तरह के लोग होते हैं, लेकिन ऐसा ही अकादमिक परिसरों में भी हो तो उचित नहीं है, क्योंकि वहाँ तो समाज के सबसे प्रौढ़ लोग रहते हैं। ऐसे में यदि विश्वविद्यालयों में भी समाज की बराबरी के लिए कानून की आवश्यकता पड़ती है तो उचित नहीं है और यदि इन सबके बावजूद लक्ष्य की प्राप्ति न हो, तो निश्चित

रूप से हमारा रास्ता ठीक नहीं था। जबकि हकीकत इसके विपरीत है, जहाँ उपलब्ध अवसरों को भी देने से रोकने के लिए उपक्रम किए जाते हैं।

शिक्षा के सार्वजनिक वंचन का एक संदर्भ माध्यम भी है, जहाँ हमने ब्रिटिश विरासत को इस तरह गले लगा लिया है, जिस पर मुड़कर सोचने की स्थिति में भी हम नहीं हैं। अभी हाल में मैं मऊ जैसे कस्बे में घर पर था, जहाँ मेरी 7-8 साल की भांजी ने बताया कि उसके किसी कथित 'पब्लिक स्कूल' में अँग्रेजी के बदले हिंदी या दूसरी भाषा बोलने पर अर्थदंड की व्यवस्था है और उससे आगे बात करने पर समझ में आया कि इसकी निगरानी और अर्थदंड के वसूली का अपना पूरा तंत्र बना हुआ है, जो एक दिन में एक छात्र कितनी बार अँग्रेजी न बोलने का 'अपराध' करता है, उसी के अनुसार अर्थदंड दिया जाता है। बहरहाल मैंने शरारत के लिए कहा कि 'हमको अपने स्कूल ले चलो और हम दिन भर भोजपूरी बोलेंगे और जो अर्थदंड होगा, उसे शाम को चुका कर आएंगे।' तब उसका कहना था कि ऐसा करने से उसके मित्र चिढ़ाएंगे कि उसके मामा को तो अँग्रेजी बोलने भी नहीं आती। अब क्या यहाँ ठहर कर एक बार विचार करने की आवश्यकता नहीं है कि हम किधर जा रहे हैं और इन निजी विद्यालयों में आज कैसा माहौल बनाया जा रहा है। देश में जो सरकारी विद्यालय हैं, उन पर से मध्यमवर्गीय समाज का भरोसा बहुत पहले से उठ चुका है। दूसरे कुकुरमुत्ता की तरह उगे, इन 'पब्लिक स्कूलों' की स्थिति यह है कि उनमें पढ़ने के लिए महंगी फीस और उनके नखरों के लिए आम परिवार हमेशा परेशान रहता है। इन सबके बावजूद महानगरों से दूर के क्षेत्रों में भी अब छात्रों पर अनिवार्य और अभिभावकों पर यह नैतिक दबाव है कि वे लोग अपनी भाषा भूल जाएँ। शिक्षा का मूल सिर्फ अँग्रेजी का ज्ञान है? जिस उम्र में बच्चों को क्या-क्या सिखाया जा सकता है, उसी उम्र में अँग्रेजी सीखने के आतंक से आतंकित ये छात्र अपनी जड़, जमीन और परिवेश से कट कर क्या-क्या सीख लेंगे? होना तो यह चाहिए कि बच्चों में इस बोध को बैठा दिया जाता कि उम्र भर उसको सच को सच और गलत को गलत कहने का साहस, विवेक और तर्कशक्ति

मिल पाती, लेकिन इन सब से परे निजी विद्यालयों की प्राथमिकता होती है कि पैसा उगाहने के अधिकतम संभावनाओं को तलाशा जा सके। पढ़ाई के नाम पर सर्वोच्च अंक पाने की ऐसी प्रतिस्पर्धा चल पड़ी है कि किशोरावस्था में बच्चे परीक्षा टालने के लिए हत्या तक करने लगे हैं। इस पूरे प्रकरण में ये विद्यालय शिक्षा पाने के किसी तटस्थ स्थल से परे अपने आप में उद्योग बन चुके हैं, जहाँ सत्ता और राजनीति के कुत्सित गठजोड़ों से छात्रों एवं अभिभावकों पर हिंसा ही हो रही है। हालाँकि उत्तर प्रदेश में वर्तमान योगी सरकार ने कुछ सख्ती जरूर दिखाई है, लेकिन आवश्यकता निजी विद्यालयों पर सख्ती के साथ सार्वजनिक विद्यालयों को आधुनिक संदर्भों में मूल्यपरक शिक्षा देने के लायक भी बनाया जाए, जहाँ सरकारी खाना-पूर्ति से अधिक अभिभावकीय संतुष्टि के जरूरी मुद्दों को सुलझाया जा सके। इसके लिए आवश्यक है कि शिक्षा को समवर्ती से सूची के बजाय केंद्रीय सूची में रखकर नए सिरे से दूरदर्शी पहल की जाए।

विश्वविद्यालय ज्ञान के उत्पादन एवं संवर्धन के केंद्र होते हैं, जहाँ समाज के समकालीनता का गहन विश्लेषण एवं भविष्य की चुनौतियों का एक समावेशी समाधान खोजा जाना चाहिए। जहाँ नवाचार की तकनीक तो विकसित हो ही, साथ में समाज के दुर्गुणों के प्रति मूल्य भी विकसित हों। किसी अकादमिक संस्थान की स्थापना विशेष बौद्धिक भूख को तृप्त करने के लिए होनी चाहिए, न कि चुनावी लाभ-हानि के लिए। विश्वविद्यालय बेरोजगारी उन्मूलन का केंद्र नहीं हो सकते, बल्कि ऐसी शिक्षा वहाँ दी जानी चाहिए, जिससे छात्र स्वत: रोजगार की समस्या से निपटने में सक्षम हो सकें। दुर्भाग्य है कि देश में विश्वविद्यालयों की घोषणा चुनावी रैलियों में होती है और उसके बाद उनको अपने विभिन्न हितों के अनुरूप ढालना ही प्राथमिकता हो जाती है। एक सरकार द्वारा शुरू किए संस्थानों को दूसरी सरकारों में ठंढे बस्ते में डाल दिया जाता है। देश में ऐसे अनेक विश्वविद्यालय हैं, जहाँ वर्षों से उनके शीर्ष अधिकारी नहीं है। पचासों विश्वविद्यालय ऐसे हैं, जहाँ बीस-बीस वर्षों से शिक्षकों के पद रिक्त हैं। प्रयोगशाला

के जरूरी साधन नहीं है। पाठ्यक्रम एवं समकालीन तकनीकी की अद्यनता नहीं है। अकादमिक भ्रष्टाचार, आर्थिक अपराध, जातिगत एवं जेंडरगत विद्वेष और भाई-भतीजावाद जैसी समाज की बुराइयाँ अकादमिक परिसरों में इसीलिए अपना स्थान बना चुकी हैं कि विश्वविद्यालय अपना उद्देश्य भूल चुके हैं। देश में अपनी सामाजिक आवश्यकताओं के अनुसार शिक्षण का ढाँचा नहीं खड़ा हो सका है और अब तो जिस तरह सरकारों ने शिक्षा से अपनी जिम्मेदारी से पल्ला झाड़ना शुरू किया है, उससे एक बेहतर समाज की उम्मीद छोड़ देनी चाहिए। धनाढ्य तबका तो 'पब्लिक स्कूल' और विश्वविद्यालय में पढ़ लेगा जो रूपया, डालर एवं पौंड सब कमा सकता है, लेकिन शिक्षा के सामाजिक सरोकारों से शायद ही जुड़ पाए। जहाँ तक गरीब और वंचित तबका है, तो वो जहाँ आज खड़ा है, उससे और पीछे जाएगा। इस पूरे प्रकरण में अपनी भाषा, संस्कृति और समाज सब द्वितीयक होंगे, इसके बावजूद कि भूमंडलीकरण का सबसे बड़ा प्रवक्ता अमेरिका आज अपनी सीमाओं को घेरने में व्यस्त है।

शिक्षा स्वयं में संपूर्ण माध्यम है, जिससे समाज की आवश्यकताओं को संबोधित किया जा सकता है। इक्कीसवीं सदी एशिया की होने की घोषणा के स्वर में चीन और भारत दो प्रमुख देश होंगे, जिन पर वैश्विक नेतृत्व की जिम्मेदारी होगी। ऐसे में क्या यह आवश्यक नहीं कि प्राथमिक शिक्षा से लेकर उच्च शिक्षा एवं शोधों में स्थानीय सामाजिक, दार्शनिक, पारिस्थितिक एवं वैज्ञानिक आवश्यकताओं को प्रमुखता से शामिल किया जाए? क्योंकि बिना समेकित शिक्षा के न तो सामाजिक खाइयों को पाटा जा सकता है और न ही बौद्धिक पूँजी एवं तकनीकी नवाचारों की कल्पना की जा सकती है, जिनसे विश्व का नेतृत्व हो सकता है। ध्यान रहे कि एक खोखला राष्ट्र सिर्फ उपभोक्ता हो सकता है, उत्पादक नहीं।

शिक्षा के माध्यम का सवाल बहुत महत्त्वपूर्ण है। यह बहुत बार कहा जा चुका है कि किसी छात्र की क्षमता का उच्चतम विकास उसकी अपनी मातृभाषा में ही

संभव है। इसलिए भाषा का सवाल सिर्फ भाषा का सवाल नहीं है, बल्कि वह शिक्षा का भी सवाल है। औपनिवेशिक विरासत और भूमंडलीकरण के दबाव ने न सिर्फ देश की स्थानीयता की उपेक्षा की है, बल्कि अलग से अँग्रेजी को हम पर थोपा भी है। देश में स्थानीय संसाधनों पर आत्मविश्वास दिखाने के बजाए, हमें विदेशी संसाधनों पर अधिक विश्वास होता है। इन सबका हमारी नीतियों पर लगातार पभाव पड़ता है। देश की आत्मा अपने मूल में बहुलतावादी है, जबकि सत्ता-तंत्र वह चाहे नौकरशाही हो या बाजार सबकी मूल प्रवृत्ति केंद्रीयता पर जोर देती है। यदि स्वतंत्रता के इतने वर्षों के बाद भी आज हम देश के नागरिकों को उनकी अपनी मातृभाषा में प्राथमिक शिक्षा तक नहीं उपलब्ध करवा पाएँ हैं, तो यह स्वीकार कर लिया जाना चाहिए कि भारतीय सत्ता-तंत्र देश की मूल आत्मा तक नहीं पहुँच पाया है और जाहिर है कि इसमें उसकी कोई दिलचस्पी भी नहीं है। आज भी आवश्यकता है कि भाषा और शिक्षा को लेकर समग्र नीति बने, जिसमें आधुनिक प्रौद्योगिकी एवं स्थानीय आकांक्षाओं का संतुलित समन्वय हो, जहाँ सबके फलने-फूलने का समान अवसर हो।

भविष्य की भाषा

भाषा का न तो मानव-सभ्यता से परे कोई अस्तित्व है और न ही भाषा के बिना जीवन की पूर्णता की कामना की जा सकती है। जिस प्रकार जीवन की परंपरा में हम अलग-अलग समाज या समूह देखते हैं, उसी प्रकार भाषा की परंपरा में भिन्न भाषाएँ और लिपियाँ प्रयोग में आती हैं, इसमें संकेत एवं कूट भाषा भी शामिल है। इन दोनों की परंपराओं के विकास का लंबा अनुक्रम रहा है और आगे भी न तो जीवन का विकास स्थिर है और न ही भाषा का। इसलिए भाषा का भविष्य मानवीय सभ्यता के भविष्य के साथ जुड़ा है। हाँ भाषाओं के समूह में से किस भाषा का अपना जीवन सुनिश्चित रहेगा या अमुक भाषा का कौन-सा रूप बचा रहेगा, जैसे सवाल हमेशा प्रासंगिक बने रहेंगे। किसी भाषा में कितने नए शब्द जुड़ेंगे और कितने सामयिक प्रयोग से बाहर हो जाएँगे, जैसे मुद्दे व्यापक समाज और सत्ताओं के रुख से तय होते हैं। मात्र किसी भाषा की संरचना या वैज्ञानिकता के भरोसे तत्भाषा की गतिकी का निर्धारण नहीं होता है। यदि ऐसा होता तो तमाम अवैज्ञानिकताओं के साथ अँग्रेजी के स्थान पर सबसे वैज्ञानिक भाषा संस्कृत आज विश्व-भाषा होती। भाषा को न तो किसी कारखाने में शुद्ध किया जा सकता है और न ही किसी संग्रहालय में रखकर उसके भविष्य के प्रति आश्वस्त हुआ जा सकता है, बल्कि इसकी उन्नति-अवनति या विस्तार-संकुचन सबके लिए समाज निर्धारक होता है। किसी बहुभाषिक समाज में विविध कार्यों हेतु किसी एक भाषा के चयन के पीछे की मानसिकताओं और तर्कों से ही भाषा का भविष्य तय होता है। देश में जब घोषित हिंदी प्रदेशों से कोई भोजपूरी मातृभाषी छात्र महानगरों में जाकर तीन महीने में अँग्रेजी सिखाने वाली दुकानों में दाखिला लेता है या जब हिंदी का कोई प्रोफेसर अपनी संतानों को बचपन से ही अँग्रेजी पढ़ाने की तैयारी करता है, तो हमें भाषाओं के भविष्य का एक सहज अनुमान लगाना चाहिए। यदि अँग्रेजी इस

स्थिति में है, तो इसके लिए उसको सिर्फ शेक्सपियर या वर्ड्सवर्थ के प्रति कृतज्ञ होने से काम नहीं चलेगा, बल्कि यहाँ उसको अपने औपनिवेशिक विस्तार से आगे माइक्रोसॉफ्ट और गूगल जैसी सूचना-क्रांति के नियंताओं के प्रति भी कृतज्ञ होना चाहिए, जिन्होंने अँग्रेजी को पारभाषिक पटल पर पहुँचाया है। भारत में आम जनमानस का अँग्रेजी या दूसरी विदेशी भाषाओं के प्रति आकर्षण कोई बहुत आनंद देने वाला नहीं होता है, बल्कि इसकी कई स्तर पर मजबूरी रही है। यदि किसी देशी भाषा में वे सभी सुविधाएँ उपलब्ध रहें, जो अँग्रेजी में है, तो शायद ही कोई रोजी-रोटी की मजबूरी में विदेशी भाषा को सीखने के संघर्षों को वहन करे।

संपर्क की सहजता एवं तकनीक के प्रभाव ने भाषाओं के प्रभाव एवं संरचना दोनों को प्रभावित किया है। भाषाओं का वाह्य विस्तार उनमें आंतरिक संकुचन की शर्त पर होता है। किसी लोक-भाषा के राजभाषा, राष्ट्रभाषा और विश्वभाषा के लुभावने तमगों के मध्य उस भाषा में आंतरिक खोखलेपन का होना एक स्वाभाविक प्रक्रिया होती है। साथ ही, किसी स्थानीय भाषा के अंतर-सामाजिक विस्तार में भाषा का रूप भी बदलता है, जैसी- हिंदी में मुंबईया हिंदी, दक्खिनी हिंदी एवं बिहारी हिंदी जैसे विशेषकों की व्याप्ति के साथ अँग्रेजी में भी ब्रिटिश इंग्लिश, अमेरिकन इंग्लिश और इंडियन इंग्लिश जैसे विशेषक इसकी ही कहानी कहते हैं। भाषाओं के तकनीकी समायोजन के क्रम में भी अनेक भाषाई एवं लिपिगत परिवर्तन होते हैं, जैसे हिंदी एवं देवनागरी के उदाहरण पर यदि इसे देखा जाय तो समझा जा सकता है कि देवनागरी का संस्कृत वाला मौलिक रूप शुरू में जब मुद्रण में आया तो अनेक परिवर्तन हुए और आगे टंकक और कंप्यूटर के युग तक आते-आते अनेक परिवर्तन ग्राह्य हो चुके हैं। हिंदी वर्णमाला का यदि तुलनामत्मक अध्ययन किया जाय, तो सहज ही समझा जा सकता है कि आज की वर्णमाला ने कितने स्वर और व्यंजन खोये हैं और इसके पीछे कितनी स्वाभाविक ध्वनियाँ भाषा-प्रयोग से बाहर हो चुकी हैं। आगे भी इसमें परिवर्तन की गुंजाइश बनी रहेगी। आज भी हिंदी का व्यापक समाज 'ष' का मूल उच्चारण खो चुका है और चूँकि

वर्णमाला को अपनी भाषा और समाज का प्रतिनिधित्वकारी होना चाहिए, इसलिए जैसे-जैसे व्यापक संपर्क के कारण भाषा में ध्वनियों का ह्रास होगा वैसे-वैसे वर्णमाला में संकोच होता जाएगा। इस क्रम में प्रकृति में संक्रमण से भी भाषाओं में संकुचन होता है। घटती जैव-विविधताओं से मनुष्य के जीवन में संकुचन हो रहा है, यदि मनुष्य के जीवन में संकुचन हो रहा हो, तो इसको ध्वनित करने वाली भाषाओं में अवश्यंभावी संकुचन को कोई नहीं रोक सकता है। भाषाओं के तकनीकी प्रसंगों के फलीभूत ही एसएमएस की अलग भाषा विकसित हुई थी और यह परिवर्धित रूप में आज ह्वाट्सअप आदि के संदेशों में दिखता है, इसमें इमोजी का भी समायोजन हुआ है, जिसमें मनुष्य की एक पूरी भावना को महज एक आभासी चित्र से दर्शाया जाता है। इस प्रकार जो संक्षिप्तीकरण एसएमएस तक के चरण में वर्णों के साथ होता था, वह आज और संक्षिप्त होकर इमोजी के साथ हो रहा है। तात्पर्य यह है कि भाषा का प्राय: बाह्य विस्तार उनमें आंतरिक संकुचन की शर्त पर होता है। इस प्रकार भाषा अपने विस्तार के साथ जातीय तत्त्वों से मुक्त होती जाती है और यहाँ तक आते-आते उनमें हर्ष-विषाद, प्रेम-विछोह जैसे सहज भावों को अभिव्यक्त करने की क्षमता क्षीण होती जाती है। इसके साथ ही विस्तार पाने वाली भाषाएँ अपने समीपी छोटी-छोटी भाषाओं के संकुचन की भी जिम्मेदार होती हैं। इसलिए जब हम किसी भाषा के विस्तार का जश्न मना रहे होते हैं, उसी समय अनेक भाषाएँ दर्द से कराह रही होती हैं, लेकिन बड़ी भाषाओं के जश्न का शोर इतना व्यापक होता है कि स्थानीय दर्द कोई सुनने वाला नहीं होता है। रोजी-रोटी के आगे तत्भाषा के लोग भी उससे मुँह मोड़ लेते हैं और समीपी वृहत्तर भाषाओं को और मजबूत करने का काम करते हैं। इसलिए जिस भाषा का एक तरफ भविष्य उज्ज्वल कहा जाएगा, तो साथ ही उसके आंतरिक क्षमता के क्षरण को भी स्वीकार किया जाना चाहिए। सही मायनों में उसी भाषा को विकासशील कहा जाना चाहिए, जो अपनी सामाजिक व्यापकता के साथ आंतरिक संप्रेषण और बौद्धिक क्षमता में भी विस्तार कर पाए।

ऐसे में, जब वैश्विक राजनीति में राष्ट्रवाद का एक नया दौर चल रहा हो, तो उसमें भाषा का सवाल और महत्त्वपूर्ण हो जाता है। भूमंडलीकरण का सबसे बड़ा पैरोकार अमेरिका जब अपनी किलेबंदी पर लगा हो और अपेक्षाकृत आत्मगुंथित तरह का माना जाने वाला समाज चीन इस जगह को भरने की दावेदारी कर रहा हो, तो इनके मध्य में क्रमश: अँग्रेजी और चीनी के संघर्ष को भी देखना चाहिए। हालाँकि एक दौर तक प्रतिरोध के बावजूद चीन में अँग्रेजी के प्रति नरमी भी देखने को मिली थी, दूसरे खुद मंदारिन भाषा की जो संरचना है, वह उसके व्यापक विस्तार में बाधक है। बहरहाल वर्तमान जिस संक्रमण के दौर से गुजर रहा है, उसमें पूँजी प्रधान नियंता होती जा रही है, ऐसे में हिंदी भी इस संघर्ष में लगातार शामिल रहेगी। ऐसा इसलिए कि हिंदी का अपना व्यापक बाजार है, जो दिनों-दिन व्यापक होता जा रहा है और हिंदी की इस व्यापकता का आभास सिर्फ बालीवुड को ही नहीं, बल्कि सूचना-प्रौद्योगिकी, मीडिया, प्रकाशन आदि क्षेत्रों के रहनुमाओं को भी है। अनेक भविष्यवाणियाँ हुई हैं कि अँग्रेजी 2050 तक विश्व-भाषा की भूमिका से बाहर हो जाएगी, ऐसे में चीनी और अपनी सर्वग्राह्यता के गुण के कारण हिंदी पर इस रिक्तता को भरने की ज़िम्मेदारी होगी। लेकिन ध्यातव्य यह है कि अँग्रेजी के वैश्विक संपर्क की भाषा बनने और लंबे समय तक सम्मान पाने में इसकी अकादमिक क्षमता की भी बड़ी भूमिका रही है, इसीलिए वैश्विक विस्तार के बावजूद उसमें खोखलेपन का भाव कम रहा है, लेकिन हिंदी को अभी यह सम्मान पाना बाकी है, अन्यथा वह विश्व-भाषा बनने के बावजूद महज एक बाजारू भाषा रहेगी। भविष्य की सम्मानित भाषा बनने के लिए हिंदी को ऐसी समग्रता हासिल करनी होगी, जिसमें लोक-तत्त्व, वैज्ञानिक साहित्य, तकनीकी संवर्धन और जातीय के साथ पारभाषिक संप्रेषण की क्षमताओं का सुंदर समन्वयन हो।

अल्पसंख्यक भाषाओं का भविष्य

वर्ष 2019 को संयुक्त राष्ट्र संघ ने 'अंतरराष्ट्रीय जनजातीय भाषा वर्ष' घोषित किया है। इस घोषणा के साथ ही सदस्य राष्ट्रों से यह भी अपील की गई है कि विश्व की जनजातीय भाषाओं के संरक्षण, संवर्धन एवं प्रसार हेतु सक्रिय भूमिका निभाएँ। इस आशय का प्रस्ताव वहाँ आम सभा में बोलीविया और इक्वाडोर जैसे देशों ने रखा था, जिसका समर्थन अन्य 50 देशों ने किया। इसके अनुमोदन में यह भी कहा गया है कि जनजातीय समाजों में युवा और महिलाओं को और अधिक प्रोत्साहन दिया जाय और साथ ही इन समाजों के राजनीतिक, कानूनी, आर्थिक, सामाजिक और सांस्कृतिक संस्थानों को मजबूत किया जाय और संयुक्त राष्ट्र संघ के नेतृत्व में इन सबकी शुरुआत 1 जनवरी 2019 से की जाय। गौरतलब है कि सन् 2009 में जब संयुक्त राष्ट्र संघ ने संकटग्रस्त भाषाओं की एक सूची जारी की थी, जिसमें विश्व की प्राय: अल्पसंख्यक भाषाओं पर खतरे की बात की गई थी और खतरे की विभिन्न कोटियों के माध्यम से आगाह किया गया था कि अल्पसंख्यक भाषाओं के प्रति वृहत्तर समाज और सत्ताओं को सोचने की आवश्यकता है। असल में यह पूरा परिदृश्य हाशिए की भाषा, संस्कृति एवं समाज की चिंताओं से जुड़ा है, अन्यथा जिस संयुक्त राष्ट्र संघ की आम सभा में विश्व के बड़े-बड़े देशों के सैकड़ों एजेंडे आते रहते हैं, उसमें विश्व की संकटग्रस्त भाषा एवं संस्कृति की चिंता बोलीविया और इक्वाडोर जैसे देशों को करना पड़ रहा है।

आज पश्चिम संरक्षित वैश्विक एकरूपता के समक्ष स्थानीय विविधताएँ लगातार संकुचित हो रही हैं। भौतिक विकास की बुनियाद में एकरूपता एक ऐसे मूल्य के रूप में सामने आती है, जो सबको स्वयं के अनुरूप ढाल देना चाहती है। जैव-पारिस्थितिकी का प्रारूप लगातार संकुचित होता जा रहा है। इसका प्रभाव जीवन

को गहनता से प्रभावित करता जा रहा है, जिसमें विकल्पों के बाहुल्य का संघर्ष जारी है। इसी क्रम में समाज की भाषाई-सांस्कृतिक विरासत के रूप में मौजूद खुरदुरापन लगातार समतल होता जा रहा है। जल, जंगल एवं जमीन के बदले भौतिकता ने जिस तेजी से अपना पाँव फैलाया है, उसमें हमारे सामने सीमेंट वाला विकास ही दिख रहा है, जिसमें कितनी अस्मिताएँ ध्वस्त हो रही हैं, उनकी गणना करने की चिंता से भी 'विकसित' या 'सभ्य' समाज के लोग दूर होते जा रहे हैं। इन परिस्थितियों का सीधा प्रभाव भाषा पर पड़ना स्वाभाविक ही है। इसमें न सिर्फ छोटी जनसंख्या वाली भाषाओं पर संकट बढ़ता जा रहा है, बल्कि प्राय: बहुसंख्यक भाषाओं की मूल एवं जातीय संस्कृति से भींगी हुई शब्दावली भी समाप्त हो रही है। स्थानीयता बनाम वैश्विकता के संघर्ष में विजय स्वाभाविक रूप से वृहतर या शक्तिशाली समूहों के साथ है। तमाम ऐतिहासिक संदर्भों न पड़ते हुए भी इतना तो जोड़ना ही चाहिए कि आज इस वैश्विक विजय का सबसे अधिक जश्न अँग्रेजी मना रही है। इसलिए विश्व के अग्रणी अँग्रेजी भाषी देशों को वैश्विक अल्पसंख्यक भाषा की चिंता भला क्यों होने लगी। आज उदारीकरण में यदि यह तथ्य पूँजी के लिए उचित है कि बड़ा लगातार बड़ा हो रहा है और छोटा या तो छोटा बने रहने के लिए अभिशप्त है या समर्पण करने के लिए बाध्य तो यह स्थिति भाषा के संदर्भ में भी यथावत् लागू होती है। जिसमें फिलहाल अँग्रेजी सबसे शक्तिशाली भाषा है, क्योंकि यह मूल भाषी से अधिक द्वितीय भाषा के रूप में व्यवहृत है। दूसरी तरफ भूमंडलीकरण के संवाहकों जैसे सूचना-क्रांति, अंतरराष्ट्रीय निवेश, पारदेशिक रोजगार जैसे अभिकरणों ने कभी स्थानीय भाषा या संस्कृति की चिंता नहीं की। इसलिए बहुभाषिकता लगातार संकुचित हो रही है। निश्चित रूप से भारत भी इससे अछूता नहीं रहेगा। यह देश जो अपनी बहुस्तरीय विविधताओं के लिए विख्यात है, वहाँ भाषाएँ एवं संस्कृतियाँ पारिस्थितिकी की अनिवार्य इकाई हैं, धरोहर हैं, विरासत हैं, जीवन हैं और उम्मीद भी। प्राय: स्थानीय भाषाओं में भाषिक सामर्थ्य किसी मानक या कथित विकसित भाषा से अधिक

होता है, जाहिर है कि देश की बहुरंगी संस्कृति एव भाषाओं के सामर्थ्य पर कभी किसी को भ्रम नहीं होना चाहिए। लेकिन यहाँ चुनौती भाषिक से अधिक आर्थिक सामर्थ्य की है। जिसके सामने सब कुछ असहाय दिख रहा है।

जैसा कि स्पष्ट है, आज भाषाई संदर्भों में भी स्थिति वही है, जिसमें 'वृहत' लगातार वृहत्तर होता जा रहा है और 'लघु' के सामने लघुतर होने के अतिरिक्त कोई वैकल्पिक रास्ता सहज नहीं प्रतीत हो रहा है। प्रभु वर्ग ने हमेशा अपने अधीनस्थ को दबाया है, इसलिए भूमंडलीकरण के रूप में सृजित सत्ता से रहम की उम्मीद करना उचित नहीं होगा, क्योंकि इसने समय के साथ अपनी विकरालता बढ़ाई है और इस विकरालता का एक चेहरा शोषक का ही है। ऐसे में सवाल यह उठता है कि आज हमारे सामने विकल्प क्या है? क्या हम व्यावहारिक धरातल में इंटरनेट का विरोध कर सकते हैं, क्या उदारीकरण के बदले कोई वैकल्पिक अर्थव्यवस्था का मॉडल हमारे सामने है? इन्हीं प्रश्नों के साथ विश्वभारती, शांतिनिकेतन में हाल ही में एक राष्ट्रीय संगोष्ठी का आयोजन हुआ था, जिसमें देश के सभी कोनों से लोक-विशेषज्ञ, भाषाविद, साहित्यकार, अर्थशास्त्री, समाजविज्ञानी, तकनीकीविद, पत्रकार एवं अंतरानुशासनिक स्तर पर शिक्षक एवं शोधार्थी शामिल थे। तीन दिन तक चले इस कार्यक्रम में देश की भाषा एवं संस्कृति के समक्ष चुनौतियों के जूझने के लिए अकादमिक जगत के साथ समाज और सरकारों से अपील की गई कि नीति-निर्माण से लेकर भाषा संवर्धन एवं प्रसार के लिए अधिकाधिक काम हो।

बहरहाल आज जो विश्व का आर्थिक ढाँचा बन गया है, उसमें उदारीकरण का विकल्प क्या है। तब गाँधी एक ऐसे समाधान के रूप में दिखते हैं, जिसमें वे स्थानीय एवं कुटीर उद्योगों को बढ़ावा देने की वकालत करते थे, इसके साथ उनके भाषाई प्रयोग जिसमें वे हिंदुस्तानी और मातृभाषा को प्रश्रय देने की बात करते थे। इसके साथ शिक्षा का प्रसंग एक बड़ी चुनौती है, जिसमें रवीद्रनाथ टैगोर की

शिक्षा-पद्धति एक समाधान प्रस्तुत करती है। ऐसा नहीं है कि आज महात्मा गाँधी या टैगोर नए हैं, बल्कि समस्या यह रही कि स्वतंत्रता प्राप्ति के बाद राष्ट्र-निर्माण में राष्ट्रपिता की उपेक्षा हुई और हमने आँख मूँद कर पश्चिमी पैमानों को अपनाया। इसी लिए राष्ट्रवाद की भी एक पश्चिमी अवधारणा हमारे सामने आती है, जिसमें हम एक देश, एक भाषा, एक धर्म आदि की कल्पना करने लगते हैं।

भाषा को न तो सन्दूक में रखकर सुरक्षित किया जा सकता है और न ही सिर्फ व्याकरण की उपलब्धता से किसी दूसरी भाषा को सीखने की प्रेरणा मिलती है। आज समग्रता में रोजगार से परे शिक्षा को नहीं देखा जा सकता। आवश्यक है कि स्थानीय स्तर पर रोजगार, औद्योगीकरण और शिक्षा को बढ़ावा मिले। भाषा का बचना या बढ़ना तत्समाज के साथ विश्व-व्यापार, अंधाधुंध शहरीकरण, पलायन, रोजगार, शिक्षा, नीति-निर्माण आदि पक्षों पर निर्भर करता है। यदि इक्वाडोर के किसी स्थानीय नागरिक को उसकी अपनी भाषा में समग्र शिक्षा और संतोषजनक रोजगार मिल जाता तो शायद संयुक्त राष्ट्र संघ में उसे भाषाओं की चिंता नहीं करनी पड़ती। अब विचारणीय यह है कि भारत इस पूरी पहल में कहाँ है, क्योंकि भाषाई धरोहर विश्व के किसी देश से अधिक भारत में है। 2009 में जिस आधार पर संयुक्त राष्ट्र संघ ने विश्व को भाषाई खतरों के प्रति चेताया था, उसमें भारत की भाषाएँ सर्वाधिक थीं। क्या हम इन चेतावनियों के प्रति संवेदित हैं? इन दस वर्षों में देश में सामाजिक, सरकारी और अकादमिक स्तरों पर इन भाषा और संस्कृतियों के लिए क्या हुआ है? इन सब सवालों से अधिक संयुक्त राष्ट्र संघ की अपील पर ही सही अब हमे उस सवाल से भी जूझना चाहिए कि हम कितनी अपनी जनजातीय भाषा का बचाने की स्थिति में हैं और इसमें समाज और सरकार की भागीदारी किन स्तरों पर है। ऐसे में 2019 एक अवसर की तरह है, अन्यथा तो इस तरह की चिंता रोज की जानी चाहिए, ताकि संगीतमय बहुभाषिकता बची रहे।

संदर्भिका

- Aggarwal, J.C. (2013) Landmarks in the History of Modern Indian Education; Vikas Publishing House Pvt. Ltd, New Delhi
- Agnihotri, Ramakant (2006) Hindi: An essential Grammar; Routledge, New York & London.
- Akmajian, Adrian, Richard A. Demers, Ann K. Farmer & Robert M. Harnish (2001) An Introduction to Language and Communication; MIT Press, London.
- Allen, James (2005) Natural Language Understanding (Second Edition); Pearson Education, Singapore.
- Anderson, B. (1983) Imagined Communities: Reflections on the Origins and Spread of Nationalism; Verso, London.
- Aneesh, A (2010) Bloody Language: Clashes and Constructions of Linguistic Nationalism in India published in Sociological Forum, Vol. 25, No. 1, March 2010.
- Ariel, Mira (2008) Pragmatics and Grammar; Cambridge University Press, New York.
- Barðdal, Jóhanna and Shobhana L. Chelliah ed. (2009) The Role of Semantic, Pragmatic and Discourse Factors in the Development of Case; John Benjamins Publishing Company, Amsterdam.

- Barthes, Roland (1964) Element of Semiology; Hill and Wang, New York, Translated by Annette Lavers and Colin Smith.
- Barthes, Roland (1975) The Pleasure of the Text; Hill & Wang, New York. Translated by- Richard Miller.
- Bayer, J.M. (1986) Dynamics of Language Maintenance among Linguistic Minorities: A Sociolinguistic Investigation of the Tamil Communities in Bangalore; Central Institute of Indian Languages, Mysore.
- Benedickter, T (2009) Language Policy and Linguistic Minorities in India: An appraisal of linguistic rights of minorities in India; EURAC research, South Tyrol.
- Bergsten, C. Fred (2004) Foreign Economic Policy for next President, Foreign Affairs. 83 (2).
- Blakmore, Diane (1992) Understanding Utterances An Introduction to Pragmatics; Blackwell Publishers Inc., Oxford.
- Bloomfield, Leonard (2005) Language; Motilal Banarasidas Publisher, Delhi.
- Boler, Megan ed. (2008) Dgital Media and Democracy, The MIT Press, London.
- Buck, Carl. D. (1916) Language and the sentiment of nationality. American Political Science Review. 10(1).

- Chomsky, Noam (1957) Syntactic Structures; Mouton de Gruyter, Berlin.
- Chomsky, Noam (2006) Language and Mind (3rd ed.); Cambridge University Press, New York.
- Clarke, Arthur C. (1962) Profiles of the Future: An Enquiry into the Limits of the Possible; Harper & Row, New York.
- Coulmas, F. (1992) Language and Economy. Oxford UK: Blackwell Publishers.
- Cowper, Elizabeth A. (1992) A Concise Introduction to Syntactic Theory; University of Chicago Press, Chicago.
- Crystal, David (2000) Language Death, Cambridge University Press, Cambridge.
- Crystal, David (2010) A Little Book of Language; Yale University Press, London
- Cullar, Jonathan (2001) Barthes: A Very Short Story, Oxford Press, London.
- Devitt, Michel & Kim Sterelny (1999) Language and Reality: An Introduction to the Philosophy of Language; Blackwell Publication, Oxford.
- Dijk, Teun A. Van (1997) Discourse as Structure and Process; Sage Publication, London.
- Edwards, J. (1985) Language, Society and Identity; Basil Blackwell, Oxford.

- Fishman, Joshua A. (1989) Language and Ethnicity in Minority Sociolinguistic Perspective; Multilingual Matters, Philadelphia.
- Fishman, Joshua A. (1991) Reversing Language Shift: Theoretical and Empirical Foundations of Assistance to Threatened Languages; Multilingual Matters, Philadelphia.
- Friedman, Thomas L. (2005) The World Is Flat: A Brief History of the Twenty-first Century; Straus and Giroux, Farrar.
- Gelbukh, Alexander and Igor A. Bolshakov (2004) Computational Linguistics: Models, Resources, Applications; Dirección de Publicaciones, Tresguerras.
- Gould, William (2004) Hindu Nationalism and the Language of Politics in Late Colonial India; Cambridge University Press, Cambridge.
- Graddol, David (2006) English Next; Birtish Counsil, U.K.
- Gupta, Sagarmal (1986) Discourse Grammar of Hindi; Bahri Publication Private Limited, New Delhi.
- Halliday, M.A.K and Ruqaiya Hasan (1989) Language, Context, Text: aspects of language in social-semiotic perspective (Second Edition); Oxford University Press.

- Halliday, M.A.K. (1970) Language Structure and Language Function. In Lyons, J., Ed., New Horizons in Linguistics, Penguin, Harmondsworth.
- Halliday, M.A.K. (2002) Text and Discourse, Continuum, New York,
- Herman, Edward S. and Chomsky, Noam (1988) Manufacturing Consent: The Political Economy of the Mass Media; Pantheon Books, New York.
- Jasparet, K and Kroon, S. (1991) Social determinants of language shift by Italians in the Netherlands and Flanders, International Journal of Sociology of Language, 90.
- Jurafsky, Danial & James H. Martin (2000) Speech and Language Processing; Pearson Education, New Delhi.
- Kachru, Yamuna (2006) Hindi; John Benjamins Publishing Company, Amsterdam.
- Kapoor, Kapil (2005) Text and Interpretation: The Indian Tradition; D.K. Printword Limited, New Delhi, India.
- Khubchandani, L. M. (1983) Plural Languages, Plural Cultures: Communication, Identity, and Sociopolitical Change in Contemporary India; An East-West Centre Book, Honolulu.
- Kohn, Hans (1945). The Idea of Nationalism; Macmillan, New York.

- Koul, Omkar N. (2008) Modern Hindi Grammar; Dunwoody Press, USA.
- Lyotard, Jean-Francois (1984) The Postmodern Condition: A Report on Knowledge; University of Minnesota Press, Minneapolis, translated by Geoff Bennington and Brian Massumi.
- McLuhan, Marshall (1964) Understanding Media: The Extensions of Man; Mentor, New York.
- Meadow, Charles T. (1970) Man-Machine Communication; John Wiley & Sons, New York
- Rickheit, Gert & Hans Strohner ed. (2008) Handbook of Communication Competence; Mouton de Gruyter, Berlin.
- Sen, Amartya (1997) Tagore and His India. The New York Review of Books, U.S.
- Sharma, Aryendra (1983) A Basic Grammar of Hindi (Fourth Edition); Central Hindi Directorate, New Delhi.
- Sinclair, John (1995) Corpus, Concordance, Collocation; Oxford University Press, Oxford.
- Singh, S.K & Tripathi, Arimardan Kumar eds. (2015) Translation as Man and Machine Enterprise; Eastern Book House Publication, Guwahati.
- Singh, S.K. (2001) Multilingualism; Bahri Publication, Delhi, India.

- Singh, Suraj Bhan (2010) A Syntactic Grammar of Hindi; Ocean Books Private Limited, New Delhi.
- Smolicz, J. J. (1979) Culture and Education in a Plural Society; Curriculum Development Centre, Canberra.
- Stanley, M. (1972) Technicism, Liberalism & Development: A Study in Irony as Social Theory. In his Social Development, Critical Perspectives. Basic Books Inc. Pub.
- Thiong'o, Ngugi wa (1981) Decolonising the mind: the politics of language in African literature; East African Publishers, Nairobi.
- Thompson, Neil (2003) Communication and Language: A Handbook of Theory and Practice; Palgrave Macmillan, U.K.
- Van Dijk ed. (2007) Discourse Studies; Sage Publication, London.
- Van Dijk, Teun A. ed. (1997) Discourse as Structure and Process; Sage Publication, London.
- Verma, Manindra K. (1971) The Structure of the Noun Phrase in English and Hindi; Motilal Banarasi Das Publication, Varanasi, India.
- Veronis, Jean (2000) Parallel Text Processing; Kluwer Academic Publisher, Dordrecht, (Netherlands)
- Wardaugh, R. (1987) Languages in Competition; Basil Blackwell, U.K.

- Wasow, Thomas (1979) Anaphora in Generative Grammar; E. Story Sciencia Gent, Brussels.
- अग्निहोत्री, रमाकांत एवं संजय कुमार (2001) भाषा, बोली और समाज : एक अंत: संवाद, देशकाल प्रकाशन, नई दिल्ली।
- उल उलत्सिफेरोब, आलेग गे. (1992) हिंदी का व्यावहारिक व्याकरण; अखिल भारतीय हिंदी संस्था संघ, नयी दिल्ली।
- गाँधी, महात्मा (1909) हिंद स्वराज; नवजीवन प्रेस, अहमदाबाद: अनुवादक : अमृतलाल ठाकोरदास नाणावटी।
- गुरु, कामता प्रसाद (2005) हिंदी व्याकरण (चौबीसवां संस्करण); नागरी प्रचारिणी सभा, वाराणसी।
- गोस्वामी, कृष्णकुमार (1981) शैक्षिक व्याकरण और व्यावहारिक हिंदी; आलेख प्रकाशन, दिल्ली।
- चौधरी, सत्यदेव (2007) भारतीय काव्यशास्त्र; अलंकार प्रकाशन, नई दिल्ली।
- जैन, वृषभ प्रसाद (1991) प्रतीक और प्रतीक-विज्ञान; राजकमल प्रकाशन, नई दिल्ली।
- जैन, वृषभ प्रसाद (1995) अनुवाद एवं मशीनी अनुवाद; सारांश प्रकाशन, नई दिल्ली।
- त्रिपाठी, अरिमर्दन कुमार (2012) अन्वादेश विषयक प्रोक्ति-विश्लेषण एवं प्राकृतिक भाषा संसाधन; अप्रकाशित शोध-प्रबंध।
- त्रिपाठी, अरिमर्दन कुमार (2012) भाषा के समकालीन संदर्भ; साहित्य संगम, इलाहाबाद।

- त्रिपाठी, अरिमर्दन कुमार (2014) हिंदी की राजनीति बनाम राजनीति की हिंदी, गर्भनाल-अगस्त अंक।
- द्विवेदी, हजारीप्रसाद (1995) भाषा, साहित्य और देश; भारतीय ज्ञानपीठ, नई दिल्ली।
- नगेंद्र एवं रवीद्रनाथ श्रीवास्तव (2002) भाषाशास्त्र के सूत्रधार; मयूर पेपरबैक्स, नोयडा।
- वाजपेयी, अशोक (2001) हिंदी और बोलियाँ : एक बात-चीत ; अग्निहोत्री और संजय कुमार (संपा) भाषा, बोली और समाज : एक अंत:संवाद, नई दिल्ली; देशकाल प्रकाशन।
- वाजपेयी, किशोरीदास (1998) हिंदी शब्दानुशासन (पंचम संस्करण), नागरी प्रचारिणी सभा, वाराणसी।
- शशिभूषण, पाण्डेय 'शीतांशु' (1984) शैलीविज्ञानः प्रतिमान और विश्लेषण; देवदार प्रकाशन, दिल्ली।
- शीतांशु, इन्दु (1989) प्रोक्ति : स्वरूप, संरचना और शैली, प्रतिभा प्रकाशन, होशियारपुर।
- सिंह, शैलेंद्र कुमार एवं त्रिपाठी, अरिमर्दन कुमार (2015) भाषा-पारिस्थितिकी : भारतीय एवं वैश्विक संदर्भ, टुडे एंड टुमारोस प्रिंटर एवं पब्लिशर, नई दिल्ली।
- सिंह, सूरजभान (1985) हिंदी का वाक्यात्मक व्याकरण; साहित्य सहकार प्रकाशन, दिल्ली।
- सिंह, सूरजभान (2000) अंग्रेजी-हिंदी अनुवाद व्याकरण; प्रभात प्रकाशन, दिल्ली।

अन्य संदर्भ

- A. M. Turing (1950) Computing Machinery and Intelligence. Mind 49.
- AISHE Report- 2014-15
- Annual Report of TRAI, 2012-13
- http : //rni.nic.in/welcome.html on 11/06/13
- https://www.thedrinksbusiness.com/2013/06/champagne-trends-of-2013-1-favouring-the-fittest/ on 30/12/17
- Implementation of three language formula in Indian schools: A study, Department of Language, NCERT, New Delhi, 2009.
- Indian Census Report, 1991, 2001, 2011.
- Indian languages and the digital divide by Mallikarjun
- KPMG (2017) Indian Languages- Defining India's Internet: A study in India and Google.
- Scollon, R. (2004). Teaching language and culture as hegemonic practice. Modern Language Journal 82.
- Status Report Card-2010-11 of Elementary Education in India: Where do we stand?
- Status study on the use of tribal dialects in elementary education in states/union territories for SSA, Report-2008, NERIE, Shillong.

- Us-English.org. “Background of Organization” (http : //www.us-english.org/inc/about/)
- bbchindi.com
- https://en.iyil2019.org
- जनसत्ता
- दैनिक जागरण
- दैनिक भास्कर
- नई शिक्षा नीति (2016) का अनंतिम प्रारूप
- लोकमत समाचार